古典文獻研究輯刊

三八編

潘美月・杜潔祥 主編

第42冊

太玄集義（第六冊）

劉韶軍 整理

國家圖書館出版品預行編目資料

太玄集義（第六冊）／劉韶軍 整理 -- 初版 -- 新北市：花木
蘭文化事業有限公司，2024〔民 113〕
目 4+150 面；19×26 公分
（古典文獻研究輯刊 三八編；第 42 冊）
ISBN 978-626-344-745-5（精裝）

1.CST：（漢）楊雄 2.CST：太玄 3.CST：注釋

011.08   112022605

ISBN-978-626-344-745-5

古典文獻研究輯刊
三八編　第四二冊
ISBN：978-626-344-745-5

太玄集義（第六冊）

作　　者　劉韶軍（整理）
主　　編　潘美月、杜潔祥
總 編 輯　杜潔祥
副總編輯　楊嘉樂
編輯主任　許郁翎
編　　輯　潘玟靜、蔡正宣　美術編輯　陳逸婷
出　　版　花木蘭文化事業有限公司
發 行 人　高小娟
聯絡地址　235 新北市中和區中安街七二號十三樓
　　　　　電話：02-2923-1455／傳真：02-2923-1452
網　　址　http://www.huamulan.tw 信箱 service@huamulans.com
印　　刷　普羅文化出版廣告事業
初　　版　2024 年 3 月
定　　價　三八編 60 冊（精裝）新台幣 156,000 元

太玄集義（第六冊）

劉韶軍 整理

目

次

附錄　歷代學者評楊雄和《太玄》

　　《太玄》問世以來，歷代學者對它都有不少評說，有褒有貶，意見不一，今天研究楊雄以及《太玄》，應當把這些評說收集匯合起來加以觀察和借鑒，這對理解《太玄》及其思想的內涵與價值都有意義。但這類資料非常分散，不在一書，必遍歷群書，始可搜得，故筆者不憚其煩，在群籍中全面搜集整理，共有一百四十位學者的評說，現錄其原文，按朝代排列，同朝代則按作者生卒先後排列，可以作為歷代關於楊雄及《太玄》研究的重要資料加以利用。現代學者關於楊雄以及《太玄》的相關著作與評說，容易找到，且文字數量太多，故一概從略。現將相關資料作為本書的附錄，錄存於後，以供參考。

一、漢代

桓譚、劉歆、張伯松

　　《漢書・楊雄傳》：（楊雄）用心於內，不求于外，于時人皆忽之，唯劉歆及范逡敬焉，而桓譚以為絕倫。……劉歆亦嘗觀之，謂雄曰：「空自苦！今學者有祿利，然尚不能明《易》，又如《玄》何？吾恐後人用覆醬瓿也。」雄笑而不應。……時大司空王邑、納言嚴尤聞雄死，謂桓譚曰：「子嘗稱楊雄書，豈能傳於後世乎？」譚曰：「必傳。顧君與譚不及見也。凡人賤近而貴遠，親見楊子雲祿位容貌不能動人，故輕其書。昔老聃著虛無之言兩篇，薄仁義，非禮學，然後世好之者尚以為過於五經，自漢文景之君及司馬遷皆有是言。今楊子之書文義至深，而論不詭于聖人，若使遭遇時君，更閱賢知，為所稱善，則必度越諸子矣。」諸儒或譏以為雄非聖人而作經，猶春秋吳楚之君僭號稱王，蓋誅絕之罪也。自雄之沒至今四十餘年，其《法言》大行，而《玄》

終不顯，然篇籍具存。

《後漢書·張衡傳》李賢注：桓譚《新論》曰：「揚雄作《玄》書，以為玄者天也，道也。言聖賢制法作事，皆引天道以為本統，而因附續萬類、王政、人事、法度，故宓羲氏謂之易，老子謂之道，孔子謂之元，而揚雄謂之玄。《玄》經三篇，以紀天、地、人之道，立三體有下、中、上，如《禹貢》之陳三品。三三而九，因以九九八十一，故為八十一卦。以四為數，數從一至四，重累變易，竟八十一而遍，不可損益。以三十六蓍揲之。《玄》經五千餘言，而《傳》十二篇也。」

《意林》：桓譚《新論》：「張子侯曰：『揚子雲，西道孔子也，乃貧如此。』吾應曰：『子雲亦東道孔子也。昔仲尼豈獨是魯孔子？亦齊楚聖人也。』」

《漢紀》：桓譚曰：「揚子雲才知聞道，卓絕於眾，所造《法言》、《太玄》，漢興以來未有此也。」又曰：「揚雄不貧則不能作《玄》、《言》。」

《文選》楊雄《甘泉賦》李善注引桓譚《新論》曰：「雄作《甘泉賦》一首，始成，夢腸出，收而內之，明日遂卒。」陸機《文賦》李善注引《新論》曰：「桓譚嘗欲從子雲學賦，子雲曰：『能讀千賦，則善為之矣。』譚慕子雲之文，嘗精思於小賦，立感發病，彌日瘳。子雲說：『成帝祠甘泉，詔雄作賦，思精苦困倦，小臥，夢五藏出外，以手收而內之，及覺，病喘悸，少氣。』」任昉《王文憲集序》李善注引桓譚《答揚雄書》曰：「子雲勤味道腴。」

宋郝經《續後漢書》卷八十四：孝武始詔公孫卿、司馬遷等，考古曆法。于時有《黃帝五家曆》、《顓頊五星曆》及夏、商、周、魯曆，凡六曆，推其密率，作《太初曆》，始革秦正而復夏時，孟春建寅為歲元。揚雄因之為《太玄》，而劉歆更為《三統曆》。

《方言》卷十三：劉歆《與揚雄書》〔註1〕：歆叩頭：昨受詔，宓五官郎

〔註1〕錢繹《方言箋疏》卷十三：舊本《方言》卷末附劉歆與揚子往返書二篇。案：常璩《華陽國志》云：「林閭字公孺，臨邛人，揚雄師之，見《方言》。」又云：「尚書郎楊壯，成都人，見揚子《方言》」，即指子雲此書，而並以言《方言》，則在東晉時已然。故李善注文選《南蘭陵郡蘭陵縣蕭公行狀》，任昉引此書亦稱揚雄《方言》也。惟首列緣起云：「雄為郎一歲，作《繡補》《靈節》《龍骨》之銘詩三章，及天下上計孝廉，雄問異語，紀十五卷，積二十七年，漢成帝時（盧文弨《重校方言》云：此四字誤，當作「王莽時」）劉子駿與雄書從取《方言》曰」五十二字，則更不知為何人所記，宋刻本亦有之。其中稱「漢成帝時」句，極為謬妄，宋洪邁《容齋隨筆》據此及《答書》中稱莊遵為嚴君平一條，斷為偽書，非也。今依戴震《方言疏證》刪去，免滋疑惑。

中田儀〔註2〕與官婢陳征、駱驛等私逋〔註3〕，盜刷越巾事〔註4〕，即其夕竟。
歸府，詔問三代、周、秦軒車使者〔註5〕、迫人使者〔註6〕以歲八月巡路，寀
代語、僮謠、歌戲〔註7〕，欲頗得其最目〔註8〕。因從事郝隆寀之有日，篇中
但有其目，無見文者。歆先君數為孝成皇帝言：當使諸儒共集訓詁，《爾雅》
所及，五經所詁，不合《爾雅》者，詁鞠〔註9〕為病，及諸經氏之屬，皆無證
驗，博士至以窮世之博學者，偶有所見，非徒無主而生是也。會成帝未以為意，
先君又不能獨集。至於歆身，修軌不暇，何偟更創〔註10〕？屬聞子雲獨採集先
代絕言、異國殊語，以為十五卷，其所解略多矣，而不知其目。非子雲澹雅之
才〔註11〕，沈鬱之思，不能經年銳精以成此書，良為勤矣〔註12〕。歆雖不遭過
庭，亦克識先君雅訓，三代之書，蘊藏於家，直不計耳。今聞此，甚為子雲嘉
之已。今聖朝留心典誥，發精於殊語，欲以驗考四方之事，不勞戎馬高車之使，
坐知僥俗，適子雲攘意之秋也。不以是時發倉廩以振贍，殊無為明語，將何獨
挈之寶，上以忠信明於上，下以置恩於罷朽，所謂知蓄積，善佈施也。蓋蕭何

〔註2〕戴震《方言疏證》卷十三：案：常璩《華陽國志》：「前漢有侍郎田儀。」

〔註3〕錢繹《方言箋疏》卷十三：逋，今從盧文弨《重校方言》作「通」。

〔註4〕錢繹《方言箋疏》卷十三：刷，通作㕞，《說文》：「㕞，拭也。」《內則》云：
　　　「左佩紛帨，」鄭注：「紛帨，拭物之巾也。」《禮運》云：「與其越席，」鄭
　　　注：「越席，翦蒲席也。」左思《吳都賦》「蕉葛升越」，劉逵注：「蕉葛，葛之
　　　細也。升越，越之細者。」刷越巾，蓋以越為拭物之巾也。

〔註5〕錢繹《方言箋疏》卷十三：軒車即輶軒車，謂輕車也。《釋言》云：「輶，輕也。」
　　　《說文》：「輶，輕車也」是也。但稱軒車，猶《秦風・駟驖》篇云「輶車鸞鑣」
　　　耳。

〔註6〕盧文弨《重校方言》卷一：《玉海》引《古文苑》，「道人」二字在「軒車使者」
　　　上，無下「使者」二字。

〔註7〕盧文弨《重校方言》卷一：寀，音求，又於加切。按：當與「求」音義同。

〔註8〕錢繹《方言箋疏》卷十三：《周官・太宰》鄭注曰：「凡簿書之最目。」筆者按：
　　　最目即總目也。

〔註9〕錢繹《方言箋疏》卷十三：「詁鞠，疑詁鞠之誤。」筆者按：詁謂求其義，引
　　　申則有「問」義，不煩改字。

〔註10〕盧文弨《重校方言》卷一：「修軌，當本是循軌。偟與遑同。」錢繹《方言箋
　　　疏》卷十三：《釋言》云：「偟，暇也。」

〔註11〕錢繹《方言箋疏》卷十三：丁升衢云：「澹，古瞻字。」按：《荀子・王制》篇：
　　　「物不能澹」，楊倞注云：「澹當讀為贍，澹與贍同。」

〔註12〕戴震《方言疏證》卷十三：任昉《王文憲集序》：「沈鬱澹雅之思，」李善注云：
　　　「揚雄為《方言》，劉歆《與雄書》曰：『非子雲澹雅之才，沈鬱之志，不能成
　　　此書。』」「志」乃「思」之訛。盧文弨《重校方言》卷一：「《古文苑》作『志』，
　　　李善注任昉《王文憲集序》引此亦作『志』。」

造律，張倉推曆，皆成之于帷幕，貢之于王門，功列於漢室，名流乎無窮。誠以隆秋之時，收藏不殆〔註13〕，饑春之歲，散之不疑，故至於此也。今謹使密人奉手書，願頗與其最目，得使入籍，令聖朝留明明之典。歆叩頭叩頭。

《方言》卷十三《揚雄答劉歆書》：雄叩頭：賜命謹至，又告以田儀事，事窮竟白，案顯出，甚厚甚厚。田儀與雄同鄉裡，幼稚為鄰，長艾相更〔註14〕，視覭動精采，似不為非者，故舉至之，雄之任也〔註15〕。不意淫跡汙〔註16〕暴於官朝，令舉者懷报而低眉〔註17〕，任者含聲而苑舌〔註18〕，知人之德，堯猶病諸，雄何慚焉。叩頭叩頭。又敕以殊言十五卷，君何由知之？謹歸誠底裡，不敢違信。雄少不師章句，亦於五經之訓所不解。常聞先代輶軒之使〔註19〕、奏籍之書皆藏于周秦之室，及其破也，遺棄無見之者。獨蜀人有嚴君平〔註20〕、臨邛林閭翁孺者〔註21〕深好訓詁，猶見輶軒之使所奏言。翁孺與雄外家牽連之

〔註13〕 盧文弨《重校方言》卷一：「殆」與「怠」同。」

〔註14〕 錢繹《方言箋疏》卷十三：舊本誤作「更」，今據《七十二家集》及《文章辨體》訂正作「愛」。

〔註15〕 錢繹《方言箋疏》卷十三：《七十二家集》、《百三名家集》，「日」並作誤作「之」。
　　　盧文弨《重校方言》卷一：「舉者任者各是一人，觀下文可見。」

〔註16〕 盧文弨《重校方言》卷一：此下本有「汙」字，今從《七十二家集》刊去。

〔註17〕 令，舊本作今，戴震《方言疏證》、盧文弨《重校方言》、錢繹《方言箋疏》皆改為「令」。

〔註18〕 盧文弨《重校方言》卷一：「宛舌」舊本作「冤舌」，亦誤。《雄傳》云：「欲談者宛舌而固聲」，今據此改正。

〔註19〕 盧文弨《重校方言》卷一：「常」字各本皆同，李善注《文選》兩引此，一作「常」，一作「嘗」，雖義皆可通，而「常聞」猶云習聞，雄自別有意，戴乃以「常」為誤，非也。筆者按：錢繹以為「嘗」「常」通。

〔註20〕 戴震《方言疏證》卷十三：常璩《華陽國志》云：「高尚逸民嚴遵，字君平，成都人。」又云：「嚴君平，經德秉哲。」《漢書·地理志》：「後有王褒、嚴遵、揚雄之徒，文章冠天下。」又《王貢兩龔鮑傳》：「蜀有嚴君平，博覽亡不通，揚雄少時從遊學。蜀人愛敬，至今稱焉。」嚴遵即莊遵，漢顯宗孝明皇帝諱「莊」，始改為嚴。揚雄《法言·問明》篇：「蜀莊沈冥，蜀莊之才之珍也。」吳秘注云：「莊遵，字君平。」洪邁《容齋隨筆》以《法言》不諱「莊」字，何獨至此書而曰「嚴」，不知本書不諱而後人改之者多矣。此書下文「蜀人有楊莊者」，不改「莊」字。獨習熟於嚴君平之稱而妄改之，與後「石室」改為「石渠」同。盧文弨《重校方言》卷一：君平名遵，本姓莊，《法言·問明》篇「蜀莊沈冥，蜀莊之才之珍也」，皆指此人。此亦本是莊君平，後漢明帝諱莊，始改為嚴。雄在前，無由預避，蓋後人習熟於嚴君平之稱，因誤改之也。

〔註21〕 戴震《方言疏證》卷十三：《廣韻》：「林閭氏出自嬴姓。《文字（或作章）志》云：後漢有蜀郡林閭翁孺，博學善書。」而《華陽國志》乃云「林閭，字公孺，臨邛人，揚雄師之。見《方言》。」又云：「林翁儒訓詁玄遠。」似以為林姓閭

親。又君平過誤，有以私遇，少而與雄也。君平財有千言耳〔註22〕，翁孺梗概之法略有。翁孺往數歲死，婦蜀郡掌氏子，無子而去〔註23〕。而雄始能草文，先作《縣邸銘》、《王佴頌》、《階闥銘》及《成都城四隅銘》。蜀人有楊莊者，為郎，誦之於成帝〔註24〕，成帝好之，以為似相如，雄遂以此得外見〔註25〕，此數者皆都水君嘗見也〔註26〕，故不復奏〔註27〕。雄為郎之歲〔註28〕，自奏少不得學，而心好沈博絕麗之文，願不受三歲之奉，且休脫直事之繇，得肆心廣意以自克就。有詔可不奪奉〔註29〕，令尚書賜筆墨錢六萬，得觀書於石室〔註30〕。如是後一歲，作《繡補》、《靈節》、《龍骨》之銘詩三章〔註31〕。

名，且「公孺」「翁儒」訛舛互異，據此書林閭定是複姓。其曰「見《方言》」者，與李善注《文選》引此書稱「揚雄《方言》曰」同。然則此書附《方言》內，其來久矣。盧文弨《重校方言》卷一：戴云：案：《廣韻》：「林閭氏出自嬴姓」，正與此稱合。《華陽國志》乃云「林閭字公孺」，誤也。

〔註22〕錢繹《方言箋疏》卷十三：「財」與「才」通。

〔註23〕戴震《方言疏證》卷十三：王應麟《姓氏急就篇》云：「掌氏，晉有掌同，前涼有掌據，宋掌禹錫。《漢·揚雄書》：林閭婦，蜀郡掌氏子。」

〔註24〕戴震《方言疏證》卷十三：《華陽國志》云：「尚書郎楊壯，成都人，見揚子《方言》。」又云：「其次楊壯、何顯，得意之徒，恂恂焉。斯蓋華岷之靈標，江漢之精華也。」莊之為壯，蓋避諱所改。其曰「見揚子《方言》者」，亦即指此書。

〔註25〕戴震《方言疏證》卷十三：《文選·甘泉賦》李善注云：「雄《答劉歆書》曰：『雄作《成都城四隅銘》，蜀人有楊莊者，為郎，誦之于成帝，以為似相如，雄遂以此得見。』李周翰注云：「揚雄家貧好學，每製作，慕相如之文，嘗作《緜竹頌》。成帝時，直宿郎楊莊誦此文，帝曰：『此似相如之文。』莊曰：『非也，此臣邑人揚子雲。』帝即召見，拜為黃門侍郎。」錢繹《方言箋疏》卷十三：據李善所引無「外」字，此疑衍。

〔註26〕錢繹《方言箋疏》卷十三：《古文苑》章樵注：「歆書多稱先君，故此答之，前所為文，向既嘗見，歆宜習知之。」

〔註27〕戴震《方言疏證》卷十三：《古文苑》章樵注云：「歆父向也。歆書多稱先君，故此答之。向嘗為護左都水使者。前所為文，向既嘗見，歆宜習知之。」

〔註28〕戴震《方言疏證》卷十三：《古文苑》章樵注云：「雄年四十餘，自蜀來遊京師。歲餘，奏《羽獵賦》，除為郎。年七十一，卒於天鳳五年。計為郎之歲，當在成帝元延年間。」

〔註29〕盧文弨《重校方言》卷一：可者免其直事之役，仍不奪其郎奉。

〔註30〕戴震《方言疏證》卷十三：「室」，各本訛作「渠」，蓋後人所改。左思《魏都賦》「窺玉策于金縢，案圖錄于石室」，劉逵注云：「揚雄《遺劉歆書》曰：『得觀書於石室』」，《文心雕龍·事類》篇曰：「夫以子雲之才，而自奏不學，及觀書石室，乃成鴻采。表裡相資，古今一也。」今據以訂正。

〔註31〕戴震《方言疏證》：《古文苑》章樵注云：「繡補，疑是袽褕之類，加繡其上。靈節，靈壽杖也。《漢書》「靈壽杖」注：「木似竹有枝節，長不過八九尺，圍三四寸。自然合杖制，不須削治。」龍骨，水車也。禁苑池沼中或用以引水。

成帝好之，遂得盡意。故天下上計孝廉及內郡衛卒會者，雄常把三寸弱翰，齎油素四尺〔註32〕，以問其異語，歸即以鉛摘次之於槧，二十七歲於今矣〔註33〕。而語言或交錯相反，方復論思〔註34〕，詳悉集之，燕其疑〔註35〕。張伯松不好雄賦頌之文，然亦有以奇之。常為雄道言〔註36〕其父及其先君喜典訓〔註37〕，屬雄以此篇目煩示其成者〔註38〕。伯松曰：「是懸諸日月不刊

銘詩今亡，不可復考。王應麟《玉海》引《古文苑》及此注。錢繹《方言箋疏》卷十三：丁升衢云：《華陽國志·巴志》：「竹木之貴者，有桃支、靈壽，巴東郡朐忍縣有靈壽木」，《蜀志》：「廣漢郡五城縣出龍骨，雲龍升其山，值天門閉，不達，墮死於此，後沒池中，故掘取得龍骨。」

〔註32〕戴震《方言疏證》卷十三：左思《吳都賦》：「鳥策篆素」，李善注云：「篆素，篆書於素也。揚雄《書》曰：齎油素四尺。」

〔註33〕戴震《方言疏證》卷十三：《古文苑》章樵注云：「計雄是時年近七十，葛洪《西京雜記》：『揚子雲好事，嘗懷鉛提槧，從諸計吏，訪殊方絕域四方之語，以為裨補輶軒所載，亦洪意也。』」

〔註34〕錢繹《方言箋疏》卷十三：「覆」，戴震《方言疏證》作「復」。

〔註35〕戴震《方言疏證》卷十三：《古文苑》章樵注云：「會集所未聞，使疑者得所安。」

〔註36〕盧文弨《重校方言》卷一：此「常」字不誤，則前「常聞之」不必改「嘗聞」益明矣。「言」字疑衍。張伯松名竦，張敞孫，其父吉，杜鄴從受學焉，事見《漢書》。

〔註37〕戴震《方言疏證》卷十三：《漢書·張敞傳》：「敞三子，官皆至都尉。敞孫竦，王莽時至郡守，封侯，博學文雅過於敞，然政事不及也。」《杜鄴傳》：「鄴少孤，其母張敞女。鄴壯從敞子吉學問，得其家書。初，鄴從張吉學，吉子竦又幼孤，從鄴學。鄴子林，清靜好古，亦有雅才，其正文字過於鄴、竦，故世言小學者由杜公。」《陳遵傳》：「遵少孤，與張竦伯松俱為京兆史。竦博學通達，以廉儉自守，而遵故縱不拘。操行雖異，然相親友，哀帝之末，俱著名字，為後進冠。遵為校尉，有功，封嘉威侯，凡三為二千石。而張竦亦至丹陽太守，封淑德侯。後俱免官，以列侯歸長安。竦居貧，無賓客，時時好事者從之質疑問事，論道經書而已。」《藝文志》：「《倉頡》多古字，俗師失其讀，宣帝時，徵齊人能正讀者，張敞從受之。傳至外孫之子杜林，為作《訓》。」《後漢書·杜林傳》：「父鄴，成、哀間為涼州刺史。林少好學沈深，家既多書，又外氏張竦父子喜文采，林從竦受學，博學多聞，時稱通儒。」許慎《說文解字·序》云：「孝宣時，召通《倉頡》讀者，張敞從受之。涼州刺史杜業、沛人爰禮、講學大夫秦近亦能言之。孝平時，徵禮等百餘人，令說文字未央廷中，以禮為小學元士。黃門侍郎揚雄采以作《訓纂》篇。」杜業即杜鄴，然則此書云「常為雄道言其父」者，即張吉也。云「及其先君」者，謂張敞也。錢繹《方言箋疏》卷十三：張伯松名竦，張敞孫，其父吉，杜鄴從受學焉。見《漢書·張敞傳》《杜鄴傳》及《陳遵傳》。

〔註38〕盧文弨《重校方言》卷一：「頗示其成者」，一本作「頗示之」三字，李善注任昉《蕭公行狀》引作「煩示其成者」，「煩」字恐誤。戴云：「示其成者，正見有未成者耳。」

之書也。〔註39〕」又言：「恐雄為《太玄經》，由鼠坻之與牛場也〔註40〕。如其用，則實五稼，飽邦民，否則為牴冀，棄之於道矣。」而雄般之〔註41〕。伯松與雄獨何德慧〔註42〕，而君與雄獨何譖隙，而當匿乎哉？其不勞戎馬高車，令人君坐幃幕之中，知絕遐異俗之語，典流於昆嗣，言列於漢籍，誠雄心所絕極，至精之所想遘也。扶聖朝遠照之明〔註43〕，使君宷此，如君之意，誠雄散之之會也〔註44〕。死之日，則今之榮也。不敢有貳，不敢有愛。少而不以行立於鄉里，長而不以功顯於縣官，著訓於帝籍，但言詞博覽，翰墨為事，誠欲崇而就之，不可以遺，不可以怠。即君必欲脅之以威，陵之以武，欲令入

〔註39〕戴震《方言疏證》卷十三：「煩」或作「頻」，或作「顑」。「示其成者」四字，或作「示之」二字，據上云「語言或交錯相反，方復論思，詳悉集之」，是歆求《方言》時，雄撰集尚未成。此云「示其成」者，正以見有未成者耳。今書中有僅舉其字，不辨何方云然，蓋《方言》究屬雄未成之書。洪邁以《漢書》本傳無所謂《方言》，《藝文志》亦不載《方言》，遂疑非雄作。又云：《書》稱「汝潁之間」，先漢人無此語也。則書內舉水名以表其地者多矣，何以先漢人不得稱汝潁之間邪？應劭《風俗通義・序》云：「周秦常以歲八月遣輶軒之使，求異代方言，還奏籍之，藏於祕室。及嬴氏之亡，遺脫漏棄，無見之者。蜀人嚴君平有千餘言，林閭翁孺才有梗概之法。揚雄好之，天下孝廉衛卒交會，周章質問，以次注續，二十七年，爾乃治正，凡九千字。張竦以為懸諸日月不刊之書。」任昉《南徐州蕭公行狀》「並勒成一家，懸諸日月」，李善注云：「揚雄《方言》曰：『雄以此篇目煩示其成者，張伯松伯松曰：『是懸諸日月不刊之書也。』」此注重「伯松」二字，有訛舛。錢繹《方言箋疏》卷十三：盧文弨云：「『顑示其成』者，一本作『顑示之』三字，李善注任昉《蕭公行狀》作『煩示其成』者，『煩』字恐誤。」

〔註40〕錢繹《方言箋疏》卷十三：《方言》卷六云：「坻，場也，梁宋之間蚍蜉螘鼠之場謂之坻。《眾經音義》卷十一引《埤倉》云：『場，鼠坧也』。」

〔註41〕錢繹《方言箋疏》卷十三：《古文苑》章樵注云：「般，蒲官切，樂也。」案：章訓般為樂，蓋謂子雲自以為有樂乎？此聞伯松之言而自若與？《傳》所云：「時方草《太玄》，有以自守，泊如也」，意正合。戴震本改為報字，云：「古服字」，非也。盧文弨《重校方言》卷一：《古文苑》注云：「般，蒲官切，樂也。」戴本改作報，云：「古服字。」案：雄自以為有樂乎，此聞伯松之言仍自若也，作「般」字是。

〔註42〕戴震《方言疏證》卷十三：《古文苑》章樵注云：「漢人用『慧』字，多與『惠』通。」

〔註43〕盧文弨《重校方言》卷一：此足上語耳，「扶」改作「夫」者，非。下句上雖似有脫文，然此篇古質，自不當以近代文字律之。若謂引起下句，則用「聖朝」二字足矣，加「夫」字便成時下語氣。「遠照之明」之四字，果何所指而漫為貢諛邪？知子雲必不爾。

〔註44〕盧文弨《重校方言》卷一：答歆書中語。錢繹《方言箋疏》卷十三：即謂歆書中「散之不疑」句也。

之於此，此又未定，未可以見。今君又終之，則繇死以從命也〔註45〕。而可且寬假延期，必不敢有愛〔註46〕。雄之所為，得使君輔貢於明朝，則雄無恨，何敢有匿？惟執事圖之。長監於規，繡之就，死以為小〔註47〕，雄敢行之。謹因還使，雄叩頭叩頭。

班固

《漢書・敘傳》：（班）穉生彪，彪字叔皮，幼與從兄嗣共遊學，家有賜書，內足於財，好古之士自遠方至，父黨楊子雲以下莫不造門。

又曰：近者陸子優繇，《新語》以興。董生下帷，發藻儒林。劉向司籍，辯章舊聞。揚雄覃思，《法言》、《太玄》。皆及時君之門闈，究先聖之壺奧，婆娑乎術藝之場，休息乎篇籍之囿，以全其質而發其文，用納乎聖聽，列炳于後人，斯非其亞與！

又曰：淵哉若人，實好斯文。初擬相如，獻賦黃門，輟而覃思，草《法》纂《玄》，斟酌六經，放《易》象《論》，潛於篇籍，以章厥身。述《楊雄傳》第五十七。

《漢書・地理志》：司馬相如遊宦京師諸侯，以文辭顯於世，鄉黨慕循其跡，後有王褒、嚴遵、揚雄之徒，文章冠天下，繇文翁倡其教，相如為之師。

《漢書・楚元王傳》：贊曰：仲尼稱「材難不其然與」，自孔子後，綴文之士眾矣，唯孟軻、孫況、董仲舒、司馬遷、劉向、揚雄此數公者，皆博物洽聞，通達古今，其言有補於世，《傳》曰：聖人不出，其間必有命世者焉，豈近是乎？

王充

《論衡・超奇》篇：若夫陸賈、董仲舒，論說世事，由意而出，不假取於外，然而淺露易見，觀讀之者猶曰傳記。陽成子長作《樂經》，揚子雲作《太玄經》，造於眇思，極竆冥之深，非庶幾之才不能成也。孔子作《春秋》，二子作兩經，所謂卓爾蹈孔子之跡，鴻茂參貳聖之才者也。王公問于桓君山以揚子雲，君山對曰：「漢興以來，未有此人。」君山差才，可謂得高下之實矣。

〔註45〕戴震《方言疏證》卷十三：雄以其書未成未定為辭，時歆為莽國師，故雄為是言，絕其終來強以勢求，意可見矣。洪邁乃云：「子駿只從之求書，而答云『必欲脅之以威，陵之以武，則繇死以從命也。』何至是哉？此於知人論世，漫置不辨，而妄議不輕出其著述為非，亦不達於理矣。
〔註46〕戴震《方言疏證》卷十三：「而」、「如」古多通用。
〔註47〕戴震《方言疏證》卷十三：《古文苑》章樵注云：「言當長以所規為監，得緝成其書，以死為輕。」

《齊世》篇：畫工好畫上代之人，秦漢之士功行譎奇，不肯圖今世之士者，尊古卑今也。貴鵠賤雞，鵠遠而雞近也。使當今說道深于孔墨，名不得與之同立，行崇于曾顏，聲不得與之鈞何，則世俗之性，賤所見，貴所聞也。有人於此，立義建節，實核其操，古無以過，為文書者肯載於篇籍，表以為行事乎？作奇論，造新文，不損於前人，好事者肯舍久遠之書而垂意觀讀之乎？揚子雲作《太玄》，造《法言》，張伯松不肯壹觀，與之並肩，故賤其言。使子雲在伯松前，伯松以為金匱矣！

《書解》篇：或曰著作者思慮間也，未必材知出異人也。居不幽，思不至，使著作之人，總眾事之凡，典國境之職，汲汲忙忙，何暇著作？試使庸人積閒暇之思，亦能成篇百十數。文王日昃不暇食，周公一沐三握髮，何暇優遊為麗美之文於筆劄。孔子作《春秋》，不用於周也。司馬長卿不預公卿之事，故能作《子虛》之賦。揚子雲存中郎之官，故能成《太玄經》，就《法言》。使孔子得王，《春秋》不作，長卿、子雲為相，賦、《玄》不工。

《對作》篇：《易》之乾坤，《春秋》之元，揚氏之《玄》，卜氣號不均也。……陽成子張作《樂》，揚子雲造《玄》。二經發於台下，讀于闕掖，卓絕驚耳，不述而作，材疑聖人。

清姚之駰《後漢書補逸》：謝誇吾薦王充曰：充之天才，非學所加，雖前世孟軻、孫卿，近漢揚雄、劉向、司馬遷，不能過也。

崔駰

《後漢書·崔駰傳》：駰年十三，能通《詩》、《易》、《春秋》，博學有偉才，盡通古今訓詁百家之言，善屬文。少游太學，與班固、傅毅同時齊名。常以典籍為業，未遑仕進之事，時人或譏其太玄靜，將以後名失實。駰擬揚雄《解嘲》作《達旨》以答焉。

唐李賢注：《華嶠書》曰：駰譏揚雄以為范、蔡、鄒衍之徒乘釁相傾，詿曜諸侯者也，而云「彼我異時」，又曰：竊貲卓氏，割炙細君，斯蓋士之贅行，而云「不能與此數公者同」，以為失類而改之也。

張衡

《後漢書·張衡傳》：衡善機巧，尤致思于天文、陰陽、曆算，常耽好《玄經》，謂崔瑗曰：「吾觀《太玄》，方知子雲妙極道數，乃與五經相擬，非徒傳

記之屬，使人難論陰陽之事，漢家得天下二百歲之書也。復二百歲，殆將終乎？所以作者之數，必顯一世，常然之符也。漢四百歲，《玄》其興矣！」唐李賢注：子雲當哀帝時著《太玄經》，自漢初至哀帝，二百歲也。

闞澤

宋蕭常《續後漢書·闞澤傳》：虞翻嘗稱之曰：「闞生矯傑，蓋蜀之揚雄。」又曰：「儒術德行，亦今之仲舒也。」

車喬

宋郝經《續後漢書·車喬傳》：光祿大夫李銓嘗論揚雄才學優於劉向，喬以為向定一代之書，正群籍之篇，使雄當之，故非所長，遂著《劉揚優劣論》。

二、三國

吳·陸績

《述玄》〔註48〕：績昔嘗見同郡鄒邠字伯岐與邑人書，歎楊子雲所述《太玄》，連推求玄本，不能得也。鎮南將軍劉景升遣梁國成奇修好鄙州，奇將《玄經》自隨，時雖幅寫一通，年尚暗稚，甫學《書》、《毛詩》王誼人事，未能深索《玄》道真，故不為也。後數年，專精讀之半歲，間粗覺其意，於是草創注解未能也。章陵宋仲子為作《解詁》，後奇復銜命尋盟，仲〔註49〕子以所《解》付奇與安遠將軍彭城張子布，績得覽焉。仲子之思慮誠為深篤，然玄道廣遠，淹廢曆載，師讀斷絕，難可一備，故往往有違本錯誤。績智意豈能弘裕，顧聖人有所不知，匹夫誤有所達，加緣先王詢於芻蕘之誼，故遂卒有所述。就以仲子《解》為本，其合於道者因仍其說，其失者因釋而正之。所以不復為一解，欲令學者瞻覽彼此，論其曲直，故合聯之爾。

夫《玄》之大義，揲蓍之謂，而仲子失其旨歸，休咎之占靡所取定，雖得文間義說，大體乖矣。《書》曰：「若網在綱，有條而弗紊」，今綱不正，欲弗紊，不可得已。績不敢苟好著作以虛譽也，庶合道真，使《玄》不為後世所尤而已。昔楊子雲述《玄經》而劉歆觀之，謂曰「雄空自苦，今學經者有祿利，然尚不能明《易》，又如《玄》何？吾恐後人用覆醬瓿。」雄笑而不應。雄卒，

〔註48〕據《四部叢刊》內的影印明萬玉堂翻宋本晉范望《太玄解贊》，已作校勘。
〔註49〕原作佚，明顯是誤字，據《永樂大典》及明郝梁本改。

大司空王邑、納言嚴尤聞雄死，謂桓譚曰：「子常稱楊雄書，豈能傳於後世乎？」譚曰〔註50〕：「必傳，顧君與譚不及見也。」班固《贊》序雄事曰：「凡人貴遠賤近，親見楊雄祿位容貌不能動人，故輕其書。楊子雲之言，文誼至深，論不詭于聖人，若使遭遇時君，更閱賢智為所稱善，則必度越諸子矣。自雄之沒，至今四十餘年，其《法言》大行，而《玄》終未顯。」又張平子與崔子玉書曰：「乃者以朝賀〔註51〕明日，披讀《太玄經》，知子雲特極陰陽之數也，以其滿泛故，故時人不務此，非特傳記之屬，心實與五經擬。漢家得二百歲卒乎？所以作興者之數，其道必顯，一代常然之符也。《玄》四百歲其興乎！竭己精思以揆其義，更使人難論陰陽之事。足下累世窮道極微，子孫必命世不絕，且幅寫一通，藏之以待能者。」〔註52〕續論數君所云，知楊子雲《太玄》無疆也。歆云經將覆沒，猶《法言》而今顯楊，歆之慮事〔註53〕，於是為漏。固曰《法言》大行而《玄》終未顯，固雖云終，不必其廢，有愈於歆。譚云「必傳，顧譚與君不及〔註54〕見也」，而《玄》果傳，譚所思過固遠矣。平子云「漢之四百其興乎」，漢元至今四百年矣，其道大顯，處期甚效，厥跡速，其最復優乎〔註55〕！且以歆《曆譜》之隱奧，班固《漢書》之淵弘，桓譚《新論》之深遠，尚不能鏡照《玄經》廢興之數，況夫王邑、嚴尤之倫乎？覽平子書令子玉深藏以待能者，子玉為世大儒，平子嫌不能理，但令深藏，益明《玄經》之為神妙〔註56〕。雖平子焯亮其道，處其熾興之期，人之材意相倍如此。雄《解難》〔註57〕曰：「師曠之調鐘，俟知音之在後，孔子作《春秋》，冀君子之將睹」〔註58〕，信哉斯言，於是乎驗。雄受氣純和，韜真含道，通敏睿達，鉤深致遠，建立《玄經》，與聖人同趣，雖周公繇《大易》，孔子修《春秋》，不能是過，論其所述，終年不能盡其美也，考之古今，宜曰「聖人」。昔孔子

〔註50〕萬玉堂本脫「子常稱楊雄書豈能傳于後世乎譚曰」十五字，據《漢書·楊雄傳》補。

〔註51〕原作駕，據盧文弨《太玄經校正》及《張衡集》改。

〔註52〕此段張衡語，又見王先謙《後漢書集解》所引《張衡集》，文字基本相同。而《後漢書·張衡傳》的記載則頗為不同，見前。

〔註53〕原作尋，據《永樂大典》改。

〔註54〕及字據上文所引和《漢書·揚雄傳》補。

〔註55〕盧文弨《太玄經校正》云：「『復』衍，或當在『速』字上。」

〔註56〕原作乎驗，據《永樂大典》改。乎驗，涉下文於是乎驗而誤。

〔註57〕解字原脫，據盧文弨《太玄經校正》及《漢書·揚雄傳》補。

〔註58〕《漢書·揚雄傳》冀作幾，將作前，師古曰：「幾讀曰冀。」

在衰周之時，不見深識，或遭困苦，謂之「佞人」，列國智士稱之「達者」，不曰「聖人」，唯弟子中言其「聖」耳。逮至孟軻、孫卿之徒，及漢世賢人君子，咸並服德歸美，謂之「聖人」，用《春秋》以為王法，故遂隆崇，莫有非毀。楊子雲亦生衰亂之世，雖不見用，智者識焉，桓譚謂〔註59〕之絕倫，稱曰「聖人」，其事與孔子相似。又述《玄經》，平子處其將興之期，果如其言，若玄道不應天合神，平子無以知其行數，若平子瞽言期應，不宜效驗如合符契也。作而應天，非聖如何？昔《詩》稱母氏「聖善多方」，曰「惟聖罔念作狂，惟狂克念作聖」，《洪範》曰「睿作聖」，孟軻謂柳下惠作「聖人」，猶是言之，人之受性聰明純淑，無所繫較，順天道，履仁誼，因可謂之「聖人」，何常之有乎？世不達聖賢之數，謂聖人如鬼神而非人類，豈不遠哉？凡人賤近而貴遠，聞續所云，其笑必矣，冀值識者，有以察焉。

蜀‧古樸

《三國志‧蜀書‧秦宓傳》：廣漢太守夏侯纂問將功曹古樸曰：「至於貴州養生之具，實絕餘州矣，不知士人何如餘州也？」樸對曰：「乃自先漢以來，其爵位者或不如餘州耳，至於著作為世師式，不負于餘州也。嚴君平見黃、老作《指歸》，揚雄見《易》作《太玄》，見《論語》作《法言》，司馬相如為武帝制封禪之文，於今天下所共聞也。」

蜀‧秦宓

《三國志‧蜀書‧秦宓傳》：（王）商為嚴君平、李弘立祠，宓與書曰：「甫知足下為嚴、李立祠，可謂厚黨勤類者也。觀嚴文章冠冒天下，由夷逸操，山嶽不移，使揚子不歎，固自昭明。如李仲元不遭法言，令名必淪，其無虎豹之文故也，可謂攀龍附鳳者矣。如揚子雲潛心著述，有補於世，泥蟠不滓，行參聖師，於今海內談詠厥辭，邦有斯人，以耀四遠，怪子替茲，不為立祠。」

魏‧王肅

《冊府元龜》卷六百五十：王肅，字子雍，年十八，從宋忠讀《太玄》，而更為之解。

〔註59〕原無謂字，據盧文弨《太玄經校正》補。

三、晉

范望

《太玄解贊》序：贊曰：楊子雲處前漢之末，值王莽用事，身縶亂世，遜退無由，是以朝隱，官爵不徙。昔者文王屈抑而繫《易》，仲尼當衰周而述《春秋》，為一代之法，以彰聖人之符。子雲志不申顯，於是覃思，耦《易》著《玄》，其道以陰陽為本，比於庖犧之作，事異道同，福順禍逆，無有主名。桓譚謂之「絕倫」，張衡以「擬五經」，非諸子之疇也。自侯芭受業之後，稀有相傳受者，乃到建安年中，故五業主事章陵宋衷、鬱林太守吳郡陸績，各以淵通之才，窮核道真，為十篇《解釋》，足以根其秘奧，無遺滯者已。然本經三卷，雖有章句，辭尚婉妙，並宜訓解。且此書也淹廢歷久，傳寫文字或有脫謬。宋君創之于前，鬱林釋之於後，二注並集，或相錯雜，或相理致，文字猥重，頗為繁多，於教者勞，於誦者倦。望以暗固，學不博識，昔在吳朝，校書台觀，後轉為郎，讎講歷年，得因二君已成之業，為作《義注》四萬餘言，寫在觀閣，亡其本末。今更通率為注，因陸君為本，錄宋所長，捐除其短。並《首》一卷本經之上，散《測》一卷注文之中，訓理其義，以《測》為據，合為十卷，十萬餘言。意思褊淺，猶懼不能發暢楊氏幽微之旨，裨闔後學未覺也。

王長文

《晉書·王長文傳》：（長文）著書四卷，擬《易》，名曰《通玄經》，有《文言》、《卦象》，可用卜筮，時人比之揚雄《太玄》。同郡馬秀曰：「揚雄作《太玄》，惟桓譚以為必傳後世，晚遭陸績，《玄》道遂明。長文《通玄經》，未遭陸績、君山耳。」

袁准

《意林》卷四：《正部》十卷：「《淮南》浮偽而多恢，《太玄》幽虛而少效，《法言》雜錯而無主，《新書》繁文而鮮用。」

左思

《文選》卷二十一：左太沖《詠史八首》四：濟濟京城內，赫赫王侯居。冠蓋蔭四術，朱輪竟長衢。朝集金張館，暮宿許史廬。南鄰擊鐘磬，北里吹笙竽。寂寂揚子宅，門無卿相輿。寥寥空宇內，所講在《玄》虛。言論準宣尼，辭賦擬相如。悠悠百世後，英名擅八區。

葛洪

《抱樸子‧外篇‧酒誡》：揚雄酒不離口，而《太玄》乃就。

《抱樸子‧外篇‧尚博》：雖有超群之人，猶謂之不及竹帛之所載也。雖有益世之書，猶謂之不及前代之遺文也。是以仲尼不見重於當時，《太玄》見嗤薄於比肩也。俗士多云今山不及古山之高，今海不及古海之廣，今日不及古日之熱，今月不及古月之朗，何肯許今之才士，不減古之枯骨乎？重所聞，輕所見，非一世之所患矣。

清朱彝尊《經義考》卷二百六十八：葛洪曰：「揚雄著《太玄經》，夢吐白鳳凰集其頂上而滅。」

常璩

《華陽國志》卷十《先賢士女總贊論‧蜀郡士女》：子雲玄達，煥乎弘聖。揚雄，字子雲，成都人也，少貧好道，家無擔石之儲，十金之費，而晏如也。好學不為章句，初慕司馬相如綺麗之文，多作詞賦。車騎將軍王音，成帝叔舅也，召為門下史，薦待詔，上《甘泉》、《羽獵賦》，遷侍郎，給事黃門。雄既升秘閣，以為辭賦可尚，則賈誼升堂，相如入室，武帝讀《大人賦》，飄飄然有淩雲之志，不足以諷諫，乃輟其業。以經莫大于《易》，故則而作《太玄》，傳莫大於《論語》，故作《法言》，史莫善於《蒼頡》，故作《訓纂》，箴諫莫美于《虞箴》，故作《州箴》，賦莫弘於《離騷》，故反屈原而廣之，典莫正於《爾雅》，故作《方言》。初與劉歆、王莽、董賢同官，並至三公，雄歷三帝，獨不易官，年七十一卒。自劉向父子、桓譚等，深敬服之。其《玄》源淵懿，後世大儒張衡、崔子玉、宋仲子、王子雍，皆為注解，吳郡陸公紀尤善於《玄》，稱雄聖人。雄子神童烏，七歲預雄《玄》文，年九歲而卒。

《華陽國志》卷十二：高尚逸民林閭，字公孺，臨邛人，揚雄師之，見《方言》。

王隱

《世說新語‧文學》：謝太傅云：「不得爾，此是屋下架屋耳。事事擬學，而不免儉狹。」注：王隱論楊雄《太玄經》曰：「《玄經》雖妙，非益也，是以古人謂其屋下架屋。」

陶淵明

《陶淵明集》卷三《飲酒》詩之十八：子雲性嗜酒，家貧無由得。時賴好

事人，載醪祛所惑。觴來為之盡，是諮無不塞。有時不肯言，豈不在伐國？仁者用其心，何嘗失顯默。揚雄家貧，嗜酒，人希至其門，好事者載酒殽，從遊學。

劉敏元

《晉書‧劉敏元傳》：（敏元）好星曆陰陽術數，潛心《易》、《太玄》，不好讀史，常謂同志曰：「誦書當味義根，何為費功於浮辭之文？《易》者義之源，《太玄》理之門，能明此者，即吾師也。」

四、南北朝

韓顯宗

《魏書‧韓麒麟傳》附《顯宗傳》：顯宗對曰：「昔揚雄著《太玄經》，當時不免覆盎〔註60〕之談，二百年外，則越諸子。」

信都芳

《北史‧信都芳傳》：又著《樂書》、《遁甲經》、《四術》、《周髀宗》，其序曰：漢成帝時學者問「蓋天」，揚雄曰：「蓋哉未幾也。」問「渾天」，曰：「洛下閎為之，鮮於妄人度之，耿中丞象之，幾乎莫之息矣。」此言蓋差而渾密也。

何承天

《宋書‧曆志》：何承天曰：夫曆數之術，若心所不達，雖復通人前識，無救其為敝也，是以多歷年歲，未能有定。四分於天，出三百年而盈一日，積世不悟，徒云建曆之本必先立元，假言讖緯，遂關治亂，此之為蔽，亦已甚矣。劉歆《三統》法尤復疏闊，方於《四分》，六千餘年又益一日。揚雄心惑其說，采為《太玄》，班固謂之「最密」，著於《漢志》。

鮑照

《鮑明遠集》卷八《蜀四賢詠》（四賢謂司馬相如、嚴君平、王褒、楊雄）：渤渚水浴鳧，春山玉抵鵲。皇漢方盛明，群龍滿階閣。君平因世閑，得還守寂寞。閉簾注《道德》，門卦述天爵。相如達生旨，能屯復能躍。陵令無人事，毫墨時灑落。褒氣有逸倫，雅續信炳博。如令聖納賢，金璫易羈絡。良遮神明游，豈伊覃思作。《玄經》不期賞，蟲篆憂散樂。首路或參差，投駕均遠托。身表既非我，生內任豐薄。

〔註60〕盎，《北史》作甕。

劉勰

《文心雕龍・哀悼》篇：「揚雄吊屈，思積功寡，意深文略。」《知音》篇：「昔屈平有言，文質疏內，眾不知餘之異采，見異唯知音耳。揚雄自稱心好沈博絕麗之文，其事浮淺，亦可知矣。」

顏之推

《顏氏家訓・文章》篇：或問揚雄？曰：「吾子少而好賦」，雄曰：「然。童子雕蟲篆刻，壯夫不為也。」余竊非之，曰：虞舜歌《南風》之詩，周公作《鴟鴞》之詠，吉甫史克雅頌之美者，未聞皆在幼年累德也。孔子曰：「不學《詩》，無以言。」「自衛返魯，樂正雅頌各得其所。」大明孝道，引《詩》證之，揚雄安敢忽之也？若論「詩人之賦麗以則，辭人之賦麗以淫」，但知變之而已，又未知雄自為壯夫何如也？著《劇秦美新》，妄投于閣，周章怖懾，不達天命，童子之為耳。桓譚以勝《老子》，葛洪以方仲尼，使人歎息。此人直以曉算術，解陰陽，故著《太玄經》，為數子所惑耳。其遺言餘行，孫卿、屈原之不及，安敢望大聖之清塵？且《太玄》今竟何用乎？不啻覆醬瓿而已。

五、唐

劉知幾

《史通・自敘》：昔梁征士劉孝標作《敘傳》，其自比于馮敬通者有三，而予輒不自揆，亦竊比於揚子雲者有四焉。何者？揚雄嘗好雕蟲小伎，老而悔其少作。余幼喜詩賦，而壯都不為恥，以文士得名，期以述者自命，其似一也。揚雄草《玄》，累年不就，當時聞者，莫不哂其徒勞。余撰《史通》，亦屢移寒暑，悠悠塵俗，共以為愚，其似二也。揚雄撰《法言》，時人競尤其妄，故作《解嘲》以訓之。余著《史通》，見者亦互言其短，故作《釋蒙》以拒之，其似三也。揚雄少為范逡、劉歆所重，及聞其撰《太玄經》，則嘲以恐蓋醬瓿，然劉、范之重雄者，蓋貴其文彩，若《長楊》、《羽獵》之流耳，如《太玄》深奧，難以探賾，既絕窺踰，故加譏誚。余初好文筆，頗獲譽於當時，晚談史傳，遂減價于知己，其似四也。夫才唯下劣，而跡類先賢，是用銘之於心，持以自慰，抑猶有遺恨，懼不似揚雄者有一焉，何者？雄之《玄經》始成，雖為當時所賤，而桓譚以為數百年外其書必傳，其後張衡、陸績，果以為絕倫參聖。夫以《史通》方諸《太玄》，今之君山，即徐、朱等數君是也，後來張、陸，則未之知耳。嗟乎！倘使平子不出，公紀不生，將恐此書

與糞土同捐，煙爐俱滅，後之識者，無得而觀，此予所以撫卷漣洏淚盡，而繼之以血也。

《史通·雜說》：夫載筆立言，名流今古，如馬遷《史記》，能成一家，揚雄《太玄》，可傳千載，此則其事尤大，記之於傳可也。至於近代則不然，其有雕蟲末技，短才小說，或為集不過數卷，如《陳書·陰鏗傳》云：「有集五卷」，其類是也，或著書才至一篇如《梁書·孝元記》云：「撰《同姓名人錄》一卷，其類是也，莫不一二列名，編諸傳末，如《梁書·孝紀》云：「撰《妍神記》、《同姓名人錄》」，《陳書·姚察傳》云：「撰《西征記》、《辨茗酪記後》」，《魏書·劉芳傳》云：「撰《周官音》、《禮記音》」，《齊書·祖鴻勳傳》云：「撰《晉詞記》」。凡此書或一卷兩卷而已，自余人有文集或四卷五卷者，不可勝記，故不具列之，事同《七略》，巨細必書，斯亦煩之甚者。

一行

《舊唐書·方伎傳·一行傳》：時道士尹崇，博學先達，素多墳籍。一行詣崇，借揚雄《太玄經》，將歸讀之，數日復詣崇，還其書。崇曰：「此書意指稍深，吾尋之積年，尚不能曉，吾子試更研求，何遽見還也？」一行曰：「究其義矣。」因出所撰《大衍玄圖》及《義決》一卷以示崇，崇大驚，因與一行談其奧賾，甚嗟伏之。謂人曰：「此後生顏子也。」一行由是大知名。

《宋史·律曆志》七·明天曆條：至開元中，浮屠一行考揚子雲《太玄經》，錯綜其數，索隱周公三統，糾正時訓，參其變通，著在爻象，非深達《易》象，孰能造於此乎！

柳宗元

《新唐書·柳宗元傳》：宗元久汩振，其為文思益深，嘗著書一篇，號《貞符》，曰：臣所貶州流人吳武陵為臣，言：「董仲舒對三代受命之符，誠然非耶？」臣曰：「非也。何獨仲舒爾！司馬相如、劉向、揚雄、班彪、彪子固，皆沿襲嗤嗤，推古瑞物，以配受命，其言類淫巫瞽史，誑亂後代，不足以知聖人立極之本，顯至德，揚大功，甚失厥趣。」

《柳河東集》卷三十四：退之所敬者，司馬遷、揚雄。遷於退之固相上下，若雄者，如《太玄》、《法言》及《四愁賦》，退之獨未作耳，決作之，加恢奇，至他文過雄遠甚。雄文遣言措意，頗短局滯澀，不若退之倡狂恣肆，寓意有所作。若然者，使雄來，尚不宜推避，而況僕耶？

韓愈

《昌黎文集》卷十一《原道》：堯以是傳之舜，舜以是傳之禹，禹以是傳之湯，湯以是傳之文、武、周公，文、武、周公傳之孔子，孔子傳之孟軻，軻之死，不得其傳焉，荀與揚也，擇焉而不精。

卷十一《讀荀子》：始吾讀孟軻書，然後知孔子之道尊。聖人之道易行，王易王，霸易霸也。以為孔子之徒沒，尊聖人者，孟氏而已矣。晚得揚雄書，益尊信孟氏，因雄書而孟氏益尊，則雄者亦聖人之徒歟！聖人之道不傳于世，周之衰，好事者各以其說干時君，紛紛藉藉相亂，六經與百家之說錯雜，然老師大儒猶在。火于秦，黃、老於漢，其存而醇者，孟軻氏而止耳。及得荀氏書，於是又知有荀氏者也。考其辭，時若不醇粹，要其歸。與孔子異者鮮矣，抑猶在軻、雄之間乎！孔子刪《詩》、《書》，筆削《春秋》，合於道者著之，離於道者黜之，故《詩》、《書》、《春秋》無疵，余欲削荀氏之不合者附于聖人之籍，亦孔子之志歟！孟氏醇乎醇者也，荀與揚，大醇而小疵。

卷十七《與馮宿論文書》：不知古文，真何用於今世也？然以俟知者知耳。昔揚子雲著《太玄》，人皆笑之，子雲之言曰：「世不我知，無害也，後世復有揚子雲，必好之矣。」子雲死近千載，竟未有揚子雲，可歎也。其時桓譚亦以雄書勝《老子》，老子未足道也，子雲豈止與老子爭強而已哉？此不為知雄者。其弟子侯芭頗知之。以為其師之書勝《周易》。然侯之他文不見於世，不知其人果如何耳？以此而言，作者不祈人之知也明矣，直百世以俟聖人而不惑，質諸鬼神而不疑耳。

《新唐書·韓愈傳》：每言文章，自漢司馬相如、太史公、劉向、揚雄後，作者不世出，故愈深探本元，卓然樹立，成一家言。其《原道》、《原性》、《師說》等數十篇，皆奧衍閎深，與孟軻、揚雄相表裡，而佐佑六經云。……張籍者，字文昌，和州烏江人，第進士，為太常寺太祝，久次遷秘書郎，愈薦為國子博士，歷水部員外郎、主客郎中，當時有名士皆與遊，而愈賢重之。籍性狷直，嘗責愈喜博簺及為駁雜之說，論議好勝人，其排釋、老不能著書，若孟軻、揚雄以垂世者。愈最後答書曰：「自文王沒，武王、周公、成、康相與守之，禮樂皆在，及乎夫子，未久也。自夫子而至乎孟子，未久也。自孟子而至乎揚雄，亦未久也。然猶其勤若此，其困若此，而後能有所立，吾豈可易而為之哉？其為也易，則其傳也不遠，故余所以不敢也。……前書謂吾與人論，不能下氣，若好勝者，雖誠有之，抑非好己勝也，好己之道勝也，非好己之道勝也，己之

道乃夫子、孟軻、揚雄之道，傳者若不勝，則無所為道，吾豈敢避是名哉？」贊曰：唐興，承五代剖分，王政不綱，文弊質窮，螔俚混並，天下已定，治荒剔蠹，討究儒術，以興典憲，熏醲涵浸，殆百餘年，其後文章稍稍可述。至貞元、元和間，愈遂以六經之文為諸儒倡，障堤末流，反刓以樸，劃偽以真，然愈之才自視司馬遷、揚雄至班固以下不論也，當其所得，粹然一出於正，刊落陳言，橫騖別驅，汪洋大肆，要之無抵牾聖人者，其道蓋自比孟軻，以荀況、揚雄為未淳，寧不信然！

王涯

《說玄》〔註61〕：明宗一：《玄》之大旨可知矣，其微顯闡幽，觀象察法，探吉凶之眹，見天地之心，同夫《易》也。是故八十一首，擬乎卦者也。九贊之位，類夫爻者也。《易》以八八為數，其卦六十有四。《玄》以九九為數，故其首八十有一。《易》之占也以變，而《玄》之筮也以逢，是故數有陰陽，而時有晝夜，首有經緯，而占有旦夕，參而得之，謂之逢。考乎其辭，驗乎其數，則《玄》之情得矣。或曰：《玄》之辭也有九，《玄》之位也有四，何謂也？曰：觀乎四位，以辯其性也。推以柔剛，贊之辭也。別以否臧，是故四位成列，性在其中矣。九虛旁通，情在其中矣。譬諸天道，寒暑運焉，晦明遷焉，合而連之者《易》也，分而著之者《玄》也。四位之次，曰方、曰州、曰部、曰家，最上為方，順而數之至於家。家一一而轉，故有八十一家。部三三而轉，故有二十七部。州九九而轉，故有九州。一方二十七首而轉，故有三方。三方之變，歸乎一者也。一謂一玄也。是故以一生三，以三生九，以九生二十七，以二十七生八十一，三三相生，《玄》之數也三長者，七、八、九得一、二、三，揲法備，一為天，二為地，三為人，其數周而復始於八十一首，故為二百四十三〔註62〕表也。一首九贊，故有七百二十九贊。其外踦贏二贊，以備二儀之月數。立天之道，有始、中、終，因而三之，故有始始、始中、始終，及中始、中中、中終，及終始、終中、終終。立地之道，有下、中、上，立人之道，有思、福、禍。三三相乘，猶終始也。以立九贊之位，以窮天地之數，以配三統之玄〔註63〕，故《玄》之首也始於中，中之始也在乎一，一之所配，自天元甲

〔註61〕明萬玉堂本晉范望《太玄解贊》後附此篇，字有衍誤，筆者校點司馬光《太玄集注》時已加校勘，今並校勘及原文錄於下。

〔註62〕三原作二，據郝梁本。

〔註63〕統原作流，據郝梁本改。

子朔旦冬至推一晝一夜，終而復始。每二贊一日，凡七百二十九贊，而周為三百六十五日半〔註64〕。節候、鐘律、日運〔註65〕、斗指，於五行所配咸列著焉，以應休咎之占，說陰陽之數。故不觀于《玄》者，不可以知天，不窮渾天之統，不可以知人事之紀，故善言《玄》者，於天人變化之際其昭昭焉。故俍俍而行者，不避川穀，聵聵而聽者，不聞雷霆，其所不至於顛殞者，幸也，非正命也。

立例二：夫《玄》深矣廣矣，遠矣大矣，而師讀不傳者何耶？義不明而例不立故也。夫言有類而事有宗，有宗故可得而舉也，有類故可得而推也。故不得於文，必求於數，不得於數，必求於象，不得於象，必求於心，夫然故神理不遺，而賢哲之情可見矣。自楊子雲研機綜數，創制《玄》經，惟巨鹿侯芭子常親承雄學，然其精微獨得，章句不傳，當世俗儒拘守所聞，迷忽道真，莫知其說，遂令斯文幽而不光，鬱而不宣，微言不顯，師法殆絕，道之難行也若是。上下千餘載，其間達者不過數人。若汝南桓譚君山、南陽張衡平子，皆名世獨立，拔乎群倫〔註66〕，探其精秘〔註67〕，謂其不廢。厥後章陵宋衷，始作《解詁》，吳郡陸績，釋而正之，於是後代學徒得聞知其旨。而《玄》體散剝，難究其詳，余因暇時，竊所窺覽，常廢書而歎曰：將使《玄》經之必行世也，在於明其道使不昧，夷其途使不囏，編之貫之，皭若日月，則楊雄之學其有不興者乎？始於貞元丙子，終於元和己丑而發揮注釋，其說備矣。夫極玄微，盡玄之道，在於首贊之義。推類取象，彰表吉凶，是故其言隱，其方〔註68〕遠，案之之有不測之深，抽之有無窮之緒，引之有極高之旨，至於《瑩》《攡》《錯》《衝》《文》《數》《圖》《告》，此皆互舉以釋經者也。則夫首贊之義，根本所系，枝葉華藻，散為諸玄，而先儒所釋，詳其末，略其本，後學觀覽不知其言，殫〔註69〕精竭智無自而入，故探《玄》進學之多或中道而廢，誣往哲以自為切問，學淺道缺，而賢人志士之業不嗣也。故因宋、陸所略，推而行之。其所詳者，則從而不議也。所釋止於首、贊，又並《玄測》而列之，庶其象類曉然易知，則《玄》學不勞而自悟矣。《玄》之贊辭推本五行，辯明氣類，考陰陽之

〔註64〕原無半字，據郝梁本補。
〔註65〕鐘律日運，原作鐘津生踵，據郝梁本改。
〔註66〕拔原作校，據盧文弨《太玄經校正》及《永樂大典》本改。
〔註67〕祕原作必，據《四庫全書》本改。
〔註68〕方，郝梁本、《永樂大典》本作旨。
〔註69〕殫，原作彈，據《永樂大典》本改。

數，定畫夜之占，是故觀其施辭而吉凶善否之理見矣。苟非其事，文不虛行，觀其舊注，既以闕而述，雖時言其義，又不本其所以然〔註70〕。蓋《易》家人例有得位失位有位〔註71〕無位之說，以辯吉凶之由，是故《玄》本數一畫一夜，剛柔相推，畫辭多休，夜辭多咎，奇數為陽，耦數為陰，首有陰陽，贊有奇耦，同則吉，戾則凶，自一至九，五行之數，首之與贊所遇不同，相生為體，相克為咎，此其大較也。至於類變，因時制誼，至道無體，至神無方，亦不可以一理推之。然則審乎其時，察乎其數，雖糾紛萬變，而立言大本可得而知。又吉凶善否，必有其例畫休夜咎。至有文似非吉而例則不凶，深探其源，必有微旨，此最宜審者也。至於「準繩規矩，不同其施」，舊說以為非吉，然此首為戾，其辭皆始戾而終同，如規矩方圓之相背，而終成其用，若琴瑟之專一，孰聽其聲，方圓之共形，豈適於器？此其以戾而獲吉也。其有察辭似美，而推例則乖者，至如「土中其廬，設其金輿」〔註72〕，居士之中，乘君之乘，吉之大者也。而考於其例當夜，理則當凶，推其所以然，則廬者小舍也，漢制：宿衛者有直廬在殿庭中，土中，正位也。小人而居正位，又乘君子之器，禍其至焉，故下云「厥戒渝也」。凡此之例，略章一事以明之，餘則可以三隅返也。又如中之上九，既陽位，又當畫，時例所當吉，而群陽亢極，有顛靈之凶，與《易》之亢龍，其義同驗。如此之類，又可以例推。所謂玄之又玄，眾所不能知也。又一首之中，五居正位，當為首主，宜極大之辭，究而觀之，又有美辭去六者，然則陰首以陰數為主，陽首以陽數為主〔註73〕，其義可明。《玄》之大體，貴方進，賤已滿，七與八九，皆居禍中，而辭或極美者，窮則變，極則反也。大抵以到遇之首為天時，所逢贊為人事。居戾之時，則以得戾為吉，處中之時，則以失中為凶。消息盈虛，可以意得。其餘義例，分見注中。庶將來君子以覽之也。

　　揲法三：《經》曰：凡筮有法，不精不筮，不軌不筮，不以其占不若不筮。當其致精誠，厥有所疑，然後陰言其事，呵策訖，乃令著曰：假太玄，假太玄，孚貞，爰質所疑于神於靈。休則逢陽，星、時、數、辭從。咎則逢陰，星、時、數、辭違，此已上並令著辭。天之策十有八，地之策十有八，地虛

〔註70〕不字原無，據盧文弨《太玄經校正》補。
〔註71〕位字原無，此據《四庫全書》本補。
〔註72〕金字原無，據《周》首次五，當有金字。
〔註73〕主原作首，據《永樂大典》本改。

其三以扮天〔註74〕扮，配也，猶大衍之數五十，其用四十有九。故《玄》筮以三十三策，令蓍既畢，然後別分一策，以掛於左手之小指，中分其餘，以三揲之，並余於芳此餘數，欲盡時餘三及二、一也，又三數之並芳之後，便都數之，中不分矣。前餘及芳，不在數限，數欲盡時，至十已下，七為一畫，餘八為二畫，餘九為三畫。凡四度畫之，而一首之位成矣。《玄》之有七、八、九，猶《易》之有四象也。《易》卦有四象之氣，《玄》首有三表之象。

占法四：首位既成，然後有陰陽晝夜經緯所逢。占之欲識首之陰陽，從中至養，以次數之，數奇為陽，數耦為陰。數晝夜者，九贊之位，于陽家則一、三、五、七、九為晝，二、四、六、八為夜，于陰家則一、三、五、七、九為夜，二、四、六、八為晝。經者一、二、五、六、七也，旦筮用焉。緯者三、四、八、九也，夕筮用焉。日中夜中，雜用一經一緯。凡旦筮者，其佔用經〔註75〕，當九贊之一、五、七也。遇陽家則一、五、七並為晝，是謂一從二從三從，始中終皆吉。遇陰家則一、五、七並為夜，是謂一違二違三違，始中終皆凶。旦筮則一、五、七為所逢之贊，而占決焉。二、六、九為日中，故《經》云：晝夜散者禍福雜也。凡夕筮者，其占用緯〔註76〕，當九贊之三、四、八也，遇陽家始休中終咎。若日中夜中筮者，二經一緯，當九贊之二、六、九也，遇陰家始中休終咎。所用贊，下為始，次為中，上為終，故《經》曰：觀始中，決從終。大抵吉凶休咎，在晝夜從違。若欲消息其文，則當觀首名之義，及所遇贊辭與所筮之事。察其象，稽其美惡，則《玄》之道備矣。或有晝夜既從，而首性贊辭遇於迕戾，則可用也。《經》云：星、時、數、辭從，星者所配之宿，各以其方，與本五行不相違克也。假如中首所配牽牛，北斗水行，與首同德，是星從也。時者，所筮之時與所遇節氣相逆順也。假如冬至筮，遇十月已前首為逆，冬至已後首為順。數者，陰陽奇耦之數，以定所遇之晝夜。夜為咎，晝為休。辭者，九贊之辭，與所筮之意相違否也。凡此四事，並當參而驗之，從多為休，違多為咎。

辨首五：天玄二十七首：中、周、礥、閑、少、戾、上、干、狩、羨、差、童、增、銳、達、交、耎、傒、從、進、釋、格、夷、樂、爭、務、事。地玄二十七首：更、斷、毅、裝、眾、密、親、斂、強、睟、盛、居、法、應、迎、

〔註74〕天原作三，據《數》篇改。
〔註75〕其原作旦，據《永樂大典》本改。
〔註76〕其占原作占其中，據上文例改。

遇、灶、大、廓、文、禮、逃、唐、常、度、永、昆。人玄二十七首：減、唫、
守、翕、聚、積、飾、疑、視、沈、內、去、晦、瞢、窮、割、止、堅、成、
闕、失、劇、馴、將、難、勤、養。中者萬物之始且得中，辭首之辭具在《經》
注。九雖當畫亢極凶。狩者臨也，進，萬物扶陽而進，九雖當畫，終亦凶也。
應者應時施宜，七、五、九當畫，吉。自此後陰生，故有戒也。大者陽氣盛大，
象豐卦，九為大極，雖得畫而微凶。唫者陰陽不通，象否卦，二、四、六、八
當畫，當唫之時，不能無咎，極亦凶也。窮者萬物窮極，思索權謀自濟也，九
處窮極，畫亦凶。親者貴以其身下人，則親交之道著，八雖當畫而處亢，不能
下人，故君子去之也。

　　《唐語林》卷一：王相涯注《太玄》，常取以卜，自言所中多於《易》筮。

　　《野客叢書》卷一：元城先生論甘露之禍，凡覆十一族，而王涯者，自號
留心《太玄》，亦罹其禍。且《太玄》惟以進退消息之為說，涯知其說，而不
能行，故爾。僕謂製《太玄》者，小則非意，且不能自製，投天祿閣，為後世
笑，尚何以責學《太玄》者耶？

劉禹錫

　　《陋室銘》：山不在高，有仙則名。水不在深，有龍則靈。斯是陋室，唯
吾德馨。苔痕上階綠，草色入簾青。談笑有鴻儒，往來無白丁。可以調素琴，
閱金經，無絲竹之亂耳，無案牘之勞形。南陽諸葛廬，西蜀子雲亭。孔子云：
「何陋之有！」

李周翰

　　《文選注》：雄嘗作《緜竹頌》，成帝時，直宿郎楊莊誦此文，帝曰：「此
似相如之文。」莊曰：「非也，此臣邑人楊子雲。」帝即召見，拜為黃門侍郎。
參見楊雄《答劉歆書》：「雄始能草文，先作《縣邸銘》、《王佴頌》、《階闥銘》
及《成都城四隅銘》。蜀人有楊莊者，為郎，誦之于成帝，成帝好之，以為似
相如，雄遂以此得外見。

李群玉

　　《全唐詩》卷五百六十八《感興》：子雲吞白鳳，遂吐《太玄》書。幽微
十萬字，枝葉何扶疎。婉孌猛虎口，甘言累其初。一睹《美新》作，斯瑕安可
除？

六、宋

柳開

《河東集》卷三《漢史揚雄傳論》：子雲作《太玄》、《法言》，本傳稱「非聖人而作經籍，猶吳楚之君僭號稱王」，蓋天絕之。嗚呼！且子雲之著書也，非聖人耶？非聖人也，則不能言聖人之辭，明聖人之道，能言聖人之辭，能明聖人之道，則是聖人也。子雲苟非聖人也，則又安能著書而作經籍乎？既能著書而作經籍，是子雲聖人也。聖人豈異于子雲乎？經籍豈異《太玄》、《法言》乎？聖人之貌各相殊，聖人之辭不相同，惟其德與理類焉，在乎道而已矣。若非聖人而作經籍，則其所書也不若於經籍矣。言無章，行無法，是曰經籍乎？人可誣曰經籍乎？比之吳楚之君，吳楚之君竊位而冒名，悖於道者也，天宜伐而絕之。子雲：「務教而利時，順於道者也」，天豈罪其為是乎？天能絕吳楚之君而僭竊，則天甚明矣。天既甚明，固能罪惡而福善，即吳楚之君可罪，子雲可福也。若反同吳楚之君而罪子雲，是天明于惡少，而不明於善也多矣。班孟堅稱諸儒之言曰：是當時恥不及雄而謗之者也，不可從而書矣。凡為史之任，在乎正其得失而後褒貶之，得失此不能正，況其褒貶乎？所謂孟堅有良史之才者，予於此不曰良史也。

趙湘

《南陽集》卷五《揚子三辨》：史言揚子吃不能劇談，又言揚子投天祿閣，又言揚子無子，讀者疑其故，謂揚子學聖人道而有是者，或問于趙子，於是作《吃辨》、《投閣辨》、《無子辨？三篇以答。《吃辨》：或問曰：「揚子吃不能劇譚乎？」曰：「吃亦吃矣，不可謂不能劇譚。」曰：「是吃也，惡能劇譚？」曰：「揚子於眾人則吃，于聖人則能劇譚。噫！揚子之道，足以聖，足以賢，足以皇，足以王，劉歆知之，則曰『空自苦』，如是不知雄者眾矣。雄當是時似不言者，況謂之吃乎宜也。聖人之道，當懼其吃道德、吃仁義、吃辭吃志而已，不當懼吃眾也。雄果吃道德，不當演《太玄》，吃仁義，不當作《法言》，吃辭吃志，不當《反騷》《訓纂》《州箴》，而發焉如是也，不可謂之吃，則眾人吃于道德仁義辭志也，雄吃於眾人也。」《投閣辨》：王莽自立，將以神前事，於是誅甄豐及子尋，投劉歆之子棻於裔，辭連及者，急收不請。雄校書天祿閣，治獄使者來及雄，雄恐不免，輒自閣以投地，而不至死。莽知雄不與事，有詔弗問。病免，弗獲復為大夫。或問：「雄投閣，意將懼其罪而弗生耶？將畏其

法而求死耶？」曰：「非雄意。雄之道繫天矣，雄之命亦繫天也。天之將喪斯文也，墜地而死矣，天之未喪斯文也，莽其如予何？」曰：「不能謝病，復為大夫，如何？」曰：「用之則行，舍之則藏，雄意如是必矣。」

張揆

《宋史‧張揆傳》：張揆，字貫之，齊州人，擢進士第，歷大理寺丞，以疾解官，十年不出戶，讀《易》，因通揚雄《太玄經》，上《集解》數萬言。召對邇英門，令摭蓍，得斷首，且言「斷首準《易》之夬卦，蓋陽剛以決陰柔，君子進小人退之象也。」仁帝悅，擢天章門待制兼侍讀，累遷右諫議大夫，進龍圖閣直學士。

孔旼

《宋史‧隱逸傳‧孔旼傳》：孔旼，字寧極，孔子四十六代孫，隱居汝州龍興縣龍山之滍陽城，性孤潔，喜讀書，有田數百畝，近臣列薦授秘書省校書郎，致仕。居數年，召為國子監直講，辭不赴。即遷光祿寺丞。頃之，起知龍興縣，復辭。卒贈太常丞。晚年惟玩《周易》、《老子》，他書亦不復讀，為《太玄圖》，張壁上，外列方、州、部、家，而規其中心，空之無所書，曰：「《易》所謂寂然不動者，與此無異也。」

孫復

《孫明復小集‧辨揚子》：千古諸儒，咸稱揚子雲作《太玄》以準《易》，今考子雲之書，觀子雲之意，且見其非準《易》而作，蓋疾莽而作也。何哉？昔者哀、平失道，賊莽亂常，包藏禍心，竊弄神器，違天咈人，莫甚於此，雖火德中否，而天命未改，是以元元之心猶戴於漢。是時不知天命者爭言符瑞，稱莽之功德，以濟其惡，以苟富貴，若劉歆、甄豐之徒，皆位至上公，獨子雲恥從莽命，以聖王之道自守，故其位不過一大夫而已。子雲既疾莽之篡位，又懼來者蹈莽之跡，復肆惡於人上，乃上酌天時行運盈縮消長之數，下推人事進退存亡成敗之端，以作《太玄》。《玄》有三方、九州、二十七家、八十一部者，三公、九卿、二十七大夫、八十一元士之象也。玄，君象也，總而治之。起于牛宿之一度，終於斗宿之二十二度，而成八十一首、七百二十九贊、二萬六千二百四十四策，大明天人終始逆順之理，君臣上下去就之分。順之者吉，逆之者凶，以戒違天咈人戕君盜國之臣，此子雲之本意也。孰謂準《易》而作哉？諸儒咸稱《太玄》準《易》者，蓋以《易》緯言卦氣起於《中孚》，震、離、

兌、坎配于四方，其六十卦各主六日七分，以週一歲三百六十五日四分日之一，執此而論之也。殊不知《易》緯者陰陽家說，非聖人格言，若執此以為《易》，則《易》道泥矣。且《太玄》之于《易》，猶四體之一支也，可以謂之準《易》者乎？斯言蓋根于桓譚稱《太玄》，曰：「是書也與大《易》準」，班固謂「雄以經莫大乎《易》，故作《太玄》」，使子雲被僭大《易》之名於千古，是不知子雲者也。

胡宿

《文恭集》卷三《張侍讀箋注〈太玄經〉義》：陳書覆瓿久無憀，天幸名儒釋舊爻。準《易》一時遭客難，賞心千載獲神交。高情要在崇孤學，餘力猶能解眾嘲。誰道鳳凰難得髓，續弦今日見靈膠。

宋祁

宋袁說友《成都文類》卷四十八：宋祁《子雲象贊》：卓哉子雲，為漢儒師。準《易》、《論語》，同聖是非。百家滯淫，我獨正聲。譎怪縮藏，孔道光明。歆也致訾，謂抵醬蒙。惟譚有言，必傳無窮。《劇秦》詭辭，恨死新時。曰漢中天，果不吾欺。

《永樂大典》卷四九四零《宋景文公集·反〈太玄〉詩》：子雲準《周易》，忘健意不長。河圖歷九聖，萬化始有綱。尼父頭雪白，秉筆叩混芒。發掘天地奧，磨拭日月光。成書止十篇，九摘折在旁。《玄》雖巧侔寫，宛如榻上床。良史不深貶，乃譬吳楚王。漢歷久差駮，安用空言揚。

梅堯臣

《宛陵集》卷四十五：答鵝湖長老紹元示《太玄》圖：鵝湖有鵝吾不問，鵝湖無鵝吾不疑。道士須換《黃庭經》，釋子自明《太玄》辭。噫嘻兮，此意迥與山陰別，我亦曾非逸少為。

李覯

《旴江集》卷二十九《弔揚子》：歲陰在戌兮，其月季春，望前三日兮，是惟壬辰。面書林以齋栗兮，敢行弔於子雲。嗚呼哀哉！高廟不神兮，借人以權。新都大盜兮，舂國之䠶。凶邪得志兮，明哲偷安。天爐熾炭兮，璞玉不燃。斂佐王之刀尺兮，回智巧乎簡篇。何諸儒之喪明兮，復培塿乎泰山。夫聖者通之謂兮，可名而名之，豈有常人。昔成湯號伊尹曰元聖兮，固《商書》之所不刪。夷之清而惠之和兮，孟氏亦以為聖焉，謂子雲之非聖兮，何啻乎膠柱而操

弦。韓退之云大醇而小疵兮，所論止於《法言》，茲對問之細碎兮，如入宮始見其堁垣。伊太廟明堂之巨麗兮，則盡在於《太玄》。兼三材而用五行兮，取度數於渾天。日如蟻而右轉兮，斗揭柄而左旋。陰陽晝夜之會合兮，非弄筆之所磨鐫。其指在於三綱兮，尤切切於君臣。君道光而臣道滅兮，尊卑之分以陳。消與息而相乘兮，無盛滿之不疾顛。言行禍福同出於罔兮，貴思慮乎未然。必稱孝而稱忠兮，異乎《劇秦》而《美新》。既廣且深兮，浩浩東溟之潴百川。自哲人之萎于魯兮，獨子雲之書誰得而及肩。惟視之八曰，翡翠幹飛離其翼，狐貉之毛躬之賊。蓋小才之足以殺其身兮，俾愚心之愬愬。奉新語以周旋兮，庶全歸於窀穸。彼叔明之為注兮，間或失而或得。矧科指之不甚明兮，匪後生之能識。今之從事於此書兮，其說溺乎數術。隱怪之士藉以為已有兮，學者欲求而弗獲。繄小子之不敏兮，將大為之解釋。下以行諸講學兮，上以及夫邦國。計其業之勤勞兮，豈一朝而一夕。困於內者疾病兮，迫於外者衣食。念一家之言兮，終成之於何日。天有意於此書兮，使我壽考而強力。不然子雲之道兮或幾乎息，我思古人兮，淚漣漣而沾臆。

蘇洵

《嘉佑集》卷八《太玄論》上：言無有善惡也，苟有得乎吾心而言也，則其辭不索而獲。夫子之于《易》，吾見其思焉而得之者也，於《春秋》，吾見其感焉而得之者也，於《論語》，吾見其觸焉而得之者也。思焉而得，故其言深，感焉而得，故其言切，觸焉而得，故其言易。聖人之言得之天，而不以人參焉。故夫後之學者可以天遇，而不可以人得也。方其為書也，猶其為言也，方其為言也，猶其為心也。書有以加乎其言，言有以加乎其心，聖人以為自欺。後之不得乎其心而為言，不得乎其言而為書，吾於揚雄見之矣。疑而問，問而辯，問辯之道也。揚雄之《法言》，辯乎其不足問也，問乎其不足疑也，求聞於後世而不待其有得，君子無取焉耳。《太玄》者，雄之所以自附于夫子，而無得於心者也。使雄有得於心，吾知《太玄》之不作。何則？瘍醫之不為疾醫，樂其有得於瘍也，疾醫之不能為，而喪其所以為瘍，此瘍醫之所懼。若夫妄人礪針磨砭，乃欲為俞跗、扁鵲之事，彼誠無得於心而侈於外也。使雄有孟軻之書，而肯以為《太玄》耶？惟其所得之不足樂，故大為之名以僥倖于聖人而已。且夫《易》之所為作者，雄不知也。以為為數耶？以為為道耶？惟其為道也，故六十卦而無加，六十四卦而無損。及其以為數，而後有六日七分之說生焉。聖人之意曰：六十四卦者，《易》也。六日七分者，吾以為曆也。在曆以數勝，

在《易》以道勝。然則《易》之所為作，其亦可知矣。蓋自漢以來，六經始有異論。夫聖人之言無所不通，而其用意固有所在也。惟其求而不可得，於是乃始雜取天下奇怪可喜之說而納諸其中，而天下之工乎曲學小數者，亦欲自附於六經以求信於天下，然而君子不取也。《太玄》者，雄所以擬《易》也。觀其始於一而終於八十一，是四乘之極而不可加也。從三方之算而九之，並夜於畫，為二百四十有三日，三分其方而一，以為三州，三分其州而一，以為三部，二分其部而一，以為三家。此猶六十之不可加，而六十四之不可損也。雄以為未也，從而加之曰踦，又曰贏，曰：吾以求合乎三百六十有五與夫四分之一者也。曰踦也，曰贏也，是何為者？或曰以象四分之一。四分之一在贏而不在踦。踦者，斗之二十六也。或曰以象閏。閏之積也起於難之七，而於此加焉，是強為之辭也。且其言曰：「譬諸人，增則贅，而割則虧」，今也重不足於曆，而輕以其書加焉，是不為《太玄》也，為《太初曆》也。聖人之所略，揚雄之所詳，聖人之所重，揚雄之所忽，是其為道不足取也。道之不足取也，吾乃今求其數。求合首三百六十有五與夫四分之一者，固雄意也。贊之七百三十有一，是日之三百六十有五與夫四分之一也。後之學者曰：吾不知夫二十八宿之次與夫日行之度也，而于《太玄》焉求之？則吾懼夫積日之無以處也。曆者，天下之至微，要之千載而可行者也。四分而加一，是四歲而加一日也，率四歲而加之，千載之後，吾恐大冬之為大夏也。且夫四分其日而贊得二焉，故贊者可以為偶，而不可以為奇，其勢然也。雄之所欲加者四分之三，而所加者四，是其為數不足考也。君子之為書，猶工人之作器也，見其形以知其用。有鼎而加柄焉，是無問其工之材不材，與其金之良苦，而其不可以為鼎者固已明矣，況乎加踦與贏，而不合乎二十八宿之度，是柄而不任操，吾無取也已。

中：四分日之一，或曰一百分日之二十五，在四以為一，在百以為二十五，唯其所在而加之，豈有常數哉？六日七分者，以八十言者也。苟有以適於用，吾斯從而加之矣。坎、離、震、兌各守其方，而六十卦之爻分散於三百六十日。聖人不以五日四分日之一者害其為《易》，而以七分者加焉，此非有所法乎？日月星辰之度，天地五行之數也，以其上之不可以八，而下之不可以六，故以七分者加之，使夫《易》者亦不為無用於曆而已矣。夫八十分與夫七分者，皆非其所以為《易》也。上、下而為卦，九、六而為爻，此其所以為《易》也。聖人不于其所以為《易》者加之，故加焉而不害其為《易》。若夫四位而為首，九行而為贊，此正其所以為《太玄》者也。而雄於此加焉，故吾不知其為《太

玄》也。始於中之一，而訖於養之九，闕焉而未見者，四分日之三而已矣。以一百八分而為日，以一分而加之，一首之外盡八十一首，而四分日之三者可以見矣。觀周之一，知晝夜之不在乎奇偶，而在其所承，觀中之九，知休咎之不在乎晝夜，而在其所處。故積其分至於養之九，而可以無患。蓋《易》之本六日以為卦，《太玄》之初四日有半以為首，而皆以四百八十七分，求合乎二十八宿之度，加分而其數定，去踦贏而其道勝，吾無憾焉耳。

下：《太玄》之策三十有六，虛三而三十有三用焉。曰其說出於《易》。《易》曰：「大衍之數五十，其用四十有九。」是雄之所以為虛三之說也。夫大衍之數，是數之宗，而萬物之所取用也。今夫蓍，亦用者之一而已矣。或用其千萬，或用其一二，唯其所用而蓍也，用其四十有九焉。五者生之終也，十者成之極也。生之終，成之極，則天下又何以過之？故曰五十。五十者，五十有五云也，非四十有九而益一云也。天下之數於是宗焉，則《玄》無乃亦將取之。且夫四十有九者，豈有他哉？極其所當用之數而取之於大衍者，衍其所當用之策數，而舉其大略焉耳。吾將以老陽之九而明之，則夫七八六者，可以從而見焉。今夫一爻而三變，一變而掛一，是三用也。四四揲之，歸奇於扐，是十用也。既扐而數其餘，是三十有六用也。三與十、與三十六，而四十九之數成焉。增之則贏，損之則虧。四十有九足以成爻，而未始有虛一之道，吾不知先儒何從而得之也。聖人之所為，當然而然耳。區區於天地五行之數而牽合於其間者，亦見其勞而無取矣。聖人觀乎三才之體而取諸其象，故八卦皆以三畫，及其欲推之於六十四也，則從而六之，吾又不知先儒之何以配乎六也。聖人之意，直曰非六無以變。非六無以變是非四十九無以揲也。《太玄》之算極於三，以三而計之，掛其一，再扐其五，而數其餘之二十七，是亦三十三之數，不可以有加也。今其說曰三六，又曰二九，又曰倍天之數，又曰地虛三以扮天三，皆求《易》之過矣。夫卜筮者，聖人所以探吉凶之自然，故為是不可逆知之數，而寓諸其無心之物，故雖折草毀瓦，而皆有以前禍福之兆。聖人懼無以自神其心，而交于冥莫恍惚之間也，故擇時日，登龜取蓍而廟藏焉。聖人之視蓍龜也，若或依之以自神其心，而非蓍龜之能靈也。況乎區區牽合於天地五行之數，其說固已迂矣。卜筮者，為不可逆知者也。且筮用三經皆奇，夕筮用三緯，日中夜中用二經一緯，皆奇偶雜，則是吉凶之純駁不在其逢，而在其時。使夫旦筮者不為大休，則為大咎，而日中夜中與夫夕筮者，大休大咎終不可得而遇也。中之九曰「顛靈氣形反」，當晝而凶，蓋有之矣。占從其詞，不從其數，其誰曰不可？

吾欲去其踦與其贏，加其首之一分，損其蓍之三策，不從其數之可以逆知，而從其詞之不可以前定，庶乎其無罪也。

《太玄總例》：吾既作《太玄論》，或者讀揚子之書未知其詳，而以意詰吾說，病辭之不給也，為作此例。凡雄之法與夫先儒之論，其可取者皆在。有未盡傳之己意，曰姑觀是焉。蓋雄者好奇而務深，故辭多誇大，而可觀者鮮。始之以十八策，中之以三十六，終之以七十二，積之以二萬六千二百四十四，張而不已，誰不能然。蓋總例之外無觀焉。

四位：《玄》首之數，在乎方、州、部、家。推《玄》算備矣。初揲而得之為家，逆而次之極于方。凡所以謂之方、州、部、家者，義不在乎其數也，取天下有別之名而加之耳。夫天下之大，所以略別之者謂之方，方之中分之稍詳者謂之州，舉一類而為之所者謂之部，舉一人而為之別者謂之家。蓋方者別之大，而家者其小別者也。故《玄》，家一一而轉，而有八十一家，部三三而轉，而有二十七部，州九九而轉，而有九州，方二十七而轉，而有三方。四者旋相為配，而無所不遇，故有八十一首。

九贊：方、州、部、家之于《玄》，一首而加一算，故四位皆及於三，而其算止於八十一，率一算而九贊繫之。贊者所以為首之日，而算者所以為首之次也，故二者並行，而其用各異。非如《易》之六畫有以應乎六爻之辭也。《玄》之大體以二贊而當一日，贊之奇偶或以為晝，或以為夜。奇首之晝在乎贊之奇，偶首之晝在乎贊之偶，率十有八贊而後九日備。一首而九贊，其勢然也。故於九贊之間，三三相附以當天之始、中、終，地之下、中、上，與人之思、禍、福，三者自相變，而皆可以當其一首之贊。故《玄》之所以有九行者，亦以其贊言也。五行之次，水始於一、六，土終五、十，而《玄》數不及十。說者以為，土，君象也。水、火、木、金四者，是當先後於土者也。至於八十一首之間，則亦以九九相從，以當天、地、人三者之變，與夫九行之數，故舉其首之當水，與天之始始，地之下下，人之思內者以為九天，謂中、羨、從、更、晬、廓、減、沈、成也。

八十一首：一首而九贊，二贊為一日，率一首而四日有半，奇首之次九，為偶首初一日之晝，故自奇之一至於偶之一，而後得為五日。觀范望之注而考之其星度，則奇首之九贊為五日，而偶首止於四。范注：周之初一日入牛六度，礥之初一日入女二度。《玄榹》曰「九日平分」，范說非也。蓋一首之數定，而八十一首之數，從可知矣。日之周天三百六十五度四分度之一，《玄》之八十一首

而未增踦贏也，當其三百六十四度有半，於天度為不及，故踦與贏者，又加其一度焉。《玄》論備矣。夫方、州、部、家之算，雖無與乎贊之日，然及夫推而求其日也，皆舉算而以九乘焉。故夫算者，亦可以通之於日也。四位皆及於三，而周天之日亦可以概見於其中矣。三方之算，五十有四九之半之為二百四十三日，三州之算，十有八九之半之為八十一日；三部之算，六九之半之為二十七日；三家之算，三九之半之為十三日有半，而踦贏不與焉。故列方、州、部、家之極數，而以所得之日，繫之其下而為圖。《玄》以《太初曆》作，故節候星度皆據焉。

　　揲法：三十有六而策視焉。天以三分，終於六成，故十八策；一、二、三之別數是為三分，三分之積數是為六成，三六之相乘是為十八策。天不施，地不成，因而倍之。地則虛三以扮天，故蓍之數三十有六，而揲用三十三。別一以掛於左手之小指，中分其餘以三數之，並余於扐之後而三數其餘，七為一，八為二，九為三，八扐而四位成。雄之說曰：「一扐之後，而數其餘。」夫一掛一扐之多不過乎六，既六，而其餘二十七者可以為九，而不可以為八、九，況夫不至於六、九。《太玄》雄作，其揲法宜不謬，意者傳之失也。王涯之說，一扐之後而三三數之，三七之餘而一一數之，及八以為二，及九以為三，不及八，不及九，從三三之數而以三七為一，是苟以牽合乎一扐之言，而不知夫八者須掛一扐而後成，而扐終不可以三也。《易》之三揲也，每分輒掛而列乎三指之間。《玄》之再扐也，再扐不掛，而歸於初扐之指，吾於其掛而後分也見焉。《易》分而後掛，故每分輒掛，掛必異處，故列乎三指之間。《玄》掛而後分，故再扐不掛，再扐不掛，故歸於初扐之指。指者，視其掛者也。然則不再扐，而知雄之不先掛也。

　　占法：占有四：曰星，曰時，曰數，曰辭。星者，二十八宿與五行之從違也。如中水、牛、北方宿，則是星從，否則違。時者，所筮之時，與所遇之首之從違也。如冬至以後筮，而反遇應以下之首，則是時違，否則從。數者，首贊奇偶之從違也。一、三、五、七、九，陽家之晝，陰家之夜。二、四、六、八，陽家之夜，陰家之晝。晝詞多休，夜詞多咎。《太玄》因經緯以分三表。南北為經，東西為緯，一、六水在北，二、七火在南，五土在中，故一、二、五、六、七為經。三、八木在東，四、九金在西，故三、四、八、九為緯。取三經以為旦筮之一表，一、五、七是也。取三緯以為夕筮之一表，三、四、八是也。取二經一緯以為日中、夜中，筮之一表，二、六、九是也。今夫旦筮而遇奇首，曰一從、

二從、三從,是謂大休。遇偶首則曰一違、二違、三違,是謂大咎。日中夜中筮而遇偶首曰一從、二從、三違,始、中休,終咎。遇奇首,則曰一違、二違、三從,始、中咎,終休。夕筮而遇奇首,曰一從、二違、三違、始休,中、終咎。遇偶首則曰一違、二從、三從、始咎,中、終休。大率如此。辭者,辭之從違也。各觀其表之辭,觀始終,決從違。

　　推玄算:家一置一,二置二,三置三。部一勿增,二增三,三增六。州一勿增,二增九,三增十八。方一勿增,二增二十七,三增五十四。四位之積算,則是其首去中之策數也。

　　求表之贊:置首去中策數,惟其所遇之首而置之,如應去中四十一,則置四十一。減一而九之,如應置四十一,則減一為四十。以九乘四十得三百六十。增贊,惟其所求之贊而增之,一則增一,二則增二。半之則得贊去冬至日數矣。如應首九之得三百六十。若求應一贊,則增一為三百六十一,半得百八十有半,則是應之一去冬至百八十日有半也。偶為所得日之夜,奇為所明日之晝。此非一首之間一為奇而二為偶者也,半之而奇謂之奇,半之而偶謂之偶。若不增一,為百八十日,則是法首日之夜;增一則奇,乃是明日應首之晝。九之者,為贊也。一首九贊。減一者,為增贊也。容有不盡求其九贊,故減而後增。半之者,為日也。二贊為一日。求星從牽牛始,除算盡,則是其日也。如應之一,去冬至百八十日有半,以二十八宿之度,自牛以下除之盡,百八十算有半,即是應之一日在井二十九度半也。除算盡,則是其日也者,星之度、日之日也。日一日而行一度。斗振天而進日,違天而退。日行與斗建異,日自北而西,西而南,南而東,東而復於北;斗自北而東,東而南,南而西,西而復於北。《玄》日書斗書,如求星之法逆而求之可也。而月不書。

　　曆法:十九歲為一章,二十七章、五百一十三歲為一會,三會、八十一章、千五百三十九歲為一統,三統、九會、二百四十三章、四千六百一十七歲為一元。一章閏分盡,一會月蝕盡,一統朔分盡,一元六甲盡。「自子至辰,自辰至申,自申至子。是為三元。冠之以甲,而章、會、統、元與月蝕俱沒。」此雄之自述云爾。夫盡者,生於不齊者也。不齊之積而至於齊,是以有盡也。斗與天而東,日違天而西,終日而成度,盡度而成期,故不齊者,非出於斗與日,出於月也。日舒而月速,於是有晦朔、弦望、進退之不齊;惟其不齊,故要之於四千六百一十七歲,而後四者皆盡;又從而三之,萬有三千八百五十一歲,冬至朔旦復得甲子,而十二辰盡也。此五盡者,曆之所以有法也。

今《玄告》曰：「《玄》日書斗書而月不書。」夫七百三十一贊，二贊而為一日，固其勢不得書月也。苟月而不書，則夫曆法之可見于《玄》者，止於一期。而此五盡者，雄之所強存而已。日故別其一期之法於前，而存其五盡之數于後，蓋不詳云。

邵雍

《皇極經世書·觀物外篇》：《太玄》九日當兩卦，餘一卦當四日半。揚雄作《玄》，可謂見天地之心者也。洛下閎改《顓頊曆》為《太初曆》，子雲準《太初》而作《太玄》，凡八十一卦。九分共兩卦，凡一五隔一四，細分之則四分半當一卦。氣起於中心，故首中卦。曆不能無差，今之學曆者但知曆法，不知曆理。能布算者，洛下閎也。能推步者，甘公、石公也。洛下閎但知曆法，揚雄知曆法又知曆理。又云：太極，道之極也，太玄，道之玄也，太素，色之本也，太一，數之始也，太初，事之初也，其成功則一也。

宋晁說之《景迂生集》卷十載康節先生《太玄準易圖》自序：夫《玄》之于《易》，猶地之於天也。天主太極，而地總元氣。元氣轉而為三統，在《玄》則謂之三玄。三玄轉而為九州，九州轉而為二十七部，轉而為八十一首，首有九贊，贊分晝夜，而剛柔之用見矣。故《玄》之贊七百二十九而有奇，以應三百六旬有六日之度，蓋本出於元氣而作者也。太極生兩儀，兩儀生四象，四象生八卦，八卦因而重之為六十四，故《易》有乾、坎、艮、震、巽、離、坤、兌八卦以司八節，又以坎、離、震、兌四正之卦二十四爻，以司二十四氣，以復、臨、泰、大壯、夬、乾、姤、遯、否、觀、剝、坤，有十二卦以司七十二候節也。氣也候也，既各有統矣，然周天之度，未見其所司也，於是又去四正之卦，分取六十卦，引而伸之，為三百六十爻，各司其日，則周天三百六十度，而寒暑進退之道，陰陽之運備矣，蓋本乎太極而作者也。由是觀之，則天地各有生成之數，而相為表裏之用，故天數西行，上承而左轉者，在地之元氣也。地數東行，下順而右運者，在天之太極也。太極運三辰五星於上，元氣轉三統五行於下，此所謂成變化而行鬼神者也。所謂《玄》之于《易》，猶地之於天者，如斯而已，準而作之，不亦宜乎。若夫分天度，列次舍，序氣候，明卦爻，冠首贊，位列八重，先以夜贊布諸外，然後晝贊首位爻象，候卦氣卦宮分度數次諸內，復會於辰極，而《玄》《易》顯仁藏用之道，循乎數者可見矣。是故始於上元甲子天正朔旦，日躔牛宿之初，後四千六百一十七年，後復會于太初之上元者，《玄》之贊也。自上元甲寅青龍之首，氣起未濟之九四，後三萬一

千九百二十年，復會於太極之上元者，《易》之交也。原始要終，究其所窮，則體用雖殊，其歸一而已矣。

黃宗炎《周易尋門餘論》卷上：邵堯夫撰《皇極經世》十二卷，以謂天地之氣化，陰陽之消息，皆可以數推之。其理其數，咸本于《易》。噫！此何說也。其所稱元、會、運、世，實效揚雄之方、州、部、家也。揚以地言，邵以時言也。其所稱元數一、會數十二、運數三百六十、世數四千三百二十，亦準《太玄》之三方、九州、二十七部、八十一家也。

《永樂大典》卷四九二三有《漁樵問對附集》之《太玄論》，又名《太玄準易是非論》，一般認為邵雍有《漁樵問對》，而此文開頭處亦作「邵子曰」，故將此文錄於下：

邵子曰：「準天地者莫過乎《易》，準《易》者莫深于《太玄》，然《易》與《太玄》意趣同而指用異也。夫《易》有兩儀四象，八卦相蕩而成六十四，故三百八十四爻備焉。《玄》以一而生三，以三而生九，而成八十一首，故七百二十九贊備焉。此生數之異也。《易》之體本乎八象，《玄》之用配乎五行，此體用之異也。《易》之卦始於乾而終於未濟，《玄》之首始於中而終於養。中者法於中孚，養者法於頤，此始終之異也。所謂生數之異者，蓋《易》以一而生兩，《玄》以一而生三，兩者自天地而起，三者自三方而分，及究其陰陽分配，法象顯著，不差其數，不失其宜，此其所以為同也。所謂體用之異者，《易》以天、地、雷、風、水、火、山為體，則五行在其中。《玄》以水、火、金、木、土為用，則八象在其中矣。此其所以為同也。所謂始終之異者，蓋其卦以陰陽盛衰人事消長相授其義，《玄》次決其首，以日之躔次，宿之分度，以周其數，然其間二氣迭運，變化不窮，此其所以為同也。夫《易》之作始於伏犧，而終於孔子，其道備矣。而楊雄獨以賢者之才，盡兼九聖之業，再探其賾，繼而為之，其立法，其配象，其設辭，其為教，豈能復出於聖人乎？宜其意趣大同而指用稍異也。然則《玄》之不作，《易》寧有闕？《玄》之既作，《易》寧有補？若然，則其為是乎，其為非乎？昔者楊雄挺誠明之性，生禍亂之代，內窮聖域，識洞天人，顧《易》之道，求而得之，故研其慮，覃其思，以盡其性理，以闡其幽奧，故《玄》不得不作也。蓋雄自謂深明《易》而作《玄》以準《易》也，非敢與《易》並行矣。其辭微，其旨晦，保其存，懼其亡，蓋當乎亂世而歷，一有其字艱險也。《易》曰：「作《易》者，其有憂患乎？」又曰：「於稽其類，其衰世之意耶？」此亦可見雄之志矣。然《玄》之既成，雄頗自

厚，謂「世不我知，當俟知我者」，故劉歆、嚴尤或以為非，桓譚、張衡或以為是，非之未必廢，是之未必興，蓋其道之深也。嗚呼，自雄歿於今，千年未見有如雄者，況議雄之是非乎？班固謂雄非聖人而作經，故絕其嗣，此迂闊之甚矣。《法言》曰：「通天地人曰儒」，若雄者可謂大儒也，不及雄者，宜非之乎？

陳襄

《宋名臣奏議》卷二：陳襄論人君在知道得賢務修法度：……周衰，禮樂壞，王道陵夷，上無聖賢之君，下無法度之臣，天下蕩然無綱紀制度。漢興，有揚雄者，可謂法度之臣矣，而無可致之君。

劉敞

《公是集》卷四十九《西漢三名儒贊》：余讀《西漢書》，愛董仲舒、劉向、揚雄之為人，慕之。然仲舒好言災異，幾陷大刑。向鑄偽黃金，亦減死論。雄仕王莽，作《劇秦美新》，復投閣求死，皆背于聖人之道，惑於性命之理者也。以彼三子，猶未能盡善，才難不其然歟？然其善可師，其過可警也。為三贊以自覽焉：子雲清虛，自有大度，非聖不觀，恥為章句，擬仿六經，其文孔明，隱隱紘紘，實為雷霆。世世不遷，知命理神，胡為投閣，《劇秦美新》？君子之缺，眾儒有言，蓋天絕之，亦何必然？末世之人，以道邀利，或狗耳目，得之弗愧。嗟爾君子，能勿此畏！

《永樂大典》卷四九三九載《劉公是先生集》：吾讀《太玄》，一陰一陽，一柔一剛，一晦一明，一否一臧，一弱一強，一微一唱，一存一亡，所謂賢人之言近如此也，褒之者過其實，毀之者損其真。《太玄》所述，天人之際，性命之本，萬物之理，不可以辭敓。

曾鞏

《元豐類稿》卷十六《答王深甫論揚雄書》：蒙疏示鞏，謂揚雄處王莽之際，合於箕子之明夷，夷甫以謂紂為繼世，箕子乃同姓之臣，事與雄不同。又謂《美新》之文，恐箕子不為也。又謂雄非有求於莽，特於義命有所未盡。鞏思之恐皆不然。方紂之亂，微子、箕子、比干三子者，蓋皆諫而不從，則相與謀，以為去之可也，任其難可也，各以其所守，自獻于先王，不必同也。此見於書三子之志也。三子之志，或去或任其難，乃人臣不易之大義，非同姓獨然者也。於是微子去之，比干諫而死，箕子諫而不從，至辱於囚奴。夫任其難者，

箕子之志也。其諫而不從，至辱於囚奴，蓋盡其志矣，不如比干之死，所謂各以其所守，自獻于先王，不必同也。當其辱於囚奴而就之，乃所謂明夷也。然而不去，非懷祿也，不死，非畏死也，辱於囚奴而就之，非無恥也。在我者固彼之所不能易也，故曰內難而能正其志。又曰：箕子之貞，明不可息也，此箕子之事見於《書》、《易》、《論語》，其說不同，而其終始可考者如此也。雄遭王莽之際，有所不得去，又不必死，辱於仕莽而就之，固所謂明夷也。然雄之言著於書傳，著于史者，可得而考。不去非懷祿也，不死非畏死也，辱於仕莽而就之，非無恥也。在我者，亦彼之所不能易也，故吾以謂與箕子合。吾之所謂與箕子合者如此，非謂合其事紂之初也。至於《美新》之文，則非可已而不已者也。若可已而不已，則鄉里自好者不為，況若雄者乎？且較其輕重，辱于仕莽為重矣。雄不得已而已，則於其輕者其得已哉！箕子者，至辱於囚奴而就之，則於《美新》安知其不為而為之，亦豈有累哉！不曰「堅乎磨而不磷」，不曰「白乎涅而不緇」，顧在我者如何耳？若此者，孔子所不能免，故于南子，非所欲見也，于陽虎，非所欲敬也。見所不見，敬所不敬，此《法言》所謂「斂身所以伸道」者也。然則非雄所以自見者歟？《孟子》有言曰：「天下有道，小德役大德，小賢役大賢。天下無道，小役大，弱役強。」二者皆天也，順天者存，逆天者亡。而孔子之見南子，亦曰：「予所否者，天厭之，天厭之。」則雄於義命，豈有不盡哉！

又云：介甫以謂雄之仕合於孔子無不可之義。夷甫以謂無不可者，聖人微妙之處，神而不可知者也。雄德不逮聖人，強學力行，而於義命有所未盡，故於仕莽之際，不能無差义。謂以《美新》考之，則投閣之事，不可謂之無也。夫孔子所謂無不可者，則孟子所謂聖之時也，而孟子歷敘伯夷以降，終曰乃所願則學孔子。雄亦為《太玄賦》稱夷齊之徒，而亦曰：我異於是，執《太玄》兮，蕩然肆志，不拘攣兮。以二子之志足以自知，而任己者如此，則無不可者，非二子之所不可學也。在我者不及二子，則宜有可有不可，以學孔子之無可無不可，然後為善學孔子。此言有以悟學者，然不得施於雄也。前世之傳者，以謂伊尹以割烹要湯，孔子主癰疽瘠環，孟子皆斷以為非。伊尹、孔子之事，蓋以理考之，知其不然也。觀雄之所自立，故介甫以謂世傳其投閣者妄，豈不猶孟子之意哉？鞏自維度學每有所進，則於雄書每有所得，介甫亦以為然，則雄之言不幾於測之而愈深，窮之而愈遠者乎！故於雄之事有所不通，必且求其

意，況若雄處莽之際，考之於經而不謬，質之于聖人而無疑，固不待議論而後明者也。為告夷甫，或以為未盡，願更疏示。

宋陳均《九朝編年備要》卷二十一：上嘗問：「安石何如人？」曾鞏對曰：「安石文章行義，甚似揚雄，以吝故不及。」上曰：「安石輕富貴，何吝耶？」曰：「臣所謂吝者，謂其勇於有為，而吝於改過。」

《名臣碑傳琬琰之集》中卷四十九有曾肇《曾舍人鞏行狀》，其中曰：蓋自揚雄以後，士罕知經，至施於政事，亦皆卑近苟簡。故道術浸微，先王之跡不復見於世。

宋維幹

《景迂生集》卷十錄宋氏說，又見《經義考》卷二百六十八：揚子欲贊明《易》道，乃大覃思渾天，而作《太玄》。蓋玄生於一，而極於三，天、地、人各有九重，三而變，故有二十七部。天取其一，地取其二，人取其三，自下相重，三位成列，各三其數，成方、州、部、家之道也。因而革之，推而蕩之，故謂之三表。升降於六十四卦，共成於八十一家。由是廣其三材，統成九位，行陰陽進退之氣，窮日星經緯之機，有九州以統二十七部，有二十七部以統八十一家，自家至州，統之於伯，是以三材備而萬物生。乃以三材配屬於一家，乃以三家配屬於一部，乃以三部配屬於一州，乃以三州配屬於一方，乃以三方配屬於一歲，莫不推之以宿度，佐之以五行。首以準卦，贊以類爻，表以會象，《玄》以明《易》，運則通，通則久，久則極，極則變，變也者，周而復始之謂也。觀夫《易》象設位，自下而生，《玄》道位分，自北而運，運則能覆，生則能載，覆載交泰，兩儀象成，動變在中，吉凶休咎，見乎外也。故知觀《玄》者知《易》道之至深，觀《易》者知《玄》道之至大。《玄》則《易》也，《易》則《玄》也，《玄》則上行乎天地之氣，《易》則下通乎天地之神，其用自中孚推六十四卦陰陽之度數，律曆之紀綱，九九大運之終始也。詳夫聖人觀象于天，觀法於地，知天之氣五日一移，七日一節，地之氣五日一應，七日一易。進退有度，出處有時，所以拱默而經緯乎天下，莫不其防也在乎微，其杜也在乎漸，二分二至，履霜堅冰，戒懼之至也。所謂《太玄》之作，其知幾乎！若乃天道左行，日月右迎，天象昭列，經緯時成，陰陽相交，晬魄相感，陰陽氣盛，感而下達。地氣右動，山澤相通，陰陽相交，晬魄相感，陰陽氣盛，感而上通。天地氣交，水火相薄，雷風相蕩，剛柔相摩，寒暑生焉，變化行焉，四時成焉，萬物生焉。精氣為物，

遊魂為變，變也者，各有所歸。天地以之乎相承，彰往察來，窮微盡變，如穀從響，無有幽遐，非覃思之至精，孰能與於此乎？

吳祕

《經義考》卷二百六十八載吳祕論《太玄》：《太玄》其事則述，其書則作。按自子辰申子，冠之以甲，分二十七章為一會，八十一章為一統，從子至辰，自辰至申，自申至子，凡四千六百一十七歲為一元，與《太初曆》相應，亦有《顓頊曆》焉，此其事則述也。作二百四十三表、七百二十九贊、十一篇，此其書則作也。

司馬光

《宋史·司馬光傳》：神宗即位，擢為翰林學士，光力辭，帝曰：「古之君子，或學而不文，或文而不學，惟董仲舒、揚雄兼之，卿有文學，何辭為？」對曰：「臣不能為四六。」帝曰：「如兩漢制詔可也。且卿能進士取高第，而云不能四六，何邪？」竟不獲辭。

《讀玄》：余少之時，聞《玄》之名而不獲見，獨觀雄之《自序》稱《玄》盛矣，及班固為《雄傳》則曰：「劉歆嘗觀《玄》，謂雄曰：『空自苦，今學者有祿利，然尚不能明《易》，又如《玄》何？吾恐後人用覆醬瓿也。』雄笑而不應。諸儒或譏以為雄非聖人而作經，猶春秋吳楚之君僭號稱王，蓋誅絕之罪也。」固存此言，則固之意雖愈於歆，亦未謂《玄》之善如雄所云也。余亦私怪雄不贊《易》而別為《玄》，《易》之道其於天人之蘊備矣，而雄豈有以加之？乃更為一書，且不知其焉所用之？故亦不謂雄宜為《玄》也。及長學《易》，苦其幽奧難知，以為《玄》者賢人之書，校于《易》其義必淺，其文必易。夫登喬山者必踐於塊埤，適滄海者必沿于江漢，故願先從事于《玄》，以漸而進于《易》，庶幾乎其可跂而望也。於是求之積年，始得觀之。初則溟涬漫漶，略不可入，乃研精易慮，屏人事而讀之數十過，參以首尾，稍得窺其梗概。然後喟然置書歎曰：「嗚呼！揚子雲真大儒邪！孔子既沒，知聖人之道者，非子雲而誰？孟與荀殆不足擬，況其餘乎！」觀《玄》之書，昭則極於人，幽則盡於神，大則包宇宙，小則入毛髮，合天、地、人之道以為一，括其根本，示人所出，胎育萬物而兼為之母，若地履之而不可窮也，若海挹之而不可竭也，蓋天下之道雖有善者，蔑以易此矣。考之于渾元之初而玄已生，察之于當今而玄非不行，窮之于天地之季而玄不可亡，叩之以萬物之情而不漏，測之以鬼神之

狀而不違，概之以六經之言而不悖，藉使聖人復生，視《玄》必釋然而笑，以為得己之心矣。乃知《玄》者所以贊《易》也，非別為書以與《易》角逐也，何歆、固知之之淺而過之之深也。或曰：「《易》之法與《玄》異，雄不遵《易》而自為之制，安在其贊《易》乎？且如與《易》同道，則既有《易》矣，何以《玄》為？」曰：「夫畋者所以為禽也，網而得之與弋而得之何異？書者所以為道也，《易》，網也，《玄》，弋也，何害不既設網而使弋者為之助乎？子之求道亦膠矣。且揚子雲作《法言》所以準《論語》，作《玄》所以準《易》，子不廢《法言》而欲廢《玄》，不亦惑乎？夫《法言》與《論語》之道庸有異乎？《玄》之于《易》亦然。大廈將傾，一木扶之，不若眾木扶之之為固也。大道將晦，一書辨之，不若眾書辨之之為明也。學者能專精于《易》誠足矣，然《易》，天也，《玄》者所以為之階也。子將升天而廢其階乎？先儒為《玄》解者多矣，誠已善矣，然子雲為文既多，訓詁指趣幽邃，而《玄》又其難知者也。故余疑先儒之解未能盡契子雲之志，世必有能通之者，比老終且學焉。」

《說玄》：《易》與《太玄》大抵道同而法異，《易》畫有二，曰陽曰陰，《玄》畫有三，曰一曰二曰三。《易》有六位，《玄》有四重。最上曰方，次曰州，次曰部，次曰家。《本傳》所謂「參摹而四分之，極於八十一」者也。《易》以八卦相重為六十四卦，《玄》以一、二、三錯于方、州、部、家為八十一首。凡家每首輒變，三首而復初，如中、周、礥之類是也。部三首一變，九首而復初，如中、閑、上之類是也。州九首一變，二十七首而復初，如中、羨、從之類是也。方二十七首一變，八十一首而復初，如中、更、減之類是也。八十一首以上不可復加，故曰自然之道也。《易》每卦六爻，合為三百八十四爻，《玄》每首九贊，合為七百二十九贊。《圖》曰：「玄有二道，一以三起，一以三生。以三起者，方、州、部、家也。以三生者，參分陽氣以為三重，極為九營，是為同本離生，天地之經也。」《本傳》曰：「雄覃思渾天，參摹而四分之，極於八十一」者，謂《玄》首也。又曰：「旁則三摹九據，極於七百二十九贊」者，謂《玄》贊也。首猶卦也，贊猶爻也，又曰：「觀《易》者見其卦而名之，觀《玄》者數其畫而定之。《玄》首四重者，非卦也，數也。」故《易》卦六爻，爻皆有辭，《玄》首四重，而別為九贊以繫其下。然則首與贊分道而行，不相因者也。皆當朞之日。《易》卦氣起中孚，除震、離、兌、坎四正卦二十四爻主二十四氣外，其餘六十卦，每卦六日七分，凡得三百六十五日四分日之一。中孚初九，冬至之初也。頤上九，大雪之末也，周而復始。《玄》八十一首，

每首九贊，凡七百二十九贊，每二贊合一日，一贊為晝，一贊為夜，凡得三百六十四日半，益以踦、嬴二贊，成三百六十五日四分日之一。中初一，冬至之初也，踦、嬴二贊，大雪之末也，亦周而復始。凡《玄》首皆以《易》卦氣為次序，而變其名稱，故中者中孚也，周者復也，礥、閑者屯也，少者謙也，戾者睽也，餘皆仿此。故《玄首》曰：「八十一首，歲事咸貞」。《測》曰：「巡乘六甲，與斗相逢，曆以紀歲，而百穀時雍」，皆謂是也。《易》有元、亨、利、貞，《玄》有罔、直、蒙、酋、冥。五者《太玄》之德。罔，北方也，于《易》為貞。直，東方也，于《易》為元。蒙，南方也，于《易》為亨。酋，西方也，于《易》為利。冥者未有形也，故《玄文》曰：「罔蒙相極，直酋相勑，出冥入冥，新故更代。」《玄》首起冬至，故分貞以為罔、冥。罔者冬至以後，冥者大雪以前也。《易》大衍之數五十，其用四十有九，《玄》天地之策各十有八，合為三十六策，地則虛三，用三十三策。《易》揲之以四，《玄》揲之以三。《太玄》揲法，掛一而中分其餘，以三揲之，並餘於艻，一艻之後，而數其餘，七為一，八為二，九為三。《易》有七、八、九、六，謂之四象，《玄》有一、二、三，謂之三摹。皆畫卦首之數也。《易》有彖，《玄》有首。彖者卦辭也，首者亦統論一首之義也。《易》有爻，《玄》有贊。《易》有象，《玄》有測。測所以解贊也。《易》有《文言》，《玄》有《文》。《文》解五德並中首九贊，《文言》之類也。《易》有《繫辭》，《玄》有《攡》、《瑩》、《掜》、《圖》、《告》。五者皆推贊《太玄》，《繫辭》之類也。《易》有《說卦》，《玄》有《數》。《數》者論九贊所象，《說卦》之類也。《易》有《序卦》，《玄》有《衝》。《衝》者八十一首，陰陽相對而解之，《序卦》之類也。《易》有《雜卦》，《玄》有《錯》。《錯》者雜八十一首而說之。殊塗而同歸，百慮而一致，皆本於太極、兩儀、三才、四時、五行，而歸於道、德、仁、義、禮也。

　　《太玄集注‧序》：漢五業主事宋衷始為《玄》作《解詁》，吳鬱林太守陸績作《釋失》〔註77〕，晉尚書郎范望作《解贊》，唐門下侍郎平章事王涯注經及首、測。宋興，都官郎中直昭文館宋惟幹通為之注，秦州天水尉陳漸作《演玄》，司卦員外郎吳秘作《音義》。慶曆中，光始得《太玄》而讀之，作《讀玄》。

〔註77〕失，《永樂大典》本作玄，張士鎬本、五柳居本作正，《道藏》本作失，陸績《述玄》云：「因仍其說，其失者因釋而正之」。《四部叢刊》明萬玉堂翻宋本《太玄經》卷十末有南宋兩浙東路茶鹽司幹辦公事張敦校勘題記，云：「宋衷《解詁》，陸績《釋失》」，據此則當從《道藏》本作「失」。

自是求訪此數書皆得之，又作《說玄》。疲精勞神三十餘年，訖不能造其藩籬，以其用心之久，棄之似可惜，仍依《法言》為之《集注》。誠不知量，庶幾來者或有取焉。其直云「宋」者，仲子也。云「小宋」者，昭文郎中也。元豐五年六月丁丑司馬光序。

《太玄集注》卷一：司馬光曰：諸家皆謂之《太玄經》，陳曰：「史以雄非聖人而作經，猶吳楚之君僭號稱王，蓋誅絕之罪也。按：子雲《法言》《解嘲》等書止云《太玄》，然則《經》非子雲自稱，當時弟子侯芭之徒從而尊之耳。」今從之。

《法言集注》卷十：《法言》之成，蓋當平帝之世，莽專漢政，自比興禮樂，致太平，上以惑太后，下以欺臣民，附己者進，異己者誅，何武、鮑宣以名高及禍，故揚子不得不遜辭以避害也。亦猶薛方云「堯、舜在上，下有巢、由」也。當是之時，莽猶未簒，人臣之盛者無若伊、周，故揚子勸以伊、周之美，欲其終於北面者也。或曰：「揚子為漢臣，漢亡不能死，何也？」曰：國之大臣，任社稷之重者，社稷亡而死之，義也。向使揚子據將相之任，處平、勃之地，莽簒國而不死，良可責也。今位不過郎官，朝廷之事，無所與聞，奈何責之以必死乎？夫死者士之所難，凡責人者，當先恕己，則可以知其難矣。或曰：「揚子不死可也，何為仕莽而不去？」曰：知莽將簒而去者，龔勝是也。莽聘以為太子師友，卒不食而死。揚子名已重于世，苟去而隱處，如揭日月潛於蒿萊，庸得免乎？或曰：「揚子不去則已，何必譽莽以求媚，豈厭貧賤思富貴乎？」曰：昔晉袁宏作《東征賦》，不序桓彝、陶侃，猶為桓溫陶胡奴所劫，僅以敏捷自免，況揚子作《法言》，品藻漢興以來將相名臣，而獨不及莽，莽能無恥且忿乎？此杜預所謂「吾但恐為害，不求益也」。且揚子自謂「不汲汲于富貴，不戚戚於貧賤」，始為郎，給事黃門，與王莽、劉歆並，哀帝之初，又與董賢同官，當成、哀、平間，莽、賢皆為三公，權傾人主，所薦莫不拔擢，而雄三世不徙官，此豈非言行相副之明驗乎？古今之人，能安恬如此者幾希，而子乃疑其求媚而思富貴，不亦過乎？使揚子果好富貴，則必為莽佐命，不在劉、甄之下矣。

《揚子法言序》：韓文公稱荀子，以為在軻、雄之間。又曰：「孟子醇乎醇者也，荀與揚，大醇而小疵。」三子皆大賢，祖六藝而師孔子，孟子好《詩》《書》，荀子好禮，揚子好《易》，古今之人共所宗仰。如光之愚，固不敢議其等差。然揚子之生最後，監於二子，而折衷于聖人，潛心以求道之極致，

至於白首然後著書，故其所得為多，後之立言者，莫能加也。雖未能無小疵，然其所潛最深矣。恐文公所云亦未可以為定論也。《孟子》之文直而顯，《荀子》之文富而麗，揚子之文簡而奧，唯其簡而奧也，故難知，學者多以為諸子而忽之。

《資治通鑒》卷三十八：天鳳五年，……是歲揚雄卒。初，成帝之世，雄為郎給事黃門，與莽及劉秀並列，哀帝之初，又與董賢同官。莽賢為三公，權傾人主，所薦莫不拔擢，而雄三世不徙官。及莽篡位，雄以耆老久次轉為大夫，恬于勢利，好古樂道，欲以文章成名於後世，乃作《太玄》，以綜天、地、人之道。又見諸子各以其智舛馳，大抵詆訾聖人，即為怪迂析辯。胡三省注：桓譚曰：「揚雄作《玄》書，以為玄者天也、道也，言聖賢制法作事，皆引天道以為本統，而因附屬萬類王政人事法度，故伏羲氏謂之「易」，老子謂之「道」，孔子謂之「元」，揚雄謂之「玄」。《玄經》三篇，以紀天、地、人之道，立三體，有上、中、下，如《禹貢》之陳三品。三三而九，因以九九八十一，故為八十一卦。以四為數，數從一至四，重累變易，竟八十一而徧，不可增損。以三十五蓍揲之。《玄經》五千餘言，而《傳》十二篇。詭辭以撓世事，雖小辯終破大道而惑眾，使溺于所聞，而不自知其非也。故人時有問雄者，常用法應之，號曰《法言》。用心于內，不求于外，于時人皆忽之，唯劉秀〔註78〕及范逡敬焉，而桓譚以為絕倫，巨鹿侯芭師事焉。大司空王邑、納言嚴尤聞雄死，謂桓譚曰：「子常稱揚雄書，豈能傳於後世乎？」譚曰：「必傳，顧君與譚不及見也。」凡人賤近而貴遠，親見揚子雲祿位容貌不能動人，故輕其書。昔老聃著虛無之言兩篇，薄仁義，非禮學，然後好之者，尚以為過於五經，自漢文景之君及司馬遷皆有是言。今揚子之書，文義至深，而論不詭于聖人，則必度越諸子矣。

劉按：《通鑒》很少紀學者之事，獨于楊雄作此詳載，知光於雄別有賞識之意，其作《集注太玄》，故能深知楊雄。

《太玄曆》：〔註79〕太初上元正月甲子朔旦冬至無餘分〔註80〕，後千五百三十九歲，甲辰朔旦冬至無餘分。又千五百三十九歲，甲申朔旦冬至無餘分。又千五百三十九歲，還甲子朔旦冬至無餘分。十九歲為一章，二十七章五百一十三歲為一會。會者，日月交會一終也。八十一章千五百三十九歲為一統。從子至辰，自辰至申，自申至子，凡四千六百一十七歲為一元。元有三統，統有

〔註78〕劉秀即劉歆。
〔註79〕此《太玄曆》，附載於司馬光《太玄集注》後。
〔註80〕司馬光《玄首》注：「太初上元十一月」，此處的「正」字當作「十一」。

三會，會有二十七章。九會而復元，一章閏分盡，一會月食盡，一統朔分盡，一元六甲盡。漢曆以八十一為日法。一歲三百六十五日，以日法乘之，得二萬九千五百六十五分。益以四分日之一二十分少，合二萬九千五百八十五分少。以二十四氣除之，每氣得一千二百三十二分，餘一十七分少。以三十二乘分，八乘少，通分內子為五百五十二，又除之得二十三秒。每氣一千二百三十二分二十三秒，以三十二為秒母，每首得三百六十四分十六秒，每贊得四十分十六秒。求氣所入贊法：置冬至一氣分秒，以首分秒去之，不滿首者以贊分秒去之，餘若干分秒，算外命之，得小寒所入首贊分秒。求次氣，置前氣所餘分秒，益以一氣分秒，如前法求之。（劉按：其下又有角、亢等星宿度數及十二次鶉尾壽星大火等度數及氣節，此略。）求星：置其宿度數，倍之以首去之，所餘算外，即日所躔宿之贊。又倍次宿度數以益之，去如前法。（劉按：以下各首星宿度數及準《易》卦名，此略。）右許翰傳《太玄曆》，出溫公手錄《經》後，不著誰作。本疑準賁，沈准觀，翰更定為觀、為歸妹云。

呂陶

《淨德集》卷十五《揚雄論》：世之論《太玄》者多矣，是非何其異乎！或曰：雄之為《玄》也，得自然之數，始於一而三之，故有天、地、人之體，而統之曰玄。四乘之，極而至於八十一，故有方、州、部、家之位，而名之曰首。從而三之，故有二百四十三表，又從而三之，故有七百二十九贊。以一首為四分度之一，而周天之夜，又以踦、贏為四分度之一，而周天之度。二十八宿之次，舍一暮之日，四時之氣節盡於此矣，猶六十卦之當夫一歲，而有六日七分也。或曰：《玄》之數可損益也，首為者四日有半，而為分者四百八十有七，則所謂周天之度與夫四分度之一者，亦可以合也。其踦與贏者，不必加之也。嗚呼！雄之為《玄》，止於是而已乎？曰：未也。昔之作《易》，蓋有憂乎於後世矣，深探天地之本，而得于數之自然，數不可以為教，乃畫之一卦，擬之以象，重之以爻，繫之以辭，而後見三才之用焉。故曰：「立天之道曰陰與陽，立地之道曰柔與剛，立人之道曰仁與義」，然則《易》之生也出於數，而其成也數亦隱矣。聖之所以之濟乎斯民者曰道也，道之用在乎教也。彼天地五行之奇偶者，不適夫道之用也。雄之書，其為數乎？抑為道乎？觀其覃思於渾天，三摹而九據，索研陰陽晝夜之運，考究節侯鐘律之紀，星斗五行既得其詳，然後定之以為首，敘之以為贊，以求合乎周天之度一歲之日，則幾乎為數而已也。至於一首之不同，則言一時之理，一贊之不同，則言一人之事。而又設為

《衝》、《錯》、《測》、《攡》、《瑩》、《數》、《文》、《掜》、《圖》、《告》以解剝其義,而敷繹其教,關之以休咎禍福,播之以進退動靜,其微則一身之吉凶悔吝,其聚則天下之安危治亂,以可以推而及之,蓋為道之用,而著以為教也者,亦有憂患後世之心,而不獨為乎數也。然則說者多惑其數,少言其道,抑有由矣。蓋其說曰「與《太初曆》合,而又有《顓頊曆》」。夫曆者,以數推天之書也,以數而差於天,不能不差於秒忽,是故千載之後疏密異端,而其法不可歸一。使雄之書專為曆耶,其數雖有小差,尚可成一家之法,未必廢而無取。況雄之所為者,寓乎數而言乎道哉!然則所謂曆合乎《顓頊曆》者,《玄》之體也,寓乎數而言乎道者,《玄》之用也。說者貴其道之有取,而不議其數之何如可也。昔王莽用之以筮,且占而遇干,其贊則一、五、七,蓋言以逆為事,而終至於害身。故其贊三違,示其不可動於禍亂也。此與夫南蒯將叛,而子服惠伯謂「《易》不可以占險」之義同矣,雄為數乎?為道乎?

程頤

《程氏遺書》卷四:漢儒之中,吾必以揚子雲為賢,然於出處之際,不能無過也。其言曰「明哲煌煌,旁燭無疆,孫于不虞,以保天命」,「孫于不虞」則有之,「旁燭無疆」則未也。光武之興,使雄不死,能免誅乎?觀于朱泚之事可見矣。古之所謂言遜者,迫不得已,如《劇秦美新》之類,非得已者乎?又曰:世之議子雲者,多疑其投閣之事,以《法言》觀之,蓋未必有。又,天祿閣,世傳以為高百尺,宜不可投。然子雲之罪,特不在此。黽勉於莽、賢之間,畏死而不敢去,是安得為大丈夫哉?

卷十一:《太玄》中首中「陽氣潛萌于黃宮,信無不在乎中」,養首一「藏心於淵,美厥靈根。」測曰:「藏心於淵,神不外也。」楊子雲之學,蓋嘗至此地位也。

卷十八:揚雄去就不足觀,如言「明哲煌煌,旁燭無疆」,此甚悔恨不能先知,「遜于不虞,以保天命」,則是只欲全身也。若聖人先知,必不至於此,必不可奈何,天命亦何足保耶?《二程粹言》卷下:揚子雲去就無足觀,其曰「明哲煌煌,旁燭無疆」,則悔其蹈亂,無先知之明也。其曰「遜於不虞,以保天命」,則欲以苟容為全身之道也。使彼知聖賢見幾而作,其及是乎?苟至於無可奈何,則區區之命,亦安足保也?問:「《太玄》之作如何?」曰:此亦贅矣,必欲撰《玄》,不如明《易》。邵堯夫之數似《玄》而不同,數只是一般(一作數無窮),但看人如何用之,雖作十《玄》亦可,況一《玄》乎!

卷十九：問：「括囊事還做得在位使否？」先生曰：「六四位是在上，然坤之六四，卻是重陰，故云賢人隱，便做不得在位。」又問：「恐後人緣此謂有朝隱者。」先生曰：「安有此理！向林希（林希，字子中，長樂人）嘗有此說，謂揚雄為『祿隱』，揚雄後，人只為見他著書，便須要做他，是怎生做得是？」因問：「如《劇秦》文，莫不當作？」先生云：「或云非是，美之乃譏之也。然王莽將來族誅之，亦未足道，又何足譏？譏之濟得甚事？或云且以免死，然已自不知『明哲煌煌』之義，何足以保身？作《太玄》本要明《易》，卻尤晦，如《易》其實無益，真屋下架屋、床上疊床。他只是於《易》中得一數為之，於曆法雖有合，只是無益。今更於《易》中推出來，做一百般《太玄》亦得，要尤難明亦得，只是不濟事。」

《二程外書》卷十二：堯夫《易》數甚精，自來推長曆者，至久必差，惟堯夫不然，指一二近事，當面可驗。明道云：待要傳與某兄弟，某兄弟那得工夫，要學，須是二十年功夫。明道聞說甚熟，一日，因監試無事，以其說推算之皆合。出謂堯夫曰：「堯夫之數，只是加一倍法，以此知《太玄》都不濟事。」堯夫驚撫其背曰：「大哥，你恁聰明！」伊川謂堯夫：「知《易》數為知天，知《易》理為知天。」堯夫云：「須還知《易》理為知天」，因說今年雷起甚處，伊川云：「堯夫怎知，某便知。」又問：「甚處起？」伊川云：「起處起。」堯夫愕然。他日，伊川問明道曰：「加倍之數如何？」曰：「都忘之矣。」因歎其心無偏繫如此。

《近思錄》卷十四：程明道先生曰：「荀卿才高，其過多，揚雄才短，其過少。」又說：「荀子極偏駁，只一句性惡，大本已失。揚子雖少過，然已自不識性，更說甚道。」又說：「漢儒如毛萇、董仲舒，最得聖賢之意，然見道不甚分明，下此即至揚雄，規模又窄狹矣。」

《性理大全書》卷五十八：揚子謂「《老子》言道德則有取，至如摧提仁義，絕滅禮樂，則無取」。若以「剖斗折衡，聖人不死，大盜不止」，為救時反，本之言為可取，卻尚可恕，如言「失道而後德，失德而後仁，失仁而後義，失義而後禮」，則自不識道，已不成言語，卻言其言道德有取，此自是揚子不見道處。又謂「學，行之上也，名譽以崇之」，皆揚子之失。

蘇軾

《東坡全集》卷七十五《與謝民師推官書》：孔子曰：「言之不文，行之不遠。」又曰：「辭達而已矣。」夫言止于達意，則疑若不文，是大不然。求物

之妙，如繫風捕影，能使是物了然於心者，蓋千萬人而不一遇也，而況能使了然於口與手者乎？是之謂辭達。辭至於能達，則文不可勝用矣。揚雄好為艱深之辭，以文淺易之說，若正言之，則人人知之矣，此正所謂「雕蟲篆刻」者。其《太玄》、《法言》皆是也，而獨悔于賦，何哉？終身雕蟲，而變其音節，便謂之經，可乎？屈原作《離騷經》，蓋風雅之再變者，雖與日月爭光可也，可以其似賦而謂之「雕蟲」乎？使賈誼見孔子，升堂有餘矣，而乃以賦鄙之，至與司馬相如同科，雄之陋如此比者甚眾，可與知者道，難與俗人言也。

　　《東坡全集》卷四十三《揚雄論》：昔之為性論者多矣，而不能定於一。始孟子以為善，而荀子以為惡，揚子以為善惡混，而韓愈者又取夫三子之說而折之，以孔子之論，離性以為三品，曰：中人可以上下，而上智與下愚不移。以為三子者皆出乎其中，而遺其上下，而天下之所是者，於愈之說多焉。嗟夫！是未知乎所謂性者，而以夫才者言之。夫性與才相近而不同，其別不啻若白黑之異也。聖人之所與小人共之而皆不能逃焉，是真所謂性也，而其才固將有所不同。今夫木得土而後生，雨露風氣之所養，暢然而遂茂者，木之所同也性也。而至於堅者為轂，柔者為輪，大者為楹，小者為桷，桷之不可以為楹，輪之不可以為轂，是豈其性之罪邪？天下之言性者，皆雜乎才而言之，是以紛紛而不能一也。孔子所謂中人可以上下，而上智與下愚不移者，是論其才也，而至於言性，則未嘗斷其善惡，曰「性相近也，習相遠也」而已。韓愈之說，則又有甚者。離性以為情，而合才以為性，是故其論終莫能通。彼以為性者，果泊然而無為耶？則不當復有善惡之說。苟性而有善惡也，則夫所謂情者，乃吾所謂性也，人生而莫不有饑寒之患，牝牡之欲，今告乎人曰：饑而食，渴而飲，男女之欲，不出於人之性也，可乎？是天下知其不可也。聖人無是無由以為聖，而小人無是無由以為惡。聖人以其喜、怒、哀、懼、愛、惡、欲七者禦之而之乎善，小人以是七者禦之而之乎惡，由此觀之，則夫善惡者，性之所能之，而非性之所能有也。且夫言性者，安以其善惡為哉？雖然，揚雄之論則固已近之。曰：「人之性善惡混，修其善則為善人，修其惡則為惡人」，此其所以為異者，唯其不知性之不能以有夫善惡，而以為善惡之皆出乎性也而已。夫太古之初，本非有善惡之論，唯天下之所同安者，聖人指以為善，而一人之所獨樂者，則名以為惡，天下之人，固將即其所樂而行之。孰知夫聖人唯其一人之獨樂不能勝天下之所同安，是以有善惡之辨。而諸子之意將以善惡為聖人之私說，不已疏乎？而韓愈又欲以書傳之所聞昔人之事蹟而折夫三子之論，區區乎以後稷

之岐嶷、文王之不勤、瞽、鯀、管、蔡之跡而明之。聖人之論性也，將以盡萬物之理，與眾人之所共知者，以折天下之疑。而韓愈欲以一人之才，定天下之性，且其言曰：「今之言性者，皆雜乎佛、老」，愈之說以為性之無與乎情，而喜、怒、哀、樂皆非性者，是愈流入於佛、老而不自知也。

范祖禹

《唐鑒》卷二十四：右唐起高祖武德元年，終昭宣帝天祐四年，凡十四世，二十帝二百九十年。范祖禹曰：「此其閨門無法，不足以正天下亂之大者也。其治安之久者，不過數十年，或變生於內，或亂作於外，未有內外無患，承平百年者也。揚雄曰：『陰不極則陽不生，亂不極則德不形』，唐室之亂，極於五代，而天祚有宋，太祖皇帝順天人之心，兵不血刃，市不易肆而天下定。」

章詧

《宋史·章詧傳》：（詧）博通經學，尤長《易》、《太玄》，著《發隱》三篇，明用蓍索道之法，知以數寓道之用、三摹九據始終之變。……百祿因從扣《太玄》，詧為解述大旨，再復《摛》詞曰：「人之所好而不足者，善也。所醜而有餘者，惡也。君子能強其所不足，而拂其所有餘，《太玄》之道幾矣。」此子雲仁義之心，予之于《太玄》也，述斯而已。若苦其思，艱其言，迂溺其所以為數而忘其仁義之大，是惡足以語夫道哉？

《永樂大典》卷四九二三《論太玄》：《太玄》曰「天以不見為玄，地以不形為玄，人以腹心為玄」，由是子雲知三儀同科，則可以窮神之變，盡物之情，遂索其數以為法，一索而得天，再索而得地，三索而得人，故玄一動而生三，是以一玄生三方，一方生三州，故有九州，一州生三部，故有二十七部，一部生三家，故有八十一家。玄為君，居乎中，以御其方。方之大也，以統乎部。部之大也，以御乎家。故《玄》曰：「一玄都覆三方，方同九州，枝載庶部，分正群家」。凡八十一家，各以首為名，以顯時義也。始自冬至之日，起中首，終於大雪之月為養，凡八十一首。一首九贊，凡三贊為一表，一家三表，故表二百四十三，一表三贊，故贊七百二十九。凡一日晝夜行二贊，而三百六十四有半日，既行天度，歲功以終，終而復始，歲歲相蕩而無窮已焉。首者本也，蓋義取本其事，若《易》之卦。一首九贊，贊，助也，首之有贊，若卦之有爻，以首為主，以贊為助，若臣之佐君而成其用也。贊之後有測，測者知也，以測之辭重明其贊，若《易》之有象也。測知可以知微知彰也，贊理未顯則義盡於

測也。子雲之作首、贊、測，各為之卷後，因范望散於注中，如《易》之小《象》本經也，不可混諸注中，今復之於經，以次於贊。蓋子雲作《太玄》覃思渾天，其義至淵，復作《玄衝》以準《序卦》，《玄錯》以準《雜卦》，《玄數》以準《說卦》，《玄文》以準《文言》，《玄攠》以準下《繫》，《玄圖》以準上《繫》，又以玄道隱秘難以發明，復以《攡》、《瑩》、《告》三篇而舒明之。然子雲之經無文以言準《易》，而其法悉有準焉。大概以九九之數以準八八之義，非亦一辭一義而皆準之。凡《玄》有九天、九地、九人，天之道有始、中、終，地之道有下、中、上，人之道有思、福、禍，九天者八十一首，九而列之，九首之始則曰天，故中、羨、從為始三天，更、晬、廓為中三天，減、沈、成為終三天。復以九天為三統，中至事二十七首為天統，自更至崑二十七首為地統，自減至養二十七首為人統。凡一天九首，自一至九，各以五行之數而配之，一首九贊亦以五行之數以辯之，故首之與贊有相生者，有相克者，同類之者，一首之中其辭美醜，或以氣或以類，悉以晝夜而為君子小人，以分休咎。凡陽家之首即奇，故以奇數之贊為晝，偶數之贊為夜，陰家之首即偶，故以偶數之贊為晝，奇數之贊為夜，故晝辭多休，夜辭多咎。以是推之，萬物之本，鬼神之情，咸可得也。

釋契嵩

《鐔津集》卷十八《非韓〔註81〕》：韓子《與馮宿書論文》，謂人不知其文，遂自比揚子雲為《太玄》之時，乃引雄之言曰：「世不知我，無害也，後世復有揚子雲，必好之矣」。因謂子雲死近千載，竟未有揚子雲，可歎也。其時桓譚亦以雄書勝《老子》，《老子》未足道也，子雲豈止與《老子》爭強而已乎？此不為知雄者。其弟子侯芭頗知之，以為其師之書勝《周易》，然侯之他文不見於世，不知其人果何如耳？以此而言，作者不祈人之知也明矣。（已上皆退之文）吾視此未嘗不撫書而為其太息，謂韓子可賢耶？何其為言之易也！夫聖賢之所以著書，豈欲與人爭強乎？聖賢唯恐道不明而人不治，故為之書，欲以傳其道也，豈意與人爭強也？不爭而乃有所為耳。夫以其所為，而與人欲爭強鬥勝者，此特流俗使氣不逞者之所尚也。聖賢如此而為，其去眾人也何遠哉！其道至自形，人之不至，其言是自形，人之不是，其人有知，遂自服而尊美也，豈有爭之而得人尊美乎？自古著書而其文章炳然譪如也，孰如孔子？而

〔註81〕韓指韓愈。

孔子曰：「文莫吾猶人也」，聖人豈以其道而苟勝乎？《中庸》曰：「寬柔以教，不報無道，南方之強，君子居之」，是豈以爭之而為強耶？《語》曰：「由也兼人，故退之，」是聖人豈欲儒者而與人爭強乎？韓子師儒為言，不類其法，不亦誤後世之學者也。若《老子》之書，其所發明三皇五帝之道德者也，其文約而詳，其理簡而至，治國治家，修身養神之方，出師用兵之法，天地變化之道，莫不備之矣。孔子嘗從事而師問其人，豈非以其如此也，而《老子》豈易勝之乎？又況其所尚以不爭為德也。子雲平生學問于蜀人嚴遵君平，故其《法言》盛稱于君平，君平乃治《老子》者也，及子雲為《太玄》，乃以一生三為創製之本，是亦探《老子》所謂一生二、二生三者也（此說見《太玄解義》），故子雲曰：「《老子》之言道德，吾有取焉耳。」雄書之宗，本既出於《老子》，而謂《玄》勝老氏，亦其未知思也。然桓譚豈為能知子雲乎？而韓子乃援桓譚之言，則已可笑矣。乃又曰：「其弟子侯芭頗知之，以為其師之書勝《周易》」，此又韓子之大謬矣。若雄之《太玄》，設方、州、部、家四位者，乃《易》之四象六畫耳，布八十一首者，《易》之六十四卦也，二百四十二表存之而不盡書者，依周武口訣也，展七百二十九贊者，乃《易》之三百六十爻耳。其本不出乎陰陽二儀，其生克不出乎七八九六五行之數，其紀綱不出乎三極之道，而雄之書，大底資《易》而成之耳。其《法言》曰：「其事則述，其書則作。」《漢書》稱雄亦曰「以為經莫大于《易》，故作《太玄》，皆斟酌其本，相與放依而馳騁云。」吾嘗治《易》，得其四象八卦之數，凡《玄》之所存者，六氣、五行、三才、七政、四時、十二月、二十四節、七十二候、五紀、五方、五神、五音、十二律、九宮、十日、十二辰，莫不統而貫之，蓋聖人含章天機，秘而不發耳。至漢而焦贛、京房輩輒分爻直日，而《易》之道遂露矣。子雲蓋得意于焦氏之分爻也，復參之以渾天之法，然其巧思推數，自起其端，為位、為首、為贊，以鈐乎一歲，效《易》以占天人之事，此其賢也。夫《易》者，資《河圖》《洛書》以成之，蓋天地自然至神之法，非聖人之創制也，然非聖人亦不能發明之。雖其時世更歷三古，藉聖人發揮者九人焉。唯伏羲、文王、孔子事業尤著。若子雲之書，其始何出而何得之？其為書之人，何如於伏羲、文王、仲尼乎？然《玄》之法蓋出於人之意思經營之致耳，與夫天地自然之道，固不可同日而言哉！子雲之賢，不及伏羲、文王、孔子，雖童蒙亦知其然也，而韓子以侯芭為頗知之，而謂《玄》勝《易》，

何其惑之甚也！《晉書》謂王長文嘗著書，號《通玄》，有文言卦象，可用卜
筮，時人比之揚雄《太玄》，是亦可謂勝《易》乎？彼侯芭者，尚不知其師之
所祖述何，妄為之說，掩抑聖人之經，亂後世學者之志，非細事也，此足以
識芭之狂愚何甚也，不必待見其他文而知其為人也。韓子於此當辨斥之，以
尊證聖人之道可也，乃更從事其說，苟以資其自矜，儒者果當爾耶？吾恐以
文爭強，而後生習為輕薄，人人無謙敬之德，未必不自韓子之造端也。吾嘗
謂揚子因《易》以成書，其謂述之可也，不應作經，自為其家，與夫大《易》
抗行。孔子述而不作，信而好古，竊比于我老彭，仲尼猶不敢作，子雲乃作
之歟？《漢書》謂諸儒譏揚子非聖人而作經，蓋亦以其不能尊本也。何復用
其書勝《易》，以重儒者之相非耶？

宋神宗

《宋史·神宗本紀》三：元豐七年五月壬戌，以孟軻配食文宣王，封荀況、
揚雄、韓愈為伯，並從祀。

《宋史·禮志》：晉州州學教授陸長愈請春秋釋奠，孟子宜與顏子並配。
議者以謂凡配享從祀，皆孔子同時之人，今以孟軻並配，非是。禮官言：唐貞
觀以漢伏勝、高堂生、晉杜預、范寧之徒與顏子俱配享，至今從祀，豈必同時？
孟子于孔門，當在顏子之列，至於荀況、揚雄、韓愈，皆發明先聖之道，有益
學者，久未配食，誠闕典也。請自今春秋釋奠，以孟子配食，荀況、揚雄、韓
愈並加封爵，以世次先後從祀于左丘明二十一賢之間。……詔如禮部議，荀況
封蘭陵伯，揚雄封成都伯，韓愈封昌黎伯，令學士院撰贊文。

楊時

《龜山集》卷十：六經不言無心，惟佛氏言之，亦不言修性，惟揚雄言之。
心不可無，性不假修，故《易》止言洗心盡性，《記》言正心、尊德性，孟子
言存心養性，佛氏和順于道德之意，蓋有之，於理義則未也。

卷十一：揚雄作《太玄》準《易》，此最為誑後學。後之人徒見其言艱深，
其數汗漫，遂謂雄真有得于《易》，故不敢輕議，其實雄未嘗知《易》。

卷十二：揚雄云：「多聞則守之以約，多見則守之以卓」，其言終有病，不
如孟子言「博學而詳說之，將以反說約也」為無病。蓋博學詳說所以趨約，至
於約則其道得矣。謂之守以約卓，于多聞多見之中，將何守見得此理分明？然
後知孟子之後其道不傳，知孟子所謂「天下可運於掌」為不妄。

卷十三：揚子雲作《太玄》，只據他立名便不是，既定，卻三方九州二十七部八十一家，不知如何相錯得？八卦所以可變而為六十四者，只為可相錯，故可變耳。惟相錯，則其變出於自然也。

卷十九：《太玄》之書，昔嘗讀之，雖未竟其義，而其略可識也。子雲覃思渾天，三摹而四分之，極於八十一首，旁則三摹九據，極之七百二十九贊，當期之日，又為踦、嬴二贊以盡餘分之數，其用自天元，惟一晝一夜陰陽數度星日之紀，與《泰初曆》相應，其取數似與《易》異矣，其為書則欲自成一家，初無意于贊《易》也，考諸《解難》之文可見矣。夫《易》之六十四卦，八卦相錯而成也，《玄》之有方、州、部、家，則各有分域矣，不可相錯也，故一而三之，自三而九，又三之為二十七，終於八十一，而《玄》之首畢矣。八十一家又離為三，以極三玄之數，方、州、部各三之為九，又三之為二十七家，此一玄之數也。以次比之，不可相易。贊辭自一至九，配麗五行，而日星節候分佈其間，皆有成數，恐其書特《易》中之一事，與《易經》不盡相涉也。世之治曆者守成法，而已非知曆也，自漢迄今，曆法之更不知其幾，人未有不知曆理而能創法也。求《玄》於曆理之內，亦恐未足以盡《玄》之妙。更深考之，並以見教。近得溫公《太玄論》，閱之，皆先儒所共知者，其隱賾不著之事，殆未可窺其蘊也。溫公之學篤于自信，雖《論語》亦有未然者，非其深造自得隱之於心而不疑，不輕以為信，真善學者，與世之耳濡目染遂以為得者有間矣。然子雲、溫公之學，與《論語》《孟子》書，其遠近淺深，必有能辨之者，不可誣也。溫公自孔子而下，獨揚雄為知道。雄之論孟子曰：「知言之要，知德之奧，非苟知之，必允蹈之。」又曰：「諸子者以其異於孔子也，孟子異乎？不異。」夫雄之言以孟子不異於孔子，則其尊孟子也至矣。溫公於孟子乃疑之，則雖以雄為知道，而於雄書亦未盡信也。夫眾言殽亂折諸聖，自漢田、焦、費氏之學興，而三家之傳不一，後雖名儒繼出，而異說益滋，《易》之微言隱矣，學者將安折衷乎？折諸孔子而已。

何涉

《成都文類》卷四十二《墨池準易堂記》：道昧于叔世，而白于盛時，跡毀於無知，而伸于有識，蓋其常爾。揚子雲立漢哀、平、新莽際，號為名儒，聲光馮馮，雖千百年，亡輒衰貶。有宅一區，在錦官西郭陋巷，著書墨池存焉。後代追思其賢而不得見，立亭池端，歲時來遊，明所以景行向慕。入魏晉李唐，其間興衰如蠛蠓蠛蠓，如蠅營營，侵侮歡讟之聲未窮，而氏姓俄變，獨子雲之宅

歸然下據，不被廢徹，亦足以信其材度藝學為世所仰也。王德數盡，中原潰喪，王建由草竊進攘蜀土，僭立稱號，用淫虐暴恣，以成其一切，因不暇識所謂揚子雲果何人也，宅與墨池，垣入官界為倉庾地，至知祥、昶世及皇朝，仍而弗革。淳化甲午，紀順寇始亂，放兵燒掠，隆隆積廩，化作灰阜。賊平，生者因其地改創營塢，以休養卒徒，環堵儒宮，彌益污辱。慶曆丁亥，今相國集賢文公適為是都尹，有中興寺僧懷信詣庭言狀，公歎惋累日。命吏尋遺址畫疆，以還其舊。然屋已名龍女堂，池復湮塞澳澀矣。方議疏葺，而公遽追入觀，事用中寢。明歲戊子，提刑司田郎高侯惟幾乘間獨至，睹荒圮渺莽，諮嗟久之，且言：子雲八十一首十三篇，逮他箴頌，其詞義奧遠，山生澤浸，上與三代經訓相標襮，士大夫不通其語，眾指以為孤陋，用其道反紲其跡，如聳善救俗之風，將墜地弗振。何退論賢僚名卿，斂俸餘以圖經構。知尹直驅宥程公，學據壺奧，人推宗師，扶乘颷流，敦尚名義，聞而說，命取良材，凡助其用。都人士逮田衣黃冠師，雖平時叛吾，教訕他說以自誇者，亦欣歡忘劬，來相是役。辨方審曲，率有意思。直北而堂曰「準《易》」，繪子雲遺像，正位南向。諸公儀觀，列東西序，池心築置亭其上，曰「解嘲」。前距午際，軒檻對起，以須晏會，曰「吐鳳」。奇葩雜樹，移植交帶，垂苕森列，氣象藹藹。三月晦，凡土木黝堊之事畢成。君子謂高侯是舉也，扶既廢，補久闕，其激勸風旨，雖古人不過。矧夫資識端亮，學術雄富，若導積石，引長河，愈久愈洪，無枯涸慮。文章麗密，據法裁詖，若衣藻火以退異服，故舉動建置皆可師。小子不文，承命恐悚，謹為之記。時慶曆八年。

晁說之

《景迂生集》卷十《易玄星紀譜》後序（卷十七亦載此序）：說之在嵩山得溫公《太玄集解》，讀之益知揚子雲初為文王《易》而作《玄》，姑托基於《高辛》及《太初》二曆，此二曆之斗分強弱，不可下通於今，亦無足議。溫公又本諸《太初曆》而作《玄曆》，其用意加勤矣。然簡略難明，繼而得康節先生《玄圖》，布星辰，辨氣候，分晝夜，而《易》《玄》相參於中為極悉矣。復患其傳寫駢委易亂，歲月斯久，莫知其躅，手欲釋而意不置，乃朝讀夜思，取《曆》於《圖》合而譜之，於是知子雲以首準卦，非出於其私意，蓋有星候為之機括，不得不然。古今諸儒之失則多矣，如羨準小過而以準臨則失之，是時水澤腹堅，已終於臨上六，而小過初六用事矣。或者以羨準解，尤非是。夷準豫而以準大壯則失之，是時始電，終於大壯上六，而豫初六用事矣。應準咸而非離，沈准

觀而非兌，惟震、離、兌、坎是謂四正卦，《易》所不用，則《玄》亦無所準矣。且《玄》既不準坎震，而乃獨準離兌邪？永準同人而非恒，先此涼風至，常以準恒，繼之以白露降，度乃準節。今永當寒蟬鳴，則準同人，豈可汩亂後先，乃復準恒於後耶？疑準賁而非巽，蓋鴻雁來而翕準巽，玄鳥歸而聚準萃，群鳥養羞而積準大畜，雷乃收聲而飾準賁矣。疑當蟄蟲坏戶，則又可汩亂後先，乃復準巽邪？或者以疑準震尤非是，此難與諸家口舌辨，而按《譜》以視之，則彼自屈矣，此《譜》之所以作也。晬準乾而在地中，則無當於乾，沈准觀而在人中，則無當於觀。守再準否而無當於否，則準坤而星窮候盡，則無當於坤。將準未濟，而析木之已終，星紀之未建，則火不能降以濟水，水不能升以濟火，此《玄》又以明《易》之陰陽進退盈虛之幾者也。惟坤既無當於卦，則無當於爻，以示為用者八十而一則虛也，虛一者，即虛五也。《易》天地五十五之數，與夫大衍四十九之數，復七日之數，其所以虛而無用者，坤以藏之也。陰虛無用，而運行無疆，陽則始終變化而不息，故彊準乾而為冬至之終，晬又再準乾而為夏至之始，與馴之準坤者不同也。《易》乾坤之辟闔，乃著《易》以頤、中孚為一氣，《玄》則始之於中，終之於養，通而候之，則養退乎一日，中進乎一日，《易》之歲功乃建。中先乎周，以明中孚之生復，迎先乎遇，以明咸之生姤，《易》之月紀乃正。《易》三百八十四爻以直日，而夜藏其用，《玄》七百二十九贊，則各分晝夜而用事，《易》之日法乃全。曰中、曰更、曰減，是謂三玄，而三易之相蕩乃不誣。凡此之類，若《玄》之異乎《易》者，而于《易》則深研幾之功則大矣。如養為陽而終不為陰，狩為金而羨不為土之類，則又若《玄》之自相詭異者，然變化之微，於是乎在，學者按《譜》以視之，則皆易了矣。《圖》《曆》所用斗分，自有強弱，不能同並古今諸家異同之說悉以著之，學者可自考焉。顧僕之愚，何足以與此，然用意專而私竊好之，以俟將來之知《易》者。嗚呼！苟不明乎《易》，則亦無以《玄》為，而不通乎《玄》者，則又乃徒為《易》也。可不勉諸！今之學者知尚其辭耳，而莫知其辭之所自來，寧顧此邪？或曰：歐陽公不讀《玄》而于《易》何如？曰：子非歐陽公，奈何？大觀四年庚寅，甬江官舍嵩山晁說之序。晁說之《景迂生集》卷十九有《揚雄別傳》，文繁不錄。

許翰

《永樂大典》卷四九四零：《襄陵集·跋〈太玄〉後》：世不睹《太玄》之真久矣，此書今獨某有，兵興以來，攜持轉側於驚濤烈焰鋒鏑逸攘之間，幾亡

者數矣，而卒得鑱刻以傳世，豈非神明之書，有物衛之也哉？猶懼變故難保，故屬長老棲公，附諸百丈經藏，以竢亂定，學者虛己焉。

張世南《游宦紀聞》卷九：許樞密崧老嘗記黃秘書辯博之說云：昔長睿父博學好古，頗得三代之遺器，其鼎文有上下畫一而中重三者〔註82〕。長睿父識之，曰：此爭首也，蓋著飲食有訟之戒。然則八十一首與《周易》準，其已久矣。以世南之見，其器必後漢時物，蓋八十一首作於子雲，何緣三代時已有爭首？又云：初，予與長睿父見古《太玄》于中秘書，長睿父手錄藏之。明年，予復求之，則本已亡。長睿父以其所錄借予，而卒。予既作《傳》，藏長睿父書。襄陵俟見，其子弟歸之。會狄難起，城陷，而翰所傳《玄經》，與凡論次《周易》、《春秋》、《論語》、《法言》，以先附便舟適免，故古《太玄》今獨予有。逮渡江，留建業，一夕兵變火作，鬱攸被予舍，望予弒決藩籬遁去。自悼死生未測，而書知亡矣。然亂定使人視之，則居以反風不焚，諸物席捲無遺，而書獨存。是歲建炎初元也。未幾，被召行在，以書屬家人，而行家入九江，復遇寇，而予舟焚，儀真攜書盡亡，獨《太玄》等以家人奉之力，又免。去歲，客分寧，邑人得予書，刻之未卒，而豫章陷，負書奔瀏陽，值亂兵入，盡棄其裝，以書夜度大光，保平江。月餘，秋，陷岳陽。遊騎至平江，復以書還分寧，刻書乃成。尚念世紛之未艾也，故屬長老清公藏諸黃龍經藏，因念經之幾絕而僅存，艱虞若此，使學者知斯文之不墜，蓋有天助，而哀予顛沛流離萬里保有之難也，而共振顯之。天人之際，精感神昭，則必有和同無間，而福祿不量者矣。宋建炎四年秋，洞霄隱史許翰記。古《太玄》今不復見，惜哉！

朱震

《漢上易傳》卷中《太玄準易圖》：右律曆之元，始於冬至，卦氣起於中孚。其書本于夏後氏之《連山》，而《連山》則首艮。所以首艮者，八風始於不周，實居西北之方七宿之次，是為東壁營室。東壁者，辟生氣而東之，營室者，營陽氣而產之。于辰為亥，于律為應鐘，于時為立冬，此《顓頊》之曆所以首十月也。漢巴郡落下閎運算轉曆，推步晷刻，乙太初元年十一月甲子夜半朔冬至而名節會，察寒暑，定清濁，起五部違氣初分數，然後陰陽離合之道行焉。然落下閎能知曆法而止，揚子雲通敏叡達，極陰陽之數，不唯知其法，而又知其意，故《太玄》之作與《太初》相應，而兼該乎《顓頊》之曆，發明《連

〔註82〕參見趙彥衛《雲麓漫抄》卷三所言，其形為𝌀，《太玄》爭首之畫與之相同。

山》之旨，以準《周易》為八十一卦。凡九分共二卦，一五隔一四，細分之則四分半當一日，準六十卦，一日卦六日七分也。

中，中孚〔註83〕也。周，復也。礥、閑，屯也。少，謙也。戾，睽也。上、干，升也。狩、羨，臨也。此冬至以至大寒之氣也。

差，小過也。童，蒙也。增，益也。銳，漸也。達、交，泰也。奘、㑌，需也。從、進，隨也。釋，解也。格、夷，大壯也。樂，豫也。爭，訟也。務、事，蠱也。更，革也。斷、毅，夬也。此立春以至穀雨之氣也。

裝，旅也。眾，師也。密、親，比也。斂，小畜也。彊、睟，乾也。盛，大有也。居，家人也。法，井也。應，離也。迎，咸也。遇，姤也。竈，鼎也。大、廓，豐也。文，渙也。禮，履也。逃、唐，遯也。常，恒也。此立夏以至大暑之氣也。

永，恒也。度，節也。昆，同人也。減，損也。唫、守，否也。翕，巽也。聚，萃也。積，大畜也。飾，賁也。疑，震也。視，觀也。沈，兌也。內、歸妹也。去，無妄也。晦、瞢，明夷也。窮，困也。割，剝也。此立秋以至霜降之氣也。

止、堅，艮也。成，既濟也。闕，噬嗑也。失、劇，大過也。馴，坤也。將，未濟也。難，蹇也。勤、養，坎也。此立冬以至大雪之氣也。

日月之行有離合，陰陽之數有盈虛，踦、盈二贊有其辭而無其卦，而附之於養者，以閏為虛也。踦，火也，日也。嬴，水也，月也。日月起于天元之初，歸其餘也。蓋定四時成歲者，以其閏月。再扐而後卦者，由於歸奇，六日七分必加算焉，以三百六十五日四分之不齊也。坎、離、震、兌，四正之卦也，二十四爻，周流四時，《玄》則準之。日右斗左，秉巡六甲，東西南北，經緯交錯，以成八十一首也。一月五卦也，侯也、大夫也、卿也、公也、辟也，辟居於五，謂之君卦，四者雜卦也。《玄》則準之，故一玄象辟，三方象三公，九州象九卿，二十七部象大夫，八十一首象元士。其大要則曆數也，律在其中也。體有所循，而文不虛生也。陸績謂自甲子至甲辰，自甲辰至甲申，自甲申至甲子，凡四千六百一十七歲為一元，元有三統，統有三會，會有二十七章，九會二百四十三章，皆無餘分。其鉤深致遠，與神合符，有如此也。善乎！邵康節之言曰：《太玄》其見天地之心乎！天地之心者，坤極生乾，始于冬至之時也，此之謂律曆之元。

〔註83〕中為《太玄》首名，中孚為《周易》卦名。下均是如此。

同卷《論太玄》：或曰：太初之曆不作，子雲無以草《玄》乎？曰：不然。《逸周書》曰：「維十有一月，既南至，昏昴畢，日短，極其踐長，微陽動於黃泉，降惨於萬物，是月斗柄建子，始昏北指，陽氣虧，草木萌動，日月俱起于牽牛之初，右回而行，月周天起一次，而與日合宿，日行月一次而周天。曆會於十有二辰，終則復始，是謂日月權輿。」又曰：「天地之正，四時之極，不易之道。夏數得天，百王所同書。」所謂日月俱起于牽牛之初，即《太初曆》十一月朔旦冬至，日月如合璧，五星如連珠也。昔劉向藏三代之書，其子歆有所不知，以問子雲，子雲之於律曆之元，固已博極群書而知之矣，是以落下閎得其曆之法，而子雲獨得其意云。

陳公輔

《宋史·陳公輔傳》：吏部員外郎陳公輔上疏曰：「臣聞今日之禍，實由公卿大夫無氣節忠義，不能維持天下國家。平時既無忠言直道，緩急詎肯伏節死義？豈非王安石學術壞之邪？」議者尚謂安石政事雖不善，學術尚可取。臣謂安石學術之不善，尤甚於政事。政事害人才，學術害人心。三經《字說》，詆誣聖人，破碎大道，非一端也。《春秋》正名分，定褒貶，俾亂臣賊子懼。安石使學者不治《春秋》。《史》、《漢》載成敗安危存亡理亂，為聖君賢相忠臣義士之龜鑑，安石使學者不讀《史》、《漢》。王莽之篡，揚雄不能死，又仕之，更為《劇秦美新》之文，安石乃曰：「雄之仕，合於孔子無可無不可之義」。五季之亂，馮道事四姓八君，安石乃曰：「道在五代時，最善避難以存身」。使公卿大夫皆師安石之言，宜其無氣節忠義也。

黃伯思

《宋史·黃伯思傳》：伯思學問慕揚雄，詩慕李白，文慕柳宗元。

宋李綱《梁溪集》卷一百六十八《黃伯思墓誌銘》：公以素學，與聞議論，發明居多，館閣諸公，皆自以為莫能及也。與同僚襄陵許翰尤相善，翰喜述作，所解《太玄》諸書，有疑義多就公質之。是時士務浮競，枝辭蔓衍，趨時好以取世資，公獨退然無營。寓意古道，所學最為絕俗，文辭雅健格高而思深歌思，俊逸清新，追古作者。蓋公之學問慕揚子雲，文章慕柳子厚，詩篇慕李太白，此自其平日所稱道也。

呂本中

《東萊詩集》卷十一《讀司馬公集解太玄》：京城半年圍，道路三月病。

輕舟過江來，所向復未定。客房夜涼冷，氣體亦粗勝。月穿窗罅白，風入桐葉勁。挑燈讀《太玄》，愛此頃刻靜。物數極三甲，此理本天命。首贊則分行，故未及世應。古曆漢則亡，《易》實更三聖。哀哉揚子雲，上與數子競。雖云耗心力，固自有捷徑。後來司馬公，獨斂眾說盛。錙銖判訛謬，一宗蒙是正。讀《玄》則知《易》，此實公所證。如何少年子，便欲獻譏評。我老未知學，讀此知不稱。掩卷坐搔首，一洗肝肺淨。明朝尋故人，此語殊未竟。

卷十九《揚雄》：讀《易》先知未畫前，聖人何事絕韋編。始知揚子多閒暇，更有功夫草《太玄》。

胡寅

《致堂讀史管見》卷三：子雲賢者也，而有可議者。《論語》乃孔門弟子記諸善言，誠有是人相與問答也。《法言》則假借問答以則《論語》，且又淺近特甚，有不必問、不必答、不必言者，此一事也。《易》更四聖人而後備，畫之足矣，恐世之未達也，則有《文言》、《大象》、《小象》、《繫辭》之作，上下千餘年，聖人不得已也。《太玄》則艱深其語以擬《周易》，而無補于《易》，千有餘年，學者廢而不講，此二事也。雄之言曰：「天收其聲，地藏其熱，觀雷觀火，為盈為實」，蓋以數知事也。先與董賢同官，後又臣事王莽，黽勉遲留，至有《美新》之文，投閣之恥，何其憒然不智耶？是三者，乃雄學行之大節，而可指如此。或者乃疑孟子而尊子雲，孟子蓋如青天白日，無可疑者，而乃疑焉，則其尊子雲者，蓋亦不能識子雲也，其淺近，豈不有甚矣夫！

《斐然集》卷二十九：問：揚子雲漢儒之賢者也，富貴人之所欲，彼不汲汲焉；貧賤人之所惡，彼不戚戚焉；文采人之所喜，彼悔詞賦之作焉。古道人之所忽，彼好而樂之，有深沉之思焉，卒之著書立言，以自表見，至於今千有餘歲矣，而名不泯沒，可不謂之賢矣乎？然以其言行考之，《法言》取模仿之譏，《太玄》有重屋之誚，所以發揮聖學，錯綜易數，必不可缺者，未聞君子與之也。方王莽盜漢時，或潔身去之，或守死不屈，蓋多有其人，雄號為知數，豈不知死生之有命，奚至於惶怖投閣哉？且作《美新》之文，謂莽過於伊尹，是何言也？或曰：亦遜言譏之耳。莽之罪，族誅而不足，何譏之云乎？臨川王文公、溫國司馬公，議論未嘗同，獨於子雲則皆謂孟子之後一人而已，于雄果何取而云爾也？諸公其深考而詳著之。

林之奇

《經義考》卷二百六十八：揚子雲之《太玄》，蓋擬于《易》之數也。其泰積之要，始於十有八策，終於天、地、人之數，五十有四，共為七十有二，而其半為泰中之數，故三十有六策，而虛三以筮焉。此其為多寡乘除之法，又若有異于《易》者。

洪邁

《容齋隨筆·三筆》卷十五《別國方言》：今世所傳揚子雲《輶軒使者絕代語釋別國方言》，凡十三卷，郭璞序而解之，其末又有漢成帝時劉子駿《與雄書》，從取《方言》，及雄答書。以予考之，殆非也。雄《自序》所為文，《漢》史本傳但云「經莫大于《易》，故作《太玄》，傳莫大於《論語》，作《法言》，史篇莫善於《倉頡》，作《訓纂》，箴莫善於《虞箴》，作《州箴》，賦莫深於《離騷》，反而廣之，辭莫麗於相如，作四賦。雄平生所為文，盡於是矣，初無所謂《方言》。《漢·藝文志》小學有《訓纂》一篇，儒家有雄所序三十八篇，注云：《太玄》十九，《法言》十三，樂四，箴二，雜賦有雄賦十二篇，亦不載《方言》。觀其《答劉子駿書》，稱蜀人嚴君平，按君平本姓莊，漢顯帝諱莊，始改曰嚴，《法言》所稱「蜀莊沈冥」，「蜀莊之才之珍」，「吾珍莊也」，皆是本字，何獨至此書而曰「嚴」？又子駿只從之求書，而答云「必欲脅之以威，陵之以武，則縊死以從命也」，何至是哉？既云成帝時子駿《與雄書》，而其中乃云「孝成皇帝」，反覆抵牾。又書稱「汝潁之間」，先漢人無此語也，必漢魏之際好事者為之雲。

張俞

宋袁說友《成都文類》卷四十八：張俞《子雲像贊》：子雲潛真，與聖合神。龍隱其德，鳳耀其文。撰《法》著《玄》，統貫天人。道德之首，譚稱絕倫。

朱彧

《經義考》卷二百六十八：揚子雲作《太玄》以擬《易》，先儒已有「屋下架屋」之誚。予嘗讀之，拘拘於句法之蹈襲，字訓之模仿，信乎其不可也。《易》以八為數，推之而為六十四，《玄》以九數，轉之而為八十一。《易》有元、亨、利、貞，《玄》有罔、直、蒙、酋、冥。《易》有象，《玄》有首。《易》有爻，《玄》有贊。《易》有象，《玄》有測。《易》有《說卦》、《序卦》、《雜卦》，

《玄》有《數》、有《衝》、有《錯》。《易》曰：「雲從龍，風從虎」，《玄》則曰：「風識虎，雲知龍」。《易》「辟戶之謂乾，闔戶之謂坤」，《玄》則曰：「闔天之謂宇，辟宇之謂宙」。其他率多此類，亦何取于《玄》哉？及讀桓譚《新論》，又知一、三、九之類，亦《老子》之緒餘耳。而張衡謂其與《易》相擬，陸績、宋衷、范望、王涯之徒尤酷嗜之，溫公至謂「叩之以物之情而不漏，測之以鬼神之狀而不違，概之以六經之言而不悖」，是皆溺於所好，未得為公論也。

鄭東卿

《經義考》卷二百六十八：揚雄之《太玄》，子明之《洞極》，仿《易》為書，泥於文字，後世忽之，以為屋下架屋，頭上安頭也。

張行成

《經義考》卷二百六十八：《玄》紀日于牛宿者，法日也。紀氣於中首者，法天也。以罔冥為玄，則民之終始萬物神妙之理，故《太玄》于三易，實依《連山》而作也。

高惟幾

《成都文類》卷四十二《揚子雲宅辨碑記》：《前書·傳》：揚雲之先揚侯，逃于楚巫山，因家焉。楚漢之興也，揚氏溯江上，處巴江州，即犍為郡。漢建元末，領江陽。今《圖經》有揚雄宅，並洞。洞前刻揚雄像，此即揚侯爾。以雄名最顯，後人慕之，第稱曰揚雄，宅與像，迨此存焉，今為道宮。而揚季官至廬江太守，漢元鼎間，避仇，復溯江上，處岷山之陽，曰郫，有田一壪，宅一區。《禹貢》曰：「岷山之陽，至於衡山。」孔安國曰：「岷山，江所出，在梁州南。衡山，江所經，在荊州。」李膺《益山記》曰：岷山，去成都五百里，有岷山縣，江源所起也。故其西之八十里，江之南，石紐，禹所生處。而班氏謂岷山之陽曰郫，採闕之誤耳。且岷去蜀郡五百里，郫去成都四十里，則郫不在岷山之陽明矣。蜀都故闕曰中興寺，即西漢末揚雄宅。南齊時，有僧建草玄院，以雄於此草《太玄》也。《蜀記》曰：草玄亭，即揚雄草《太玄》所也。宅在州城西北二里二百八十步。揚氏《蜀王本記》云：「蜀之地，本治廣都樊鄉，後徙居成都。秦惠王遣張儀，定築成都而縣之。」今州子城，乃龜城也，亦儀所築。《縣經》曰：「縣在子城西北二里一百步。」今草玄亭廢址，乃其宅，去縣僅二百步，與二說符矣。《益州圖經》有揚雄坊，而郫無揚雄宅，郫亦不載揚氏遺事，是知季

五世傳一子，世世為成都人也，宅豈郫乎？矧郫與岷，殊不相涉，史氏務廣載備言，捃掇之舛，固亦有焉。予因辯其誤，意泥古者止以班史岷陽之郫有宅為然。

陳淵

《默堂集》卷十《答陳了翁》：所謂揚子雲于《玄》，可謂好之篤者，不可謂不知仁。淵竊有疑焉。淵未嘗學《玄》，固不知其深，然觀其立名，以三方、九州、二十七部、八十一家著為定法，此固與《易》異。夫《易》以相錯，故能變，以能變，故不窮。既有定法，則不能以相錯，不能以相錯，則不能變矣，豈《易》之道哉？故來教以堯夫之書為過於《玄》，而曰：雄之發于《玄》者，死法耳，為是故也，使雄知《易》，則《玄》必不作，其作必不爾。然而曰好之篤者，亦恐雄不得所以好也。雄之言曰：「好盡其心于聖人之道者，君子也。人亦有好盡其心矣，未必聖人之道也。」此真自排耳。淵雖不學《玄》，然於《法言》十三篇，則既熟讀之矣。《法言》論聖人處，無一語是，於是知雄為不知聖人。夫學者用心如雄然，而不知聖人，則其所學可知也已。故北方之學所以不比數之者，蓋有以辨之也。夫擬人必於其倫，如《法言》以顏子之孝為過於倚頓，孟子之勇為過於荊軻，仲尼之聖為過於范、蔡，此蓋當時流俗之所見，常人足以知之，何足以見於書？其間辨乎其不足問，問乎其不必疑，與夫媚莽從亂之語，尚多又不在是也。至禍福死生之際，尤不足觀。故淵敢以謂雄之於仁疑有未知者，亦非敢妄疑也，所見然爾。蓋孔子門人所學，莫不求有以知仁，知仁則道可進矣，未有不知仁而知道，未有不知道而知聖人者也。今雄之于孔門弟子，其智曾不逮宰我、子貢、有若之徒，而乃斷然自附於孟子，不知其以孟子又為何如人也？《法言》有曰：「仁以人之」，此雄依放前哲之語，臆度人之為道而以為說也，其陋蓋如此，而謂知而好之，毋乃太恕乎？淵于左右及楊丈處，每得一語，必謹識之，已而未盡了，則必反復問難，不敢不盡。蓋恐先生長者故為疑似不切之說，蔓衍無涯之辭，以觀學者之所向，而起其所疑，使其無所捕捉，而于中流風波之中，忽得一壺以自據也。此自昔聖賢亦然，安知來教不出於此乎？淵讀《論語》，見樊遲學稼圃，宰我欲短喪，告之者未極其說，而問之者已無所疑。及其退也，聖人懼其終莫之悟，為之悉意而申言之，蓋憫其智有所不入，而不能復發問也。然則聖人之教人，亦豈必待憤悱然後終其說哉？如前所陳，愚憨之見如此，其是與否，更望裁之，毋惜諄諄垂誨為幸耳。

鄭樵

《通志》卷七十一《編次之訛論》:「猶班固以《太玄》為揚雄所作,而列于儒家,後人因之,遂以《太玄》一家之書為儒家類。是故君子重始作,若始作之訛,則後人不復能反正也。」

《編次不明論》:「班固《藝文志》出於《七略》者也,《七略》雖疏而不濫,若班氏步步趨趨,不離於《七略》,未見其失也。間有《七略》所無,而班氏雜出者,則蹟矣。揚雄所作之書,劉氏蓋未收,而班氏始出,若之何以《太玄》《法言》《樂箴》三書合為一,總謂之『揚雄所序三十八篇』,入於儒家類?按儒者舊有五十二種,固新出一種,則揚雄之三書也。且《太玄》,《易》類也,《法言》,諸子也,《樂箴》,雜家也,奈何合而為一家?是知班固胸中元無倫類。」

馬永卿

《懶真子》卷四:僕嘗問元城先生:「先儒注《太玄經》,每首之下必列二十八宿,何也?」先生曰:「周天二十八宿三百六十五度四分度之一,而《太玄經》凡七百二十九贊,乃此數也。」僕曰:「七百二十九贊,分而為二,合三百六十四度有半,而不相應何也?」先生曰:「揚氏之意,以謂其半不可合也,故有踦贊、嬴贊,以應周天之數。漢之正統,以象歲也,莽之僭竊,乃閏位也。故先儒於踦贊、嬴贊之下,注以為水火之閏。而《王莽傳》贊所稱『餘分閏位』者,蓋謂是。」噫!子雲之數深矣。

晁公武

《郡齋讀書志》卷一:晁以道《易玄星紀譜》一卷,右族父詹事公撰,以溫公《玄曆》及邵康節《太玄準易圖》,合而譜之,以見揚雄以首準卦,非出私意,蓋有星候為之機括,且辨正古今諸儒之失,如羨不當準臨,夷不當準大壯之類,凡此難與諸家口舌爭,觀譜則彼自屈矣。此譜《玄》所以作也。

《文獻通考》卷二百八:《太玄經》十卷,晁氏曰:漢揚雄子雲撰。雄作此書當時以誚其艱深,其後字讀多異,予嘗以諸家本參校不同者疏於其上,且發策以問諸生云:揚雄準《易》作《太玄經》,其《自序》稱《玄》盛矣,而諸儒或以為猶吳楚僭王,當誅絕之罪,或以為度越《老子》之書,大抵譽之者過其實,毀之者失其真,皆未可信。然譬夫聽訟,曾未究其意,烏能決其曲直哉?今欲論《玄》之得失,必先窺其奧,然後可得而議也。夫《玄》雖準《易》,

然托始《高辛》、《大初》二曆而為之，故《玄》有方、州、部、家，凡四重，而為一首九贊，通七百二十九贊有奇，分主晝夜，以應三百六旬有六日之度。首準一卦，始於中準中孚，而終於養準頤，二十四氣七十二候，與夫二十八宿，錯居其間，先後之序，蓋不可得而少差也。夫《易》卦之直日，起於漢儒之學，舍四正卦，取六十卦之爻，三百六十各直一日，此《玄》之所準者也。然《易》之卦直日，其亦如《玄》之首有序乎？抑無也？若亦有之，則雄之為《玄》不亦善乎？不然，則《玄》之序亦贅矣。自復、姤而為乾坤十有二卦，皆以陰陽之消長，分居十二月，謂之辟卦，固有序矣。其餘一月而四卦之序云何耳？如中孚頤何以為一日之卦也？曰：公卿、大夫、侯者，何謂也？其所謂屯正於丑，間時而左行，蒙正於寅，間時而右行者，其旨可得而聞歟？又一陽一陰者，《玄》相錯之法也，然養為陽而中不為陰，水、火、木、金、土者，《玄》相傳之法也，然冹為金而羨不為土，其自相戾類如此，豈得無說也哉？

陳善

《永樂大典》卷四九三九：《捫虱新話》：楊子雲《法言》多致意於真偽之際，曰觀人者審其作輟，為政者核其真偽，象龍之難於致雨，尸鳩之不可傅翩也。字仲尼者，比之羊質虎皮，行儀、秦者，比之鳳鳴鷟翰，巫步多禹而醫多盧，則以為托也。此其意在於譏王莽，然吾恐雄亦未免於托。雄作《太玄》以擬《周易》，或者比之吳楚僭王，顧非偽乎，此目睫之論也。

朱熹

《朱子語卷》卷四：孟子言性，只說得本然底，論才亦然。荀子只見得不好底，揚子又見得半上半下底，韓子所言，卻是說得稍近。蓋荀、揚說既不是，韓子看來端的見有如此不同，故有三品之說。然惜其言之不盡，少得一個氣字耳。又云：孟子只論性不論氣，便不全備，論性不論氣，這性說不盡，論氣不論性，性之本領處，又不透徹。荀、揚、韓諸人雖是論性，其實只說得氣。荀子只見得不好人底性，便說做惡。揚子見半善半惡底人，便說善惡混。韓子見天下有許多般人，所以立為三品之說。就三子中，韓子說又較近他，以仁義禮智為性，以喜怒哀樂為情，只是中間過接處少個氣字。

卷五：聖人只是識得性，百家紛紛只是不識性字，揚子鶻鶻突突，荀子又所謂隔靴爬癢。

卷六：以仁屬陽，以義屬陰，仁主發動而言，義主收斂而言，若揚子雲

「於仁也柔，於義也剛」，又自是一義，便是這物事不可一定名之，看他用處如何。

卷十一：凡讀書須看上下文意是如何，不可泥著一字。如揚子「於仁也柔，於義也剛」，到《易》中又將剛來配仁，柔來配義，如《論語》學不厭，智也，教不倦，仁也，到《中庸》又謂成己，仁也，成物，智也。此等須是各隨本文意看，便自不相礙。

卷四十一：問：「《克己銘》只說得公底意思。」曰：「《克己銘》不曾說著本意，揚子雲曰『勝己之私之謂克』，克字本虛，如何專以勝己之私為訓？鄭伯克段于鄢，豈亦勝己之私耶？」

卷五十一：揚雄言義以宜之，韓愈言行而宜之之謂義，若只以義為宜，則義有在外意，須如程子言處物為義，則是處物者在心而非外也。

卷六十五：數只有二，只有《易》，是老氏言三，亦是二，二生三，三其子也，三生萬物，則自此無窮矣。後人破之者，非。揚子雲是三數，邵康節是四數，皆不及《易》也。又云：揚雄《太玄》全模仿《易》，他底用三數，《易》卻用四數，他本是模《易》，故就他模底句上看《易》也，可略見得《易》意思，溫公《集注》中可見也。

卷六十七：《大傳》說：「上下無常，剛柔相易，不可為典要，惟變所適。」便見得《易》，人人可用，不是死法。雖道是二五是中，卻其間有位二五而不吉者，有當位而吉，亦有當位而不吉者。若揚雄《太玄》，皆排定了第幾爻便吉，第幾爻便凶。然其規模甚散，其辭又澀，學者驟去理會他，文義已自難曉，又且不曾盡經歷許多事，意都去湊他意不著。

仲默問：「《太玄》如何？」曰：「聖人說天一、地二、天三、地四、天五、地六、天七、地八、天九、地十，甚簡易，今《太玄》說得卻支離。《太玄》如它立八十一首，卻是分陰陽，中間一首，半是陰，半是陽，若看了《易》後去看那《玄》，不成物事。」

又問：「或云：《易》是陰陽，不用五。」曰：「它說天一、地二、天三、地四時，便也是五了。」又言：「揚雄也是學焦延壽，推卦氣。」曰：「焦延壽《易》也不成物事。」又曰：「今人說焦延壽卦氣不好，是取《太玄》，不知《太玄》卻是學它。」

問：「《太玄》」。曰：「天地間只有陰陽二者而已，便會有消長，今《太玄》有三個了，如冬至是天元，到三月便是地元，七月便是人元，夏至卻在地元之

中，都不成物事。《太玄》甚拙，藏是方底物，他以三數乘之，皆算不著。《太玄》紀日而不紀月，無弦望晦朔。《太玄》中高處只是黃、老，故其言曰『老子之言道德，吾有取焉』，《太玄》之說只是老、莊。康節深取之者，以其書亦挨傍陰陽消長來說道理。《太玄》亦自莊、老來，『惟寂惟寞』可見。」

問：「《太玄》‧中首『陽氣潛藏於黃宮，性〔註84〕無不在於中』，養首『藏心於淵，美厥靈根』，程先生云云。」曰：「所謂『藏心於淵』，但是指心之虛靜言之也，如此乃是無用之心，與孟子言仁義之心異。」

卷六十八：又問：「哉生魄？」曰：「是月十六日初生那黑處，揚子言月未望而生魄於西，既望則終魄於東，他錯說了。後來四子費盡氣力去解，轉不分明。溫公又於正文改一字解，也說不出。」

卷七十：「變盈流謙」，揚子雲言：「山殺瘦，澤增高。」此是說山上之土為水漂流下來，山便瘦，澤便高。

卷七十三：《易》不是說殺底物事，只可輕輕地說，若是確定一爻吉，一爻凶，便是揚子雲《太玄》。《易》不恁地，兩卦各自說，濡尾濡首不必拘說，在此言首，在彼言尾。

卷七十六：《易》不可為典要，《易》不是確定硬本子。揚雄《太玄》，卻是可為典要，他排定三百五十四贊當晝，三百五十四贊當夜，晝底吉，夜底凶，吉之中又自分輕重，凶之中又自分輕重。《易》卻不然，有陽居陽爻而吉底，又有凶底，有陰居陰爻而吉底，又有凶底，有有應而吉底，有有應而凶底，是不可為典要之書也，是有那許多變，所以如此。又云：大抵《易》之書如雲行水流，本無定相，確定說不得。揚子雲《太玄》，一爻吉，一爻凶，相間排將去，七百三十贊乃三百六十五日之晝夜，晝爻吉，夜爻凶，又以五行參之，故吉凶有深淺，毫髮不可移，此可為典要之書也。聖人之《易》則有變通，如此卦以陽居陽則吉，他卦以陽居陽，或不為吉，此卦以陰居陰則凶，他卦以陰居陰，或不為凶，此不可為典要之書也。

卷七十七：又問：「揚子雲『君子於仁也柔，於義也剛』如何？」曰：「仁體柔而用剛，義體剛而用柔。」（董）銖曰：「此豈所謂陽根陰、陰根陽耶？」曰：「然。」

卷九十六：「（二程）《遺書》第一卷言：韓愈近世豪傑，揚子雲豈得如愈？第六卷則曰：揚子之學實，韓子之學華，華則涉道淺。二說取予，似相牴牾。」

〔註84〕性，《太玄》原文作信，不作性。

曰：「只以言性論之，則楊子善惡混之說，所見僅足以比告子，若退之見得到處，卻甚峻絕。性分三品，正是說氣質之性。至程門說破氣字，方有去著。此退之所以不易及，而第二說未得其實也。」

卷一百：問：「堯夫之學，似揚雄如何？」曰：「以數言。」又云：某看康節《易》了，都看別人底不得。他說「太極生兩儀，兩儀生四象」，又都無玄妙，只是從來更無人識。揚子《太玄》，一玄、三方、九州、二十七部、八十一家，亦只是這個，他卻識。只是他以三為數，皆無用了。他也只是見得一個粗底道理，後來便都無人識。老氏「道生一，一生二，二生三」，亦剩說了一個道，便如太極生陽，陽生陰，至二生三，又更都無道理。後來五峰又說一個，便是太極函三為一意思。又曰：康節之學，似揚子雲，《太玄》擬《易》，方、州、部、家皆自三數推之，玄為之首，一以生三，為三方，三生九，為九州，九生二十七，為二十七部，九九乘之，斯為八十一家。首之以八十一，所以準六十四卦。贊之以七百二十有九，所以準三百八十四爻。無非以三數推之，康節之數，則是加倍之法。又曰：自有《易》以來，只有康節說一個物事如此齊整，如揚子雲《太玄》，便零星補湊得可笑，若不補，又卻欠四分之一，補得來，又卻多四分之三。又曰：云：「伊川謂：自古言數者，至康節方說到理上。」曰：「是如此。如揚子雲亦略見到理上，只是不似康節精。」

卷一百二十六：西漢時儒者說道理，亦只是黃老意思，如揚雄《太玄》經皆是，故其自言有曰：「《老子》之言道德，吾有取焉耳。」

卷一百三十七：「諸子百家書，亦有說得好處，如《荀子》曰：「君子大心則天而道，小心則畏義而節」，此二句說得好。」曰：「看得荀子資質，也是個剛明底人。」曰：「只是粗，他那物事皆未成個模樣，便將來說。」曰：「揚子工夫比之荀子，恐卻細膩。」曰：「揚子說到深處，止是走入老、莊窠窟裡去，如『清靜寂寞』之說皆是也。又如《玄》中所說『靈根』之說云云，亦只是莊、老意思，止是說那養生底工夫爾。」又曰：「荀子盡有好處，勝似揚子，然亦難看。」又曰：「不要看揚子，他說話無好處，議論亦無的實處。荀子雖然是有錯，到說得處也自實，不如他說得恁地虛胖。」

又云：揚雄則全是黃、老，某嘗說揚雄最無用，真是一腐儒，他到急處只是投黃、老，如《反離騷》並《老子》道德之言，可見這人更無足說。自身命也奈何不下，如何理會得別事？如《法言》一卷議論不明快，不了決，如其為

人。他見識全低，語言極獃，甚好笑。荀、揚二人自不可與王、韓〔註85〕二人同日語。緣他都不曾將心子細去讀聖人之書，只是要依他個模子。見聖人作六經，我也學他作六經，只是將前人腔子，自做言語，填放他腔中，便說我這箇可以比並聖人，聖人做個《論語》，我便做《中說》，如揚雄《太玄》、《法言》亦然，不知怎生比並？某嘗說自孔、孟滅後，諸儒不子細讀得聖人之書，曉得聖人之旨，只是自說他一副當道理，說得卻也好看，只是非聖人之意，硬將聖人經旨說從他道理上來。

問：「揚雄。」曰：「雄之學似出於《老子》，如《太玄》曰『潛心於淵，美厥靈根』，測曰：『潛心於淵，神不昧也』，乃老氏說話。」問：「《太玄》分贊於三百六十六日，下不足者乃益以踦、嬴，固不是。如《易》中卦氣如何？」曰：「此出於京房，亦難曉。如《太玄》中推之，蓋有氣而無朔矣。」問：「伊川亦取雄《太玄》中語，如何？」曰：「不是取他言，他地位至此耳。」

先生令學者評董仲舒、揚子雲、王仲淹、韓退之四子優劣。或取仲舒，或取退之。曰：「董仲舒自是好人，揚子雲不足道。這兩人不須說。只有文中子、韓退之這兩人疑似。試更評看。」學者亦多主退之。曰：「看來文中子根腳淺，然卻是以天下為心，分明是要見諸事業天下事，它都一齊入思慮來。雖是卑淺，然卻循規蹈矩，要做事業底人，其心卻公。如韓退之，雖是見得個道之大用是如此，然卻無實用功處。」

問：「揚子與韓文公優劣如何？」曰：「各自有長處。文公見得大意已分明，但不曾去子細理會，如《原道》之類，不易得也。揚子雲為人深沈，會去思索，如陰陽消長之妙，他直是去推求，然而如《太玄》之類，亦是拙底工夫，道理不是如此。蓋天地間，只有個奇耦，奇是陽，耦是陰，春是少陽，夏是太陽，秋是少陰，冬是太陰，自二而四，自四而八，只恁推去，都走不得。而揚子卻添兩作三，謂之天、地、人，事事要分作三截，又且有氣而無朔，有日星而無月，恐不是道理。亦如孟子既說性善，荀子既說性惡，他無可得說，只得說個善惡混。若有個三底道理，聖人想自說了，不待後人說矣。看他裡面推得辛苦，卻就上面說些道理，亦不透徹。看來其學似本於老氏，如『惟清惟靜，惟淵惟默』之語，皆是《老子》意思。」又問：「程子謂揚子之學實，韓子之學華，是如何？」曰：「只緣韓子做閒雜言語多，故謂之華。若揚子雖亦有之，不如韓子之多。」

〔註85〕王指王通，韓指韓愈。

又曰：「揚子雲、韓退之二人，也難說優劣。但子雲所見處，多得之老氏，在漢末年，難得人似它。亦如荀子言語亦多病，但就彼時，亦難得一人如此。子雲所見多老氏者，往往蜀人有嚴君平源流，且如《太玄》就三數起，便不是。《易》中只有陰陽奇耦，便有四象，如春為少陽，夏為老陽，秋為少陰，冬為老陰。揚子雲見一、二、四都被聖人說了，卻杜撰，就三上起數。」

問：「溫公最喜《太玄》。」曰：「溫公全無見處。若作《太玄》，何似作曆？老泉嘗非《太玄》之數，亦說得是。」又問：「與康節如何？」曰：「子雲何敢望康節？康節見得高，又超然自得。」

又曰：「揚子雲出處非是，當時善去，亦何不可？」問：「揚子『避礙通諸理』之說是否？」曰：「大概也似，只是言語有病。」問：「莫不是『避』字有病否？」曰：「然。少間處事不看道理當如何，便先有個依違閃避之心矣。」

問：「韓子稱孟子醇乎醇，荀與揚大醇而小疵。程子謂韓子稱孟子甚善，非見得孟子意，亦道不到。其論荀、揚則非也，荀子極偏駁，只一句性惡，大本已失。揚子雖少過，然亦不識性，更說甚道。至謂韓子，既以失大本不識性者為大醇，則其稱孟子醇乎醇，亦只是說得到，未必真見得到。」先生曰：「如何見得韓子稱荀、揚大醇處，便是就論性處說？」云：「但據程子有此議論，故因問及此。」先生曰：「韓子說荀、揚大醇，是泛說，與田駢、慎到、申不害、韓非之徒觀之，則荀、揚為大醇。韓子只說那一邊，湊不著這一邊，若是會說底，說那一邊亦自湊著這一邊。程子說荀子極偏駁，揚子雖少過，此等語皆是就分金秤上說下來，今若不曾看荀子、揚子，則所謂偏駁、雖少過等處，亦見不得。」

又云：揚子雲謂南北為經，東西為緯，故南北為縱，東西為橫，六國之勢，南北相連則合縱，秦據東西以橫破縱也，蓋南北長，東西短，南北直，東西橫錯綜於其間也。

《御纂朱子全書》卷六：揚雄、荀彧：按溫公舊例：凡莽臣皆書死，如太師王舜之類，獨於揚雄，匿其所受莽朝官稱而以卒書，似涉曲筆，不免卻按本例書之曰：「莽大夫揚雄死」，以為足以警夫畏死失節之流，而初亦未改溫公直筆之正例也。荀彧卻是漢侍中光祿大夫，而參丞相軍事，其死乃是自殺，故但據實書之，曰：「某官某人自殺」，而繫於曹操擊孫權至濡須之下，非故以彧為漢臣也，然悉書其官，亦見其實。漢天子近臣而附賊不忠之罪，非與其為漢臣也，此等處當時極費區處，不審竟得免於後世之公論否？朱子答尤延之。

唐仲友

《經義考》卷二百六十八：雄最知大衍數者，故《玄數》曰：「三八為木，四九為金，二七為火，一六為水，五五為土。」《玄圖》曰：「一與六共宗，二與七共朋，三與八成友，四與九同道，五與五相守。」不言五、十為土，五與十相守者，知藏十之為大衍也。

陳藻

《樂軒集》卷六：《太玄》之書，當時後世有非之者，亦有好之者，諸家訓釋，豈無可觀？而老蘇之論二篇，與夫所謂《總例》者，吾特愛焉。夫《太玄》之大約有二，曰曆與筮而已矣。一扐而加之以再，去其旦夕經緯之占而從，其詞之不可以前定。竊謂子雲復生，當斂衽於此矣，然又不知子雲果爾乎？至於《玄》也，謂增以踦、贏二贊，則歲羨其四分日之一，於是乎為一百八分之說。使《玄》於二贊，以其未者不為半日，而止為四分日之一，奚獨不可乎？《易》有用九、用六，則三百八十六爻也。《玄》以七百二十九，而為七百三十一，奚獨不可乎？且老泉三方之算至三家之算皆九之，半之若可也，然自五十有四至十有八，自十有八而至於六，皆以三數也。自六而至於三，則兩之而已矣，是亦出於有心，而非其自然者，安得如《易》數之天成乎？「日書斗書而月不書」，若可攻也，然一歲之日成，則月在其中矣，五盡之說，恐不足以窮子雲之辨。竊試為揚子，而諸君為老泉以相詰難，奚若？

王炎

《經義考》卷二百六十八：揚子以言語求道，故為《法言》，曰「吾以擬《論語》也」。為《太玄》，曰「吾以準《易》也」。無西子之美，而效其顰，亦增其醜而已。

陸九淵

《象山集》卷十五《與吳斗南》：《易》古經，塞宇宙一理耳。上古聖人先覺此理，故其王天下也，仰則觀象於天，俯則觀法於地，觀鳥獸之文，與地之宜，近取諸身，遠取諸物，於是始作八卦，以通神明之德，類萬物之情，於是有辭、有變、有象、有占，以覺斯民。後世聖人，雖是千百載，其所知所覺，不容有異，曰若合符節，曰其揆一也，非真知此理者，不能為此言也。所知必至乎此，而後可言通天下之至，定天下之業，斷天下之疑。自此道之衰，學者溺于所聞，梏於所見，不能自昭明德，己之志不能自辦，安能通天下之志，定

天下之業，斷天下之疑哉？今世所傳揲者之法，皆襲揚子雲之謬，而千有餘年，莫有一人能知之者。子雲之《太玄》，錯亂蓍卦，乖逆陰陽，所謂君不君，臣不臣，父不父，子不子。由漢以來，楊、墨強盛，以至於今，尚未反正。而世之儒者，猶依《玄》以言《易》，重可歎也。

袁燮

《絜齋集》卷六：昔揚雄氏覃思《易經》，作《太玄》以準之，分三方、九州、二十七部、八十一首，而繫之以七百二十九贊，亦可謂精微矣。其為首也，始於中，準《易》之中孚，次以周準《易》之復也。冬至之日，陽氣方萌，歷七日而得周之次四，蓋七日來復之義。然《易》所謂七日者，猶《豳詩》「一之日」云爾，謂月也，非日也。《玄》以一首當四日有半，則所謂七日者，詎可以為月乎？日而非月，亦甚戾于《易》之七日來復矣，安在其為準耶？孟喜六日七分之說，去坎、離、震、兌，止六十卦，以當三百六旬之數，復以七分推之，而始得與周天之度合。雄之《太玄》，增六十四卦為八十一首，首當四日有半，凡三百六十四日有半，而八十一首已周，加踦、贏二贊，而始得與六日七分之說合，所謂得《易》之道，備曆之數者蓋如此。夫其數即孟氏之六日七分，而其為首多於《易》卦者，凡十有七，何其若是之不同歟？孟氏之《易》，雖自名家，然趙賓以箕子為萬物荄滋，詭誕不經，自云受諸孟喜，其誣若是，而六日七分之說，《玄》實用焉，何歟？眉山蘇氏亦有疑於踦、贏二贊，且云四歲而加一分，千歲之後，吾恐大冬之為大夏也，此其言果足以箴《玄》之失歟？《玄》之九贊，擬《易》之六爻也，爻合金、木、水、火為一，而土為二，贊分金、木、水、火為二，而土為一，胡為而不類？《玄》之揲，發于陽家，則一、三、五、七、九為晝，二、四、六、八為夜，于陰家則一、三、五、七、九為夜，二、四、六、八為晝，胡為而有別？《易》之著策，本於大衍而虛其一，《玄》之著策，本於天地而虛其三，其不同若是，而謂之準《易》可乎？六日七分之說，一行非之，牽牛起度之說，劉洪輩又訾之，豈其果有所未盡歟？司馬溫公之《潛虛》，蓋擬《太玄》也，冬至之氣始於元，猶《太玄》之七日來復也。轉而週三百六十四變，變直一日，乃授于餘，而終之猶《太玄》之踦、贏。然空虛之學，六經所無有，儒者所不道，今曰皆祖於虛，其信然歟？既自虛而為氣、為體、為質、為名、為行、為命，又自虛而為形、為性、為動、為情、為事、為德、為家、為國、為政、為功、為業，何其多端也？餘曷為而無變，齊曷為而無位？性之十純，曷為復以配而列於其間？自衰至散，何以為

先後之序？自王至庶人，何以為尊卑之象？揚與司馬，皆一世大儒，立言垂訓，宜其坦然易見，今難知若此，其究言之。

韓淲

《澗泉日記》卷中：《太玄》其辭準《易》，其數可以起曆而已，蓋得於渾天儀者也，司馬君實為《潛虛》，得其用意之所在矣，晁以道作《星譜》，可謂善發明矣，二家之書出而《玄》之學備，欲觀之者當參考也。老蘇論《太玄》最中其病：「《太玄》者，揚雄之所以自附于夫子，而無得於心者也，使雄有得於心，吾知《太玄》之不作，又使雄有孟軻之書，而肯以為《太玄》耶？惟其所得于心之不足樂，故大為之名以僥倖于聖人而已。」

《永樂大典》卷四九四零載韓淲《澗泉日記》論《太玄》：《太玄》，溫公得其數，康節得其學，又推之世變而數則密矣。子雲此數必自君平來，其學則李仲元之學，此學自孔孟後則不偏，此學黃帝之書也。《管子》、《荀子》止是此學。孟子說浩然氣、夜氣，便是此學，只為言集義所生者便別，此孔、孟所以為《中庸》也。溫公雖有《潛虛》，又卻不與《太玄》之學相似。晁以道又只是渾天儀上工夫，可以推布曆法爾。子雲若不從曆法上推括起天地之數，如何把提伏羲、文王大衍之數，此所以不可及也。「潛天而天，潛地而地」，子雲也。康節又有些以《老子》似《陰符》處，蓋竊弄闔辟者也，豈非陳希夷之學也，不可不辨也。二程之學直得孔、孟之學，以此觀之，則了然矣。又曰：孫明復《辨楊子》極是，深有補於世教。其言子雲《太玄》，以為非準《易》而作也，蓋疾莽而作也。又曰：《太玄》形容氣數盡有工夫，若《易》則理道備盡，非三聖人孰能明之？范望解「心藏神內為玄」。又曰：昔楊子雲作《太玄》，侯芭嘗受學焉，至後漢初書猶不顯，班孟堅作史嘗標其大旨，有意其盛行於世也。夫顯晦不足以論《玄》，而良史猶懇如此，未幾張衡謂其「妙極道數，與五經相擬」，孟堅作史，說於建初中，距平子不三十年，其書已為世所推重。第恨嚴尤輩不及見尔。

吳沆

《永樂大典》卷四千九百三十九《環溪集‧太玄》論：《太玄》之作以數為之本，而陽為之主也，陽數九九九有變故為八十一首，首不可以無名，故因六十四卦之名增而配之，卦不可以無序，故因卦氣之說自一陽生而後以中孚為之首也。九九一變不足以成卦，故自一而推之，一變而三，再變而九，三變而

二十有七，四變而八十有一，虛有其數，而無其號，則不可舉以曉人也。於是以三為方，九為州，二十七為部，八十一為家，凡四變而數窮，故卦止四位，因其位而為之贊，則不足以配周天晝夜之數於是舍其四位而別作九贊，因方、州、部、家多寡之異，以擬贊之辭。則淺而無說。於是又舍方、州、部、家而別配以五行，五行之數僅當九贊之半，故周而復始一卦之內土數止一，而水、火、木、金之數皆至二為夫九贊之設所以當期之日也。合七百二十九贊當期之日猶少一晝一夜，故外為踦、贏二贊以足之，如是而《玄》略備矣。然而位無變動猶未可以占也。是故即九贊之位而三分之，為三表，以俟三時之占。冬取其一，一、五、七為一表，旦筮逢為三、四、八為一表，夕筮逢為二、六、九為一表，晝夜之中逢焉三表之分，不可以無說也。於是立為經緯，以別之。以一、二、五、六、七為經，三、四、八、九為績，旦筮以經，夕筮以緯，晝夜之中經緯半焉。如是而占略備矣。然猶未可以揲也，是故數始於三而生於六，因而三之，為十有八，又因而配之，為三十有六，乃視策虛三卦一分而為二，揲之以三，而扐其餘，卦扐之外，並而數之，自十而下，得七為一，得八為二，得九為三，凡四揲而卦成，如是而揲略備矣。數有可揲，辭有可占，然後九行之說可得而詳，九贊之位可得而別也。夫一與六共宗，二與七共朋，三與八成友，四與九同道，五與五相守，一六為水，二七為火，三八為木，四九為金，五五為土，是九行之說也。天曰九天，地曰九地，人曰九人，以至體九體，屬九屬，事九事，序九序，年九年，是九位之說也，夫方本有四，而固謂之三方者，《玄》之數始於三也。行本有五，而固謂之九行者，首之贊及於九也。事序之間有萬不同，而固謂之九事九序者，贊之位不過於此也。夫《太玄》之作以陽為之主，以九為之數，是故首以九變，贊以九成，首之五行，如贊之序，以五配九，而三分之為上下之等如《禹貢》之田，於是有一水下下、二火下中之別也。自中首而次一二而數之，遇奇為陽，遇耦為陰，以八十一首配於三元之下，而陰陽間列，於是有天玄陰家、地玄陽家之別也。首之奇偶為晝夜，家之奇偶為陰陽，贊之五行定於內，家之五行運於外，水、火、木、金迭相推蕩，而生、王、休、廢加乎其間，而吉凶生，是元之辭也。……其道則以陽為貴，有尊君之象，其位則以五為美，以其當九贊之中，其辭則本於五行，其占則本陰陽，其數則本於太初，其名則本於《周易》，其序則本於卦氣，蓋卦氣一定，則自中首而下，一、二、三、四舉之而足矣。至於方也、州也、部也、家也，乃假虛名也，以紀虛數，義不在焉，有之可也，無之可也。我朝邵先生之作《正

玄》，正楊子雲之《太玄》也。正者正救之謂也，實欲以正《太玄》之所未正也。三復《正玄》，而知先生有功於《太玄》深矣。

葉適

《經義考》卷二百六十八：《太玄》雖云幽深，然既枝葉扶疎，獨說十萬餘言，侯芭又受其辭，則是雄所以作之意，固嘗曉然號於人，使皆可識，不為甚難，明也。至宋衷、陸績、范望，乃皆創立注釋，若昔未嘗聞知者，如首名以節氣起止，贊義以五行勝克，最為此書要會，不知自雄及芭親相傳授已如此耶？或舊語果零落，而衷、績等方以意自為參測也。以位當卦，以卦當日，出於漢人，若夫節候暑刻，推其五行所寄，而吉凶禍福生之，至《玄》而益詳。蓋農工小人，所教以避就趨舍者，雄為孔氏之學，其書將經緯大道，奈何俯首效之？且未有求其小而能得其大者，惜乎其未講矣。

《永樂大典》卷四九二三葉適《賢良集・進卷》論《太玄》：《易》曰：「復其見天地之心乎」，又曰：「聖人之情見乎辭」，《易》之為道也，有以見天地之心，後世之為《易》也，有以見聖人之情。天地之間雜剝解散，更逝迭移，孰能測之哉？其所以相維而不相去，不相待而相為使者，聖人有以見其心，以故聖人之所以得其心者，皆見乎書，後世之人徒私以其情求之，而不能見聖人之情，夫不見聖人之情，而天地之心尚奚得焉？故其書僅存而道不明。夫模陰陽，測宇宙，綿絡內外，出入萬物，此幾足以求聖人之情與天地之心矣。雖然，未也。楊雄為《太玄》以準《易》，世多譏之，《易》準天地而得天地，《玄》準《易》也幾得《易》也，得《易》而得天地矣，而何傷，又奚譏焉？天下患《易》之難知也，庶乎因《玄》而通之，今考其書以求聖人之意，而不得者三焉，非以病《玄》也，求通乎《易》而已矣。數起乎一，轉入於萬物，其往無窮，分而為二十四節，以應寒暑，其候雜而無差焉，是星官曆師能之，而非聖人之所以為《易》也。分之掛之，揲之扐之，有禍有福，有從有違，有用《易》者之事，而非聖人之所以為《易》也。《玄》曾是以準之乎？天地之與人也，雜揉眾大，恝然而不相及也，幽而不明，微而不章，渾淪而不能知。是其初也，聖人以為何以治之？夫是以見其要而執其紀，而名之為《易》。夫其雜揉眾大，幽微渾淪者，皆《易》也，而後天地之道粲然矣。於是立之卦以告之，重其畫以明之，以為其所以易者如是也。探鬼神之賾而出之，鉤陰陽之動以陳之，以為是卓然而不可惑也。聚九州四海之珍，藏於一人之耳目而使得兼焉，將以明己，非以衒己也，然則聖人之所以為《易》者，明天下而已矣。其義明，其辭

微，天下見其辭之微，而真以為不可識也，而不知其所以明之也。今夫《玄》之書，起冬至之首而終於養，備一歲之經，循而索之，若貫珠焉，是未始不明也。其名「玄」何也？其言曰「天以不見為玄，地以不形為玄，人以腹心為玄」，又曰「晦其位而冥其畛，深其阜而渺其根，攘其功而憂其所以然」，嗚呼，得之矣。彼固以為聖人之《易》者，期於天下之不能明也，則吾之所謂《玄》者，亦期乎天下之不能明而已矣。是以出乎罔，入乎冥，其思塋塋，莫見其情。且《易》之明也，而天下晦之，《易》之顯也，而天下隱之，此聖人之所痛也。今顧而得《玄》焉，是其準《易》也，而微若是乎，噫乎！《易》其愈微乎？然則《易》之不明，《玄》佐之也，是其不得者一也。

卦之有八也，是文字所以從生也，時也，義也，德也，其為六十四卦也，猶其為八也，象以寔之，象以形之，爻以備之，所以明其義之必然也。聖人之與愚夫愚婦，上古之與後世，皆用之而不能違者也。六十四合而《易》可見，《易》見而天地可準也。以正以反，以冬以夏，錯出而致順焉而已耳。今夫《玄》之有八十一也，其所以明名是首者何也？豈將以助天下後世之用，使之若用《易》之六十四者也，抑徒以自記其陰陽之由而已者也。為曆則無以其義，為義則無以其曆，且其名也雜取于文字之餘而非其要，則天下之人有不能用也。其首順，其辭逆，其使天下之人由於其中以至於其養者也。《易》以逆為順，故天下能從之，《玄》以順而求其不敢逆也，則懼夫天下之不能也，是其不得者二也。名之為《易》者，上古之聖人也，道也卦，伏羲也，重，文王也，象，孔子也，蓋聖人之始作也，自以為名，而後世猶患其微，是以聖人更起而名之，至於孔子以為周矣。然而不終於既濟，而終於未濟，所以見《易》之無窮也。後有作者，庸詎知焉。今夫雄之為《玄》也，而以名之參摹四分，而以首之及表及贊及測、《衝》、《錯》、《塋》、《攡》、《文》、《告》，凡《易》之詞無所不具，以一人之思，而備群聖人之力，是其所以為準《易》者耶？雖然，此既濟之《易》耶，此未濟之《易》耶？言既濟者，使之愈明而不愈微，言未濟者，其略可也，而何若是之詳焉。是其不得者三也。噫，雄之為書勞矣。

李幼武補編《宋名臣言行錄・外集》卷一錄葉適語曰：道之暗鬱於後者，天與人殊，而人與已殊。道非其道，而學非其學也。理不盡，徒膠昔以病今，心不明，姑舍己以辨物。勤苦而種，皆文藻之末，鹵莽而獲，皆枝葉之餘。揚雄、韓愈，猶然況其下者乎。

《習學記言》卷二十三：揚雄《自序》：「默而好深沈之思」，庸人之思，病乎浮淺，故雄有此論。然古人論理，至思而止，理之所不至者非思也，更不計深淺。今於思上更有深沈工用，即是思之所不至者，而後為理，如《太玄》，乃理之過，學者不當法也。又言「不修廉隅以徼名當世，雄清靜恬淡，不汩沒於欲利」，則世俗淫謗垢汙之賤，豈復有之，固不待修飾矣。然士之厲志操，明好惡，言必信，行必果，皦然以自號於世而為戶庭者，此其所謂廉隅而可以取名者也。雖然，止於是而已矣，故子貢曰：「譬之宮牆，賜之牆也及肩」，雄自以為不止於是，故其言如此。然學者或不解，因雄之言，而以為小廉小行皆不足修，淫謗垢汙無害於道也，則其誤大矣。又云：文詞之變，始於屈原，衍於相如，文士之所慕效也。至揚雄辟而廣之，將一變至道，故為《反離騷》。然原之本指，雄或未達也。餘既數言之矣，自立於淺而不足以知人之深，固學者之大患，自處於深而不知人之未易以淺量也，則其患蓋有甚矣。又云：王莽以文章製作成篡，雄居其間，既不為用，復不見忌，優遊散職，終老其身，著書立言，名垂於後，然世之論雄者多異說。孔子不作而賢，不肖莫知所定，此豈足為雄重輕哉！如其浮雲富貴，敝屣廢興，以莽、賢為虛舟，視尤、歆如土梗，伯夷之不降志，柳下惠之不去，蘧伯玉之愚，顏淵之樂，兼有之矣。

卷四十四：《揚子太玄》：《連山》、《歸藏》，雄時固應有完書，然《左氏》已不道。八索，《左氏》所記，孔安國亦言之，則漢世猶存也。安國又言：孔子贊《易》道以黜八索，則八索義當與孔氏絕異。所謂十翼者，獨《彖》、《象》為孔子之文，其他或先或後，皆非也，然皆自附于孔氏，司馬遷固不能辨，而劉向父子與雄尤篤信之。及班固取《七略》以志《藝文》，百世之後，雖有豪傑特出之士，心不能思，智不能慮，滌膠以漆，妄為清明，而孔氏之學榛棘蔽路矣。嗟夫！雄雖誤後世，而自誤亦豈少哉！古人有作無述，孔氏有述無作，《彖》、《象》，述也，非作也，雄不能知，以為《彖》、《象》者作而已，故既首之，復自贊之，又自測之，述作雜而紀法亂，自誤一也。言一而已，有精者無粗也，有深者無淺也，十翼非一人之言也，淺深精粗，宜其不同。雄既以為皆孔氏之書矣，故或《衝》或《錯》或《攡》或《測》，一書而異其言者十數，自誤二也。《易》之始口切齒，先王大道至此散薄，無復淳完，或者反謂其才高力強，易於有行，然則誅少正卯，戮俳優，無怪乎陋儒以是為孔子之極功也。學者苟知辭辨之未足以盡道，而能推見孔氏之學，以上接聖賢之統，散可復完，薄可復淳矣。不然，循而下之，無所終極，斷港絕潢，爭於波靡，于道何有哉？

《太玄》雖名幽深,然既稱枝葉扶疏,獨說十餘萬言,侯芭又受其辭,則是雄所以作之意,固嘗曉然號令於人,使皆可識,不為甚難明也。至宋衷、陸績、范望,乃皆創立注釋,若昔未嘗聞知者,如首名以節氣起止,贊《易》以五行勝克,最為此書要會,不知自雄及芭親相傳授已如此耶?或舊語果零落,而衷、績等方以意自為參測也。以位當卦,以卦當日,出於漢人,若夫節侯晷刻,推其五行所寄,而吉凶禍福生之,至《玄》而益詳,蓋農工小人所教以避就趨舍者。雄為孔氏之學,其書有義而已,義立而後數從之。今之所謂數者,非《易》之初也。雄見其已成,而謂為《易》者,必先數而後義,故研精殫智於曆而後《玄》始成,不知數既立,則義豈復有哉?自誤三也。十翼言大衍,分而為二以象兩,掛一以象三,至可與酬酢佑神,蓋贊筮占,有此功用,雖似卑淺,然乃筮人所為不言,《易》當自為也。雄不悟,遂為假《太玄》,自著揲法。近世司馬氏擬《玄》為《虛》,專以五行起數,而亦先以揲法示人,其詞義乃類連珠,比《玄》尤狹劣矣。按《易》之始,其義有陽而未有陰,其物有天而未有地,及其陽而陰之初虛取諸風,中虛取諸火,終虛取諸澤,陰而陽之初實取諸雷雷有形,中實取諸水,終實取諸山,畫起於一物,莫先於天,故象天。天尊陽也,二之則象地,地卑陰也,及自陽為陰,自陰為陽,始有虛實之辨。取物以配義,義立而物隱,《連山》、《歸藏》既不存,不知其為義為物。今《易》卦及《彖》、《象》皆不以物而以義,蓋其簡直易知,如此十翼所謂「帝出於震,齊於巽,相見於離,天地定位,山澤通氣,雷風相薄」,其詞前後差重蔓衍,皆說《易》者為之,非《易》之書本然也。況於五行、四時、二十四節,癸甲而計之,晷刻而察之,又遠在十翼下數十等,安得為義理所歸哉?事辭稱則經,按雄所見,史襄積故實,文組繪浮語,使事辭偏重,故《法言》、《太玄》,欲離此二過,辭必稱事,事必稱辭,雖然淺矣。自有文字以來,聖人迭起,唐、虞、夏、商間,觀其百年數世之遠,才只乘數十簡,若以為道則固有,非言語所能載,若以為事,則何止勝辭而已。至周乃稍詳於前,不獨文武,成、康變故殷煩,周、召經營之勞,未必倍于伊、傅,時近故耳。孔子當壞亂之後,惜其無所統紀,又將隨事滅散,是以由唐沿周,極力收補,雖魯人區區記錄,以其猶有繫於當世大義,亦復為之討論。而左氏又遍採國史,旁加翼贊,然則孔子之業已成,譬如權衡度量,不可有二,雖更有孔子,其書亦不得為經也,而況《太玄》、《法言》乎?多聞則守之以約,多見則守之以卓,寡聞則無約也,寡見則無卓也。按孟子稱博學而詳說之,將以反說約,又言曾子守約,荀卿多言博學,顏淵既竭吾才,

如有所立卓爾。雄酌于顏、孟，故定約卓之論也。義理隨世講習，而為準的，
誠無後先，然必質於孔子，而後不失其正。按孔子「博學于文，約之以禮，亦
可以弗畔矣夫」，顏淵自言「博我以文，約我以禮」，則所謂博而約者禮也。子
曰：「惜乎！吾見其進也，未見其止也。」又曰：「譬如為山，未成一簣，止，
吾止也。譬如平地，雖覆一簣，進，吾往也。」古人自修不惰，以山明之，故
曰：「為山九仞，功虧一簣」。而顏子自言：「欲罷不能，既竭吾才，如有所立
卓爾。」則所謂卓者，進而不止也。今于多聞多見中欲守以約卓，而不知約為
何實，卓為何形，意擇而堅執，則前言滿胸而固吝不除，往事溢目而驕肆逾長，
是誤共所由之途而趨於愚暗爾。子曰：「賜，汝以予為多學而識之者與？」子
貢曰：「然。非與？」曰：「非也。予一以貫之一。」以為學古聖人未之及也，
而獨見於孔子，曾子徒唯而子貢疑之。孟子自以為無所不悟，然漸失孔子之意，
故博學雖實，而反約為虛。至雄析見為卓，而失之愈甚矣。夫苟得其一，無精
粗，無本末，終身由之，安有約卓之異。不然，則見聞無據，而立說以為主，
未見其能至道也。或曰：「經可損益歟？」曰：「《易》始八卦，而文王六十四，
其益可知也。」按：伏羲氏始畫八卦，造書契，以代結繩之政，孔氏安國言之，
則漢儒相傳固如此，不知何所授也，豈周官晚出，雄猶未通習，或雖通習猶未
信據而然耶？雄因此遂以經為可益，故作《太玄》、《法言》矣。雄謂「遐言周
於天地，贊於神明，幽弘擴廣，絕乎邇言」，故曰：「吾寡見人好遐者也。邇文
之視，邇言之聽，遐則福焉」，意皆為《太玄》發也。孟子曰：「言近而指遠者，
善言也。守約而施博者，善道也。君子之言也，不下帶而道存焉。」觀孟子此
言，雄不待辨而知其非矣。且人有礙而我通之，未嘗自礙，而又自通也，孔子
之《論語》是也。雄之《太玄》，自礙而又自通者也。理有海，而學至之，未
嘗自為海，而又自為水也，孔子之贊《易》是也。雄之《太玄》，自為海而又
自為水者也。雄稱「周公以來未有漢公之懿也，勤勞則過於阿衡，漢興二百一
十載而中天，其庶矣乎。辟雍以本之，學校以教之，禮樂以容之，輿服以表之，
復其井刑，免人役，唐矣夫。」詳此《法言》之成，在莽未篡以前，篡後為《劇
秦美新》，亦言「和鸞肆夏，黼黻袞冕，欽修百祀，明堂雍台，復五爵，度三
壤，經井田，免人役，方甫刑，匡馬法」，與《法言》不異，則雄雖異而不詭
明矣。又按司馬相如而下，歌頌之文，遂為故實，文士無能免者，故雖易世，
而班固謂相如《封禪》靡而不典，揚雄《美新》典而無實，皆遊揚後世，垂為
舊式，則是當時議論相承，未有以為不當作者。夫孔父、仇牧死，晏嬰不死，

龔勝死，揚雄不死，古人各賢其賢，不以相厲也。而千載之後，方追數雄罪，為漢舉法，惜哉！

員興宗

《九華集》卷二十《題太玄注疏後》：范望叔明解可以撰著，宋氏惟幹注，可以知大體。陸氏《釋失》，可以摘瑕。虞翻之注，可以辯事。然不若王涯廣津，出入為詳也。

高似孫

《子略》序：六經後，以土才藝自聲于戰國、秦、漢間，往往騁辭立言，成一家法。觀其跌宕古今之變，發揮事物之機智，力足以盡其神，思致足以殫其用，其指心運志，固不能盡宗於經，而經緯表裡，亦有不能盡忘乎經者。使之純乎道，昌乎世，豈不可馳騁規畫，鎔鑄事功，而與典謨風雅並傳乎？所逢如此，所施又如此，終亦碌碌與群言如一，百氏同流，可不嗟且惜哉？嗚呼！仲尼皇皇，孟子切切，猶不克如皋、夔、如伊、呂、周召，況他乎？至若荀況、揚雄氏、王通、韓愈氏，是學孔孟者也，又不可與諸子同日語。

《子略》卷四《太玄經》：《易》可準乎？曰：難矣。何為其難也？曰：天地人之理，混淪於未畫之前，二三聖人察天之微，窺地之奧，以神明夫人之用。文王因伏羲，孔子因羲、文，而《易》道極矣。文王非舍伏羲，孔子非舍羲、文，而自為之書也。《易》經三聖，以經天地人之道，是道也吉凶悔吝消息盈虛，雖天地鬼神無所藏其蘊，而匹夫匹婦可與知者也。揚雄氏欲以一人之力，而規三聖所成之功，是為難乎？子雲豈不知此者？然則子雲亦有得于《易》之學，而欲自神其用。其曰「天以不見為玄，地以不形為玄，人以腹心為玄」，此子雲之所以神者也。子雲之意，其疾莽而作者乎？哀、平失道，莽輒亂常，子雲酌天時行運盈縮消長之數，推人事進退存亡成敗之端，存之于《玄》。三方象三公，九州象九卿，二十七家象大夫，八十一部象元士，而玄者君象也，總而治之。起牛宿之一度，終牛宿之二十二度，而成八十一首七百二十九贊二萬六千二百四十四策，明天人終始逆順之理，正君臣上下去就之分，順之者吉，逆之者凶，以為違天咈人賊臣盜國之戒，子雲之意也。子雲敢以此準《易》言者，蓋以卦氣起於中孚，震、離、兌、坎分配四方，六十四卦各主六日七分，以週一歲三百六十五日四分日之一，據此言之，窒矣。桓譚曰：「《玄》與大《易》準。」班固曰：「經莫大乎《易》，故作《太玄》」。是知子雲者乎？不知子雲者乎？

卷四：道始於伏羲，終於孔子，孔子以來，二千餘年矣，孟軻氏、揚雄氏、王通氏、韓愈氏，皆祖述孔子而師尊之。……嗚呼！蓋自孟子，歷兩漢，數百年而僅稱揚雄，歷六朝，數百年而僅稱王通，歷唐百餘年，而唯一韓愈。六經之學，其著而不泯，傳而不墜，非難乎？

《緯略》卷五：先儒注《太玄經》，每首之下必列二十八宿，蓋周天二十八宿三百六十五度四分度之一。《太玄經》凡七百二十九贊，乃此數也。以七百二十九贊分而為二，合三百六十四度有半，宜若不相應。子雲本意以為其半不可合也，故踦贊、嬴贊以應周天之數。漢之正統以象數也，莽之僭竊乃閏位也，故先儒於踦贊、嬴贊之下，注以為水火之閏，《王莽傳》贊所稱餘分閏位者謂此。

卷八：桓譚《新論》曰：「子雲新造《法言》《太玄》也，人貴所聞，賤所見，故輕易之，若遇上好事，必以《太玄》次五經也。」王充《論衡》曰：「揚子雲作《太玄》、《法言》，張伯松不肯一觀以與並肩，若生於周世，則為《金匱》也。」二子之論如一。葛稚川曰：「充所著《論衡》，北方未有得之者，蔡伯喈嘗到江東得之，歎其文高，度越諸子。嗚呼！世安得復見伯喈者乎？」稚川又曰：「盧生問云：『蔡伯喈、張平子，才足著書，正恐年遠旨深，世人不解，故不著也。』余曰：『若如來言，子雲亦不應作《太玄經》也。然穎容《春秋例》曰：『著作之事，前有司馬遷、揚雄，後有鄭眾、班固，近即馬融、鄭玄。遷《史記》不識畢公為文王之子，而言與周同姓，揚雄《法言》不識六十四卦，而云所從來遠矣。』嗚呼難哉！」

陳淳

《北溪大全集》卷二十一《太玄辨》：《太玄》本為擬《易》而作也，而又參之《易》緯以序卦氣，準之《太初曆》，以考星度，蓋雜乎為書，而不純于《易》，密於數，而道則未也。夫《易》以八為數，而《玄》以九為數。《易》數始於一一，重之而為二二，重之而為四四，重之而為八八，重之至於六十四，而八八之數立焉。故自太極生兩儀，兩儀生四象，四象生八卦，八卦生六十四卦。《玄》數始於一一，轉之而為三三，轉之而為九九，轉之而為二十七，二十七轉之而為八十一，而九九之數具焉。故自一玄分而為天、地、人之三方，方各有三州，三其三方而為九州，州各有三部，三其九州而為二十七部，部各有三家，三其二十七部而為八十一家。《易》以六畫成卦，而《玄》擬以方、州、部、家之四位，四位立而首成焉。自中至事為天元二十七，自

更至昆為地元二十七，自減至養為人元二十七，合三二十七為八十一首，以擬《易》之六十四卦。首下有辭，以擬卦之象，首為有九贊，以擬卦之六爻，九其八十一首，則為七百二十九贊。贊下有測，以擬爻之象，為七百二十九測。測贊之外，又有《玄衝》以擬《序卦》，《玄錯》以擬《雜卦》，《玄數》以擬《說卦》，《玄攡》《玄瑩》《玄掜》《玄圖》《玄告》以擬上下《繫》。至於筮策，又以擬《易》之大衍，虛其一而用四十有九，《玄》則虛其三而用三十有三。大衍以乾之策二百一十有六，坤之策百四十有四，合三百六十以當期之日，積為萬有一千五百二十，以當萬物之數。而《玄》則以天數十有八，地數十有八，合三十六策以律七百二十有九贊，以當一歲之日，積為二萬六千二百四十四筴，以配萬物之數。大衍揲以四，而《玄》則揲以三，大衍以七、八、九、六定六爻而辨吉凶，《玄》則以七、八、九、六定四位而別休咎。與夫三摹之擬三索、三表之擬四象，一一與《易》相準，而猶以為未也。何氏《易緯稽覽圖》創為卦氣之說，以為起於中孚，而終於頤六十卦，別以坎、離、震、兌為四卦，各主一方，卦中二十四爻，各主二十四氣，其餘六十卦，有三百六十爻，主三百六十日，餘有五日，每日分為八十分，合四百分又四分日之一為二十分，是有四百二十分以六十卦分之，六七四十二卦，各得七分，每卦得六日七分，以當期三百六十五日四分日之一之數。而《玄》則又從而參之，始於中首，以配中孚，而終於養首，以配頤，凡八十一首，皆法卦氣之次序。首以二贊當一日，凡七百二十九贊當三百六十四日有半，又增踦、嬴二贊為閏餘之數，以足之太初上元十一月甲子朔旦冬至無餘分。後千五百三十九歲甲辰朔旦冬至又無餘分，又千五百三十九歲甲申朔旦冬至又無餘分，又千五百三十九歲復甲子朔旦冬至無餘分，而《玄》則又從而準之，始於中首冬至之節初一日，起牽牛一度，而終於養首之上九，以周二十八宿之行而為一歲。十九歲為一章，二十七章，凡五百一十三歲為一會，八十一章則三會，凡千五百三十九歲為一統。自子至辰，自辰至申，自申復子，凡三統、九會、二百四十三章，有四千六百一十七歲為一玄。一章則閏分盡，一會則月分盡，一統則朔分盡，一元則六甲盡，與《太初曆》相應。是《玄》之為數密矣，然密於其數，而道則未也。吾觀其書，有如中首曰「陽氣潛萌于黃宮，信無不在其中」，而養首又曰：「藏心於淵，美厥靈根」，則天理始終迴圈無間之義，似亦察矣。然于《玄攡》有曰：「其上也懸天，下也淪淵，纖也入薉，廣也包畛，其道遊冥而挹盈。」又曰：「虛形萬物所道之謂道，因循

無革天下之理得之謂德，理生昆群兼愛之謂仁，列敵度宜之謂義」，又未能根極乎理義之大本，而不免乎老、墨之指歸，于《易》之宏綱大義，亦何所發明哉？況乎以周配復，以戾配暌，以上配升，以差配小過，以童配蒙，以增配益，以達配泰，以從配隨，以進配晉，以釋配解，以樂配豫，以爭配訟，以更配革，以斷配夬，以裝配旅，以眾配師，以親配比，以盛配大有，以居配家人，以灶配鼎，以大配豐，以逃配遯，以永配恒，以度配節，以減配損，以聚配萃，以飾配賁，以視配觀，以晦配明夷，以窮配困，以割配剝，以止配艮，以成配既濟，以失配大過，以難配蹇，以養配頤，徒區區為字訓之模仿，而復拘拘於句法之循襲。

《易》曰：「幽贊神明而生蓍」，而《玄》則曰：「昆侖天地而產蓍」，《易》曰：「雲從龍，風從虎，聖人作而萬物睹」，而《玄》則曰：「風識虎，雲知龍，賢人作而萬類同」，《易》曰：「辟戶謂之乾，闔戶謂之坤」，而《玄》則曰：「闔天謂之宇，辟宇謂之宙」，《易》曰：「乾確然示人易，坤隤然示人簡」，而《玄》則曰：「天宙然示人神，地他然示人明」，《易》之元、亨、利、貞，萬化之原也，故君子行此四者，曰「乾元亨利貞」，而《玄》配之以「君子能此五者，曰罔、直、蒙、酋、冥」。愚不知罔、直、蒙、酋、冥，於元、亨、利、貞之義何得哉？《易》之陰陽、剛柔、仁義，三才之本也，故「立天之道曰陰與陽，立地之道曰柔與剛，立人之道曰仁與義」，而《玄》配之以「立天之經曰陰與陽，形地之緯曰縱與橫，表人之行曰晦與明」，愚不知縱橫、晦明與剛柔、仁義之旨何有哉？其他效「為天為圜」等語，則有「為雷為鼓」之辭，效「革去故、鼎取新」等語，則有「更造新、常因故」之說，效十三卦所取，則有衣裳、圭璧挹擬之論。若此之類，不可勝數，而于《易》道初無一補。前不足以發往聖之心，後不足以開來哲之耳目。子思氏之《中庸》、孟氏之七篇，所以與堯、孔心傳千載若合符契者，何嘗必為如是之配仿哉？抑又多為誇張自贊之語，曰「知陰知陽，知止知行，知晦知明者，惟玄乎」，又曰：「曉天下之暝暝，瑩天下之晦晦者，惟玄乎」，又曰：「夫玄卓然示人遠矣，曠然開人大矣，淵然引人深矣，渺然絕人眇矣」，殊非聖賢氣象。此當時如劉歆者，所以有「空自苦，覆醬瓿」之譏。而近世如東坡、如伊川，所以謂其道不足與，屋上架屋之誚。是雖侯芭之受，桓譚之傳，張衡比之五經，陸績推之為聖人，宋衷之訓詁，范望之解釋，王涯之纂述，司馬溫公之作書與擬類，皆隨己之好，而終不足厭服千萬世學者同然之見也。

吳仁傑

《經義考》卷二百六十八:《太玄》以方、州、部、家為首,仿《易》六畫而成卦也。以初一至上九為贊,仿《易》六位而成章也。首之數纂少而四,纂多而十二,而定為九位焉。老蘇先生所謂二者並行,而其用各異者也。

《兩漢刊誤補遺》卷八《反騷》:《揚雄傳》摭《離騷》而反之,顏注自「圖累」以下,言譏屈原者五,似以子雲為真譏。三閭仁傑按:晁無咎有言《離騷》得反而始明,摭其文而反之,非反其純潔不改此度也,反其不足以死而死也。又,《法言》有玉瑩丹青之答,說者亦謂不予之之辭。按:逸《論語》「如玉之瑩」,子雲蓋用其意,則「如瑩」之「如」當訓為「而」,爰易也。丹青非繪事之謂,蓋言丹沙空青,《周官》入玉石丹青于守藏之府是也。子雲以為三閭不肯喔咿嚅唲從俗,富貴偷安,寧殺身以全其潔,如瑩而瑩,其可變易而為丹青也哉?故玉可碎,瑩不可奪。子雲之予原,亦孔子予管仲之意歟!反《騷》之作,不以辭害意,則無咎之言為盡之,顏注非是。

錢時

錢時《兩漢筆記》卷八:至於武帝,雖曰雅向儒術,往往徒為具文,而其實則所求者跡弦,所尚者功利,一時紛然坌集者,皆貪榮冒險之徒,是以污濁成風,節廉道喪。衛、霍以後,趨炎附勢,而天下靡然矣。延至賊莽竊國如掇,無一仗節死義之士,出而排止其萬分,而上書稱頌者,至四十八萬十千餘人,張禹、孔光、劉歆、揚雄諸子,俱號名儒,夷考其行,曾狗彘之不若,無他,薰煮腐爛俗壞,而不知恥故也。

卷十:新莽用事,上下靡然,雖揚雄、劉歆之徒,皆入叛黨,舉朝無一人能為社稷吐氣。又曰:揚雄、班固,豈特兩漢之文章,千古之文章也。然雄事莽,固事憲,皆不得其死。學不明義,墮喪名節,貪榮冒寵,為狗彘行,而以區區辭藻著稱後世,真遺臭矣哉。

真德秀

《性理大全書》卷五十八:西山真氏曰:揚子默而好深湛之思,故其言如此。潛之一字,最宜玩味。天惟神明,故照知四方,惟精粹,故萬物作類。人心之神明精粹,本亦如此,惟不能潛,故神明者昏,而精粹者雜,不能燭理而應物也。

《西山讀書記》卷三十六:西漢時,儒者說道理,亦只是黃老意思,如揚雄《太玄經》皆是,故其自言有曰「《老子》之言,道德吾有取焉耳」。

趙彥衛

《雲麓漫抄》卷三：揚子雲《太玄》，其卦有作☰者，今觀商卦象卣所刻，器作☷，蓋作☲，一象天，一象地，一象人，其說已見於商。子雲多識先秦古書，《太玄》之學必有自來。

元王黼《重修宣和博古圖》卷九有「商卦象卣」，其器蓋有二卦象，均為《太玄》☲之形，釋云：「惟漢楊雄作《太玄》八十一首以擬《易》，曰方、州、部、家，今爭首一方三州三部一家，與此卣卦象正同。雄於漢最號博聞，殆《玄》之所自而作耶？」

張端義

《貴耳集》卷中：嘗聞老儒言漢之《周易》，不以乾坤為首卦，然後知揚雄《太玄經》以中孚為首卦，即漢之《易》。

章俊卿

《群書考索》別集卷二：邵康節《正玄》之作：陳漸之《演玄》，所以發《太玄》之旨。吳祕之《音義》所以袪《太玄》之疑。陸續之《釋失》，又所以辨《太玄》之惑。夫發其旨，袪其疑，固有賴於陳漸、吳秘之功，而正救舛訛，若非陸續以釋其失，則後世之惑滋甚。吁！又孰知陸續之後而有我朝邵先生之《正玄》乎！夫所謂正者，則正救之謂也。以楊子雲之《太玄》，而邵先生正之，固非短於雄而詡己之長也，實欲以正《太玄》之所未正者也。愚嘗三復《正玄》，而知邵先生有功于《太玄》也深矣。且方、州、部、家，名曰四重，《玄》何義也？《正玄》則以方、州、部、家而為爻之形象，而以上下命名，真足以正《太玄》之四重，亦猶《易》卦之有上下爻也。由初至上分為九贊，《玄》何拘也？《正玄》則自一至五而以五行次之，真足以正《太玄》之九贊，亦猶《洪範》之序五行也。《玄》有十二卷，《正玄》則以九天分為九卷。《玄》有八十一首，《正玄》則以九首各為九卷。《玄》九首僅以配土，《正玄》則以水、火、木、金、土隨次序而品第之。至於象工、象兀、象示、象正、象器、象亦、象坐、象光、象幽之類，無非正救《太玄》，而為子雲鑽皮出羽也。不然，著何以用三十三？首何以依八十一乎？信乎先生之有功于《太玄》也深矣哉！

林希逸

《竹溪鬳齋十一稿續集》卷八：《太玄》博書著文，千載而上有若揚子雲

者，吾當斂衽矣。讀書摘疑，千載而下，有若蘇老泉者，子雲當斂衽矣。子雲之文，固不可以六經論，亦自為一家之長，勞心苦思，理不足而才誠有餘。皓首之年，羞與賈、馬等列，故搜奇摘異，以盡其筆力之餘健，惜其閉戶窮巷，載酒與遊者，獨嚴、李仲光之徒，無可商略，一人獨見，故不能無偏蔽。使其有高見遠識之士，相與細論一二，則其成書必不至若是之疏。故嘗因雄書而觀老泉之例，未始不掩卷慨歎，而重惜其不遇也。老泉之論，大概有二：曰筮，曰曆。其於筮法也，曰一扐之多，不過乎六，其餘可以為九，而不可為七、八，不若再之，則八扐之餘，四位自成。著書之始，不應有差，必其傳之訛也，吾固不以是疵子雲。而旦夕之用經緯之說，與夫二六、一九之數，虛三於地以扐天之論，是則子雲之蔽也。去其旦夕經緯之法而從，其辭之不可以前定，舍其扐天二九之數而正，以三十三為不可加損，斯論例之至談，惜子雲之不遇老泉者此也。其於曆法也，曰「日書斗書而月不書」，則無以齊其不齊者。定一朞之說於前，而存五盡之法於後，似若強存，而無與乎其書。然《太玄》以節氣言也，一歲已成，而千歲可致，月視日而進退，日書矣則月在其中，五盡之說，吾不以是疵子雲。獨七百二十九贊可以當朞之日三百六十四有半，其不盡者四分日之三，加以踦、嬴之贊，而又餘四分日之一，是四歲而加一日也。且《玄》擬《易》作也，重以曆不足而輕加其書，是為《太初曆》也，是則子雲之蔽也。今以一百八分而為日，則四分日之三所得者八十一，加之其首而無嬴，求之於天而相直，不必為嬴，不必為踦，而曆自成，斯為論例之巧說，惜子雲之不遇老泉者此也。蓋自三聖絕筆之後，虛空之間是數，猶有所未盡者，子雲之書一而三，三而九，九而二十七，二十七而八十一，是或一數也。黃鐘之長八十一分，則是法蓋始於律。河圖之數，藏十用九，則是法亦得於河圖。故列之成書，散之為圖，整整而可觀，子雲之文筆，自聖賢不作之後，誠為獨步，當世研精覃思，有得於是，借之以攄其才，雖未免於好名之累，實苦學之用心。獨其考論不精，故有所不必強而強為者。夫《易》之於筮，特因是以神明其德，於六十四卦，初無輕重，六日七分之說，不見於《大傳》，是特起于後人。縱出於後人，亦自然之數所配合耳，而非其究心。雄也何必膠擾而用力於是耶？使雄有得於至理，借是以為書，不為乎占，不詳乎曆，將不為《玄》邪？後之人將以求筮也，曷不為《易》之直且徑，而奚事于《玄》之紛紛？將以為曆也，曷不為《易》之流且通，而奚事于《玄》之拘拘？雄之心，將以追蹤古人，而刻畫嫫母，唐突西施，反以取識者之笑。然雄之書亦未易侮，理不勝詞，固其文

不能如大《易》之天成，而《莊》、《騷》之下，誰可與並驅爭駕？今觀其辭，如曰：「陽氣潛萌于黃宮，信無不在其中」，又如曰：「月闕其搏，不如開明於西」，險古奇異，豈耳目所易到之語？「海水群飛」，誠狀物之至工。「傒尫尫，天撲其顙」，寧非措辭之極到？使雄能脫然自為一書，只以文鳴，誰敢輕議？凡其自為抵梧者，皆雄自為拙也。故嘗謂《太玄》一經，後有子雲者，作復加刊正，真可以抗衡于後世作者之上。請試言之，《說卦》、《雜卦》乃聖人綱繹其所未盡者，《玄》何必仿乎？則《沖》可去也，《錯》亦可去也。《文言》大傳，乃當時議論之所及者，《玄》何必仿乎？則《攡》可去也，《瑩》亦可去也，《玄文》亦可去也。無乾之四德，則何必為罔、直、酉、蒙、冥？無十三卦創物之義，則何必為《玄挽》？無八卦自然之象，則何必取五行之常論，而及形色聲味之繁且碎也，故其《數》可存，其《圖》可存，若此則不必存者。惜乎雄之無所考論，而不遇作者也。大抵一人之見，自非大聖大賢，則不能無所蔽。老泉之言著論，將以子雲復生，當無愧乎其言。而方、州、部、家之算，綱繹于《太玄》，所未盡者而為《圖》，自五十四至於三部之算，六皆以三乘也，而三家之算，參則以兩乘之，是豈得為渾成而非出於有心？況不盡之分歸於贏、踦者，如故前之論，以為不可加，而又若不可去，殆何為邪？向使老泉以首加一分而算之，則其餘分難總九之，半之終不可合。又使老泉以踦、贏為一度，如所謂歲羨四分日之三者，而附之三家焉，則三家之算又奇而難乘，推之而又不合，則是《圖》似亦不必作也。一子雲著之於前而不自覺其失，一老泉正之於後而不自覺其非，後之作者有能刊之正之而存其餘，不以占，不以曆，不附于《易》，而《玄》自《玄》，則論文之士，亦安敢有覆醬瓿之譏？

　　《竹溪鸕齋十一稿續集》卷二十五《太玄精語》序：子雲作《太玄》以擬《易》，昔人以為僭，惟韓退之屢稱之。至我朝康節、司馬、老泉卻喜其書，康節用其數，老泉論其旨，司馬公為之注，獨東坡乃謂「以艱深之辭，文淺近之說」，此語固佳，但子雲之辭雖非《易》比，然亦豈《易》能哉？《潛虛》未必出於溫公，其辭可觀，視《太玄》則迥異矣。《太玄》有古意，《潛虛》出，似後世文字。今取其語之精者，表而出之，亦略為解釋，使讀者易曉，庶有意於古書者，不以坡老一言而忽之也。

　　《太玄精語》後曰：「自《玄衝》而下，以其文奇，摘而錄之，造語用字，可以為法。《潛虛》方之，大有逕庭矣。」於《潛虛》前曰：《太玄》起九數，《潛虛》起五數，自是天地間不可泯者。先師嘗云：『《易》則正穴，此支龍也。』」

辭之有古今，又不可不精別之。《潛虛》非無佳語，但只是後世文字。《太玄》則猶有古意，況《潛虛》設喻，大抵皆前人書文中已有者。」

《經義考》卷二百六十八：子雲之書，一而三，三而九，九而二十七，二十七而八十一，是或一數也。黃鍾之長，八十一分，則是法蓋始於律。河圖之數，藏十用九，則是法亦得於河圖。使雄自為一書，誰敢輕議，凡其牴牾者，皆雄自為拙也。請試言之：《說卦》、《雜卦》，乃聖人紬繹其所未盡者，《玄》何必仿乎？則《衝》可去也，《錯》亦可去也。《文言》、《大傳》，乃當時議論之所及者，《玄》何必仿乎？則《攡》可去也，《瑩》亦可去也，《玄文》亦可去也。無乾之四德，則何必為罔、直、蒙、酋、冥？無十三卦創物之義，則何必為《玄掜》？無八卦自然之象，則何必取五行之常，論而及形色聲味之繁且碎也，故其《數》可存，其《圖》可存，若此則不必存者也。

張淏

《雲穀雜記》卷三：前輩讀書，所嗜各不同，司馬溫公酷好揚子雲《太玄》，而作書疑詆孟子，謂揚子真大儒，孟與荀殆不足擬。自云：少好其書，研精竭慮，歷年已多，始敢為注。每閱《太玄》，必屏絕人事，讀必數十過，其嗜之也如是。而老蘇獨不喜揚子雲，雄之《法言》，辯乎其不足問也，問乎其不足疑也，求聞於後世而不待其有得，君子無取焉耳。又曰：雄于《太玄》，好奇而務深，故辭多誇大，而可觀者鮮。又曰：使雄有孟軻之書，而肯為《太玄》耶？二公所見不侔如此。

陳埴

《木鐘集》卷四：《易》與《太玄》數有何不同？《易》是加一倍法，《太玄》加三倍，故《易》卦六十四，《太玄》卦八十一。《太玄》模仿《周易》，只起數不同，先儒謂將《易》變作十部《太玄》亦得，但無用耳。

林駉

胡一桂《周易啟蒙翼傳·外篇》引林駉曰：淵哉《太玄》之為書乎！《易》以八，《玄》以九，《易》之著也以七，《玄》之著也以六。《易》之八也，八而八之，凡六十四卦，然不易者八，反易者五十六，實以三十六卦，而六十四也。《玄》之九也，九而九之，凡八十一家，然不易者九，反易者七十二，實以四十五，而八十一也。著之七也，七而七之，凡四十九策，其虛一也，存一而虛之也。著之六也，六而六之，凡三十六策，其虛三者，取其三而虛之也。《易》

以當日，《玄》亦以當日，《易》以當曆，《玄》亦以當曆。其闔闢變通，無一而非《易》也。至若《易》有象，《玄》則有首，《易》有爻，《玄》則有贊，《易》之爻有象，《玄》之贊有測，以《玄文》而準《文言》，以《攡》、《瑩》、《掜》、《圖》、《告》而準《繫辭》，此又其文之粗爾。然亦誠有可疑者，《易》之天五配以地十，《玄》也有五而無十，非《易》也。《易》之六畫加以六位，《玄》也有畫而無位，非《易》也。《易》之畫即《易》之爻，《玄》之重為重（《玄》首四重：方、州、部、家），贊自贊（《玄》首九贊，非以四重為贊），非《易》也。《玄》以《玄文》擬《文言》，似矣，然《玄文》不加之晬（《玄》以晬準乾）而加之中，如其有心於卦氣也，則去《玄文》可也，而何必規規于聖人也？《玄》以首名準卦，似矣，然或以一首當一卦，而或以二首焉，如其有心於曆法也，則自為之名可也，而何必規規于聖人也？

趙汝楳

《經義考》卷二百六十八：揚子雲擬《易》以作《太玄》，而主於曆，魏伯陽假爻象以作《參同契》，而主於養生，他如《洞極》、《元包》，皆依仿卜筮而作，又何害於《易》哉！

釋文珦

《潛山集》卷九《夜讀太玄》：虛室冷雲邊，消閒讀《太玄》。未須求甚解，聊復竟餘篇。夜永殘膏薄，天高列宿懸。有菁還懶揲，休咎已俱捐。

黃震

《古今紀要》卷二：揚雄為王莽大夫，《劇秦美新》為萬世羞。漢習委靡，張禹、孔光賣國為奸，餘紛紛附莽者不可勝數，惟劉歆世為宗英，揚雄自號儒者，而亦為之，罪莫大於此。歆見莽居攝而內懼，雄直為其大夫，罪尤大。

《黃氏日抄》卷三十八：（揚）雄之學，似出於《老子》，如《太玄》曰「潛心於淵，美厥靈根」，測曰：「潛心於淵，神不昧也。」

卷四十七：揚雄淡泊而柔弱，富貴既非所好，節義又非所能，故惟欲以文字名世。方其年少氣銳，識意未定，歆豔相如之為。又賦《甘泉》、賦《河東》、賦《校獵》、賦《長楊》，哆然不喜，便足及乎？年至慮易，昭若發蒙，幡然自悔前日之為也，復擬《論語》擬《易》，竟以預諸儒之列矣。嗚呼！雄為淫辭曼語中，其殆拔足風埃、脫身塵流者乎？不然，西蜀又一相如矣。然儒非徒文之可名也，必道德深醇而後可以言儒，必出處無愧而後可以言儒。漢世之儒惟

董生，其次王陽可耳。雄《美新》投閣，大節已虧，儒於何有？按《傳》中皆雄《自序》，類多文飾之辭，非信史也。

卷六十八：揚雄《太玄》：謂《玄》以準《易》，而不得聖人之意者三。《易》以明天下，而雄名《玄》，一也。卦以八數，而《玄》之八十一首，雜取文字之餘，二也。《易》更三聖，《玄》以一人之思，備群聖人之力。三也。

王應麟

《通鑑答問》卷二：「劉歆賣宗國以徼利達，揚雄與之同立莽朝而不恥也，乃議屈子之湛身，正道湮微，薄俗瀾倒，殉利者為是，死義者為非，設淫辭以助揚雄者，顧以《通鑑》不書藉口，噫！朱子《綱目》所補，有功於《通鑑》。」

《困學紀聞》卷九：桓譚《新論》曰：「《老子》謂之『玄』，揚子謂之『太玄』。」石林謂《太玄》皆《老子》緒餘，老氏道生一，一生二，二生三，三之為九，故九而九之為八十一章。《太玄》以一玄為三方，自是為九，而積之為八十一首。

雷思齊

《易圖通變》卷五：《太玄》準《易》，取於《洪範》一水、二火、三木、四金、五土。

陳仁子

《永樂大典》卷四九二三有陳仁子《太玄注》序：《易》者何？變易之書也。或曰非變易也，易從日從月，陰陽根本，希微凝寂之謂也，是希夷受諸麻衣翁然也。《玄》準《易》者也，原於一，究於九，表裏河洛之數也。分以陰陽，錯以五行，主以二十四氣，三百六十度倍乘之，以八十一首截乎階所堂陛之序也，亦《易》也。而世之窮《易》者難窮，窮《玄》者易窮，何也？世會無窮，理亦無窮，聖人非不可一蹴抉而泄之也。《易》愈窮而愈不易窮，奇耦畫矣，八卦生矣，三百六十四爻衍矣，麋角之解也，芸草之生也，以至獺祭魚、豺祭獸也，撫卦氣比之千歲之日，坐致指掌間，《易》以一定而敘無難也。天有先有後，或有小有大，體有正有伏，有互有參，上經首乾、坤而二老對立也，下經首咸、恒而二少合體也，頤與大過偶，而在坎、離之前也。中孚與小過偶，而在既濟、未濟之前也。以至否、泰之相傾也，剝、復之相繼也，一爻之立，各有其意，一卦之設，各有其序，其義深，其例密，聖人悉包藏而雜緯其中，未嘗括而為一定之說，夫固隨後人之自窮者也。是以言者尚辭也，動者尚其變

也，製作者尚其象也，卜筮者尚其占也，析之而知其同也，合之而知其異也，充之而知其不可窮也。《玄》之為書也，乾始於子，終於離也。坤始於午，終於坎也。以二測當一晝一夜，以四日五分當一日，固配《月令》卦氣六十之圖，落下閎六日七分之說也。而較諸《易》之窮無窮何如如也？嗚呼！《易》更三聖而後成，韋絕三編而始悟，雄以一人之見，覃數十年之思，欲立擬之，宜世人皆可一覽窮也。眉山翁論雄以艱深之辭文淺近之說，夫世之深淺，非辭也，理也，雄之說亦得《易》之一也。《易》不敢以一定詰，而雄欲以一定求之，鄰於淺而近宜也。雖然，《玄》亦一家之書也。後學古迂陳仁子同備書。

陳維寶

《永樂大典》卷四九三九：陳唯寶曰：雄之《太玄》如膠柱調弦，各不能相通，非如《易》起自奇偶之畫，而窮於六十四卦，互相為用。或云六十四卦，八卦之重也，《玄》方、州、部、家之雜，至是而周矣，不可以變也。或曰《易》之六爻，即六畫耳，由其交用六，故其畫亦六。今《玄》有四重，即卦上四畫也，而贊乃有九。

不知名

《永樂大典》卷四九三九：《經史百家制度》〔註86〕：為數不可牽合，善為數者，以《易》不以《易》，不善為數者，以《易》而必以《易》。不以《易》者，自出己意，而能成一家，必以《易》者，未必牽合而不求正論，同出於《易》而不同於數，無惑乎其異也。

《太玄非以擬易》：人皆以楊雄氏作《太玄》以擬《易》，而不知《太玄》之作非所以擬《易》也。夫《易》數也，《玄》亦數也。以言乎數固所以擬《易》也，謂《玄》之數本以推衍夫《易》之數，豈知《玄》之為《玄》乎？《易》自為《易》，《玄》自為《玄》，必欲執《易》以詰《玄》，非惟不知《玄》，亦不知《易》耳。

《溫公蘇氏去取》：《太玄》之有方、州、部、家，亦猶《易》卦之有六爻也。其研幾極深，隱微奧妙，蓋有非淺學所能到也，是知子雲之精於數也深矣。不讀《太玄》，無以知方、州、部、家之畫，不究索隱，無以辨方、州、部、家之名。夫《太玄》之有方、州、部、家，亦猶《易》卦之有六爻也。《易》

〔註86〕明楊士奇編《文淵閣書目》中有《經史百家制度》一書之名，但不著撰人姓名。此據《永樂大典》卷四千九百三十九所載而錄之。

之六爻自下畫上，《太玄》之方、州、部、家則自上畫下。故一首各有四重，八十一首總有六百四十八畫。方其未畫也，策用三六，儀用二九，蓍虛三而卦一，數起三而再揲，八揲始成四重而定一首之名，及其將畫也，一方分三州，一州分三部，一部分三家。《太玄》之書，正以擬《易》作也，《易》以道勝，而《玄》則以數勝，惟《易》以道勝，故六十四卦而無加，三百八十四爻而無損，而《玄》之書為方、州、部、家，以效其象，為八十一首以寓其卦，為七百二十九贊以象其爻，又為踦、赢二贊以象其閏，屑屑然於掛揲之間有類于技卜者之為，自當時已有議其失者，雖然，《玄》之所謂數，非技卜之所為數也，夫《玄》之數非技卜之所為數，則其數固無一而不與《易》合也。夫《玄》以擬《易》而作，則《玄》若幾乎贅然其數實本乎《易》，則《玄》亦未易發也。君子之于《太玄》其去取不同者，正謂此耳。故司馬公之于《太玄》，則不惟味其書，而又為之訓釋，至蘇氏大不以為然，是非其好惡之不公，而去取之無定說也，蓋溫公好其書，取其合于《易》也，今觀其書如中首擬乎此類，與《易》蓋表裏，又可廢而不取乎？蘇氏以為不然者，非以不足取也，謂有《易》則《玄》不可作也，不知夫《易》之精微盡發見於《玄》之一書，又可以其拘於數而不取之乎？若然則一去一取，非二公自為同異也，以《玄》之書揆之聖人之經，不免有所同異於其間也。吾知溫公之好者方取其同于《易》，蘇氏之為不然者，謂其數而不以其道也。

七、金

趙秉文

《滏水集》卷十五《箋太玄贊引》：《太玄》何為者也？將以發明大《易》而羽翼之者也。《易》有八物，而五行萬事在其中，《玄》則列之以三才，本之以五行，表之以陰陽，推之以律曆，而天下萬事之理具。要其歸，為仁義而作也。卦用八，蓍用七，《玄》則首用九，蓍用六，互彰之也。《易》有道、數、象、義，說《易》者言道義則遺象數，言象數則遺道義。《玄》實兼之，其於聖經，不為無助。昔人譏屋下架屋，不猶愈於章句一偏之學乎？後之言數術者，孰與張平子？以平子不敢輕議《太玄》，而後儒非之，恐幾率易。顧僕何從以知《太玄》？姑以范注之小誤，以證本經之不誤。范注以九首次九，陽家陽畫，至十首羡之初一又為陽家陽畫，則畫多於夜，禍福殽亂，故其說時有不通，王氏已辨之矣。揲法一扐之後而數其餘，王氏依之注本作兩扐，非經誤也。經云

「旦筮用經，夕筮用緯」，舊注以旦用一、五、七，夕用三、四、八，日中夜中用二、六、九。蘇氏攻之以為中夕筮吉凶雜至，旦筮非大吉則大凶，是吉凶雜，終不可得而遇也。揚子大賢擬聖而作，不應筮法尚誤，此殆歲久失其傳也。及考《玄數》「五為中央」，注：「土行所在」。經緯雜用旦筮，有三表，一、二、三，一表也，四、五、六，一表也，七、八、九，一表也。表取其一以為占，旦筮用一與七，皆取其初遇，至於四為緯，五則經緯雜，無已則用六矣。一、六、七吉凶雜，與日中夜中夕筮同，況晬首一、六、七皆吉，而唫首一、六、七皆凶，亦有時而純吉純凶矣。恐旦筮當用一、六、七，夕筮用三、四、八，日中夜中用二、五、九，二為經，九為緯，五雜用之也。「筮有四：星、時、數、辭」，注：「星若于一度也，時謂旦中夕也，數謂首數之奇耦，辭若九贊之辭也」。時若旦筮遇陽家，其數自奇，辭自多吉，是時數辭皆同，何以別之？竊意星若二十八宿是也，又有四方之宿，各分配日月五星數，有干支之數，律曆之數，玄算之數與策數雜用之，此揚子所以知漢二百載而中天，平子所以知漢四百載《玄》其興乎之驗也，其然豈其然乎！《玄》有《文》《告》等十一篇，道義、象數之學，宋、陸二注及王氏辨之詳矣，茲不復云。獨首贊與晝夜不合，及首贊之辭與首之名義，亦如六十四卦與卦義當相合，如同人、暌六爻皆言同人、暌之類是也。而注間有不悟，輒以他義釋之，恐有未安，理當釐正，使贊與首名義相合，庶幾粗明《玄》經之萬一。僕亦未能審于是非，姑錄備遺忘，以為學《玄》之階耳，俟得前人之注，改而正諸。

卷十五《法言微旨引》：楊子聖人之徒與？其《法言》、《太玄》，漢二百年之書也。漢興，賈誼明申、韓，司馬遷好黃、老，董仲舒溺災異，劉向鑄黃金，獨楊子得其正傳，非諸子流也。予既整緝《太玄》，舊聞《法言》，有宋衷注，亡之。今世傳四注，柳、李二注，十釋一二，宋、吳二注，頗有抵悟。其十二注中，數家大抵祖臨川王氏，無甚發明，又多觝忤，而不中其失。獨溫公《集解》，遍採諸本，微辨四家之得失，斷以已意，十得七八矣。其終篇詳辯揚子得聖人之行藏，為得其正，實百世之通論也。故今斷以《集解》為定。然《法言》之作，雖擬《論語》，不同門人問答，先後無次，乃揚子自著之書也。不應辭意不相連屬，其命名自序，思過半矣。或先義而後問，或後答以終義，或離章以發微，或終篇以明數，旁鉤遠引，微顯志晦，川屬脈貫，會歸正道。今所謂分章微旨者，非敢有異於先儒也，但使一篇之義自相連屬，穿鑿之罪，余何敢逃？萬一有得微旨於言辭之表者，或有助於發機云。

李冶

《敬齋古今黈》八卷，《永樂大典》卷四九二三載其論《太玄》：老泉既破楊雄《太玄》，以為無得於心而侈於外，又以為樂大為之名以僥倖于聖人而已，是謂雄之《玄》無一而可取也。然老泉乃復作《太玄總例》何哉？《玄》既不取，則《總例》亦不作可也。今為《總例》而無取于《玄》，是疑其父而信其子也而可乎？老泉之意，豈不以《太玄》寔贅于《易》，其書當廢，而雄既立例矣，又不可以盡廢之，惟其《總例》必如此而後可耳。噫！言廢則廢，言舉則舉，既欲廢之，又欲舉之，吾不知其說也。

八、元

郝經

《周易外傳·自序》：漢興，言《易》自田何，求其所自，謂孔子授之商瞿子木，而授受及何。何為《傳》數篇而不傳，自是學各專門，原遠而末亦分矣。揚雄之學最為深刻，準《易》作《玄》，而不述《易》道。東觀學者雖盛，而只為傳注之學，亦各專門自私，而明夫《易》道者亦鮮。

《續後漢書》卷八十三：揚雄之學，不知其所自。《傳》稱「好學，不為章句，訓詁通而已。默而好深沉之思，清淨無為，少嗜欲，不汲汲于富貴，不戚戚於貧賤。家無儋石之儲，晏如也。非聖哲之書，不好也。初好辭賦，擬則司馬相如，其後輒不復為，準《易》作《太玄》，擬《論語》作《法言》。其《太玄》推本《老子》三數，自三而倍加，故三方、九州、二十七部、八十一家、二百四十三表、七百二十九贊。別為三卷，曰一、二、三，與《泰初曆》《顓頊曆》相應。筮之以三策，夫道只一數，洛書、河圖，元非二也，故曰「河出圖，洛出書，聖人則之」，八卦九章，非聖人自為之，所以則道之數也。道之數，只一奇一耦，而為陰陽，以成變化，而行鬼神，皆不離乎固有之兩，故自二而四，自四而八，重重因出，以至於六十四，日月、星辰、寒暑、晝夜、度數、時節，皆在其中。宓犧以一奇耦三加成卦，故為三畫，其體只兩，至於六十四卦，不出於一乾坤，三百八十四爻，不離於一奇耦。以一具兩，乃為《易》之真數，非若老氏之一生二、二生三之說也。一固生兩矣，兩各生兩，則二生四矣，固不生三也。揚子雖名儒學，乃以老氏之說擬《易》，皆本於三而倍加之，則道之數有二矣。乃作為之私，以數傳理，非造化之本然，以理為數也。至其論性，謂善惡混，道之在人，成之為性，具備眾理，無非至善。中而不倚，

一而不二，精而不雜，純而無間，私邪偽妄，安得混於其間哉？惡自于人心之危，物欲之私，又安得為性乎？大本已悖，其餘不足稱也。極其踐履之至，則曰「清淨寂寞」，亦老氏之學也。至於事莽，與聞乎篡，為《美新》之文，不以為恥，終之隕獲，至於投閣，則與夫在陋巷、在汶上、采薇而不食其祿，易簀而得正斃焉者，異矣。

劉壎

《隱居通議》卷十九：揚雄作《太玄經》以準《易》，作《法言》以擬《論語》，前代名賢，皆謂其學貫天人，諸子莫及。至其《美新》、投閣之羞，則略而不責焉。逮象山先生陸文安公，始確然為之言曰：「子雲之《太玄》錯亂蓍卦，乖逆陰陽，所謂君不君，臣不臣，父不父，子不子。由漢以來，楊、墨強盛，以至於今，尚未反正。而世之儒者，猶依《玄》以言《易》，重可歎也。」朱文公作《通鑑綱目》，又特書曰「莽大夫揚雄死」，自二先生決此論，而後雄之所以為雄者，始昭白於天下後世。然南豐先生之嚴，司馬溫公之正，皆於雄有取，其見不同如此，而南豐先生以揚雄處王莽之際，合於箕子之明夷，詳哉其言之也。朱子極推南豐之文，原本六經，未嘗訾議其論，則朱子亦存其說矣。

卷二十四：《揚雄傳》：班孟堅作《揚雄傳》，傳末數語，抑揚有味，而讀者每忽焉。王莽時，劉歆、甄豐皆為上公，莽既以符命自立，即位之後，欲絕其原，以神前事，而豐子尋、歆子棻復獻之，莽誅豐父子，投棻四裔，辭所連及，便收不請。時雄校書天祿閣上（天祿、辟邪，二石獸也），治獄使者來欲收雄，雄恐不能自免，乃從閣上自投下，幾死。莽聞之曰：「雄素不與事，何故在此間？」請問其故，乃劉棻嘗從雄學作奇字，雄不知情，有詔勿問。以病免，復召為大夫。家素貧，嗜酒，人希至其門，時有好事者，載酒肴從遊學，而鉅鹿侯芭嘗從雄居，受其《太玄》、《法言》焉。劉歆亦嘗觀之。謂雄曰：「空自苦，今學者有祿利，尚不明《易》，又如《玄》何？吾恐後人用覆醬瓿也。」雄笑而不應。年七十一卒，侯芭為起墳，喪之三年。嚴尤聞雄死，謂桓譚曰：「子嘗稱揚雄書，豈能傳於後世乎？」譚曰：「必傳，顧君與譚不及見也。凡人賤近而貴遠，親見揚子雲，祿位容貌不能動人，故輕其書。今揚子之書，文義至深，而論不詭於聖人，若使遭遇時君，更閱賢智為所稱善，則必度越諸子矣。」諸儒或譏雄非聖人而作經，猶春秋吳楚之君僭號稱王，蓋誅絕之罪也。自雄之沒，至今四十餘年，其《法言》大行，而《玄》終不顯，然篇籍俱存。以上皆班語，詳《傳》首言「雄少好學，不為章句，訓詁通而已，博覽無所不

見，默而好深沉之思，非聖哲之書不好也。」又曰：「用心於內，不求於外」，觀此則揚之學，豈尋常文墨士哉？至《傳》末之辭乃如此，則其學亦未足取重當時矣。予昔嘗觀《太玄經》，雖曰準《易》，何敢望《易》？象山先生謂其乖錯陰陽，必有所見，而云子雲之揚從手不從木，今《漢書》或作木易，非是。近世建昌守有揚其姓、瑱其名者，居婺州，其姓從手易，豈蜀揚後裔歟？又文章家多用載酒問奇字，不知載酒自一事，問字自一事也，合而用之，誤矣。（按：僧一行讀《太玄經》，撰《大衍玄圖》及《義訣》一卷，則《太玄》未可輕議也。）

胡一桂

《周易啟蒙翼傳·外篇》：《太玄經》者，新莽大會揚雄之所作，以擬《易》者也，其畫四，以方、州、部、家為次，自上而下，最上一畫為方（一長畫為一方，二短畫為二方，三短畫為三方，州、部、家皆然），第二畫為州，第三畫為部，最下第四畫為家。每四畫為一首，一玄生三方，三方生九州，九州生二十七部，二十七部生八十一家，而成八十一首。首各有名，以擬《易》六十四卦。每首雖四畫，而贊則有九，以初一、次二、次三、次四、次五、次六、次七、次八、上九為次，而分水、火、木、金、土，一、六水，二七火，三、八木，四、九金，五土。每首九贊，八十一首共七百二十九贊。末一首上九後，獨增踦、嬴二贊，以擬《易》之三百八十四爻。首之下各有辭，贊亦各有辭（宋政和七年許良肱上《太玄》，每首之下又增首測一卷以擬大《象》，今分附逐首之下），贊下又各有測辭，以擬爻之小《象》。又有《玄文》，以擬《文言》，有《玄攡》、《玄瑩》、《玄掜》、《玄圖》、《玄告》，以擬《繫辭》。有《玄數》、《玄衝》、《玄錯》，以擬《說》、《序》、《雜》。八十一首分天、地、人，三玄七百二十九贊，又加踦、嬴，分晝夜日星節候，以直一歲三百六十五日二百三十五分，以擬卦氣。又有揲法，筮首贊以斷事之吉凶。其學不傳，世罕有其書，予得之友人查顏叔，抄首末數首贊及日星候揲法等於左，以見一書之大概，若其是非得失之論，又具載於後云。

又曰：司馬溫公《讀玄》云：「《易》有《彖》，《玄》有《首》，論一首之義。《易》有爻，《玄》有贊。《易》有《象》，《玄》有測以解贊。《易》有《文言》，《玄》有《文》，解五德並《中》首九贊。《易》有《繫辭》，《玄》有《攡》《瑩》《掜》《圖》《告》五者，推贊《太玄》。《易》有《說卦》，《玄》有《數》，論九贊所象。《易》有《序卦》，《玄》有《衝》，序八十一首，陰陽相對解之。

《易》有《雜卦》，《玄》有《錯》，雜八十一首說之」是也。又案：宋政和問許良肱進表云：（政和七年撫州草澤臣許良肱）謹錄《太玄》經解十卷（八十一首分為七卷，《衝》《錯》《攡》《瑩》為第八卷，《數》第九卷，《掜》《圖》《告》為第十卷）並序一首（不見有《太玄》序，恐即中首內《首序》、《贊序》是也），兼撰到《首》、《測》一卷，猶《易》大《象》，載諸八十一首辭之末，隨表上進。觀此則《太玄》首序贊序，本只自為一序，許氏首測亦只自為一卷，今皆附入首辭之下。又《玄掜》下有曰「玄之贊辭」云云，又曰「故《首》者天之性也，《衝》對其正也，《錯》絣也，《測》所以知其情也，《攡》張之，《瑩》明之，《數》為品式，《文》為藻飾，《掜》擬也，《圖》象也，《告》其所由往也」，所謂文非中首內玄文乎？所謂測非贊下之測乎？測與文，本只列於《衝》《錯》之下，今皆附入於首贊之下矣。此後人欲便觀覽，隨類分附，非復許氏表進之舊明矣。嗚呼！鄭玄、王弼亂《易》經於前，茲非其所謂尤而效之者乎？可為之三歎。

又曰：《太玄》以八十一首繫之於方、州、部、家四畫之下，於象與義初無所取，特不過以四畫分之，有八十一樣，藉以識八十一首之名。又有七百二十九贊，散之於八十一首之下，每首九贊，皆是初一、次二、次三、次四、次五、次六、次七、次八、上九，首首一樣，更無分別，而七百二十九贊亦與八十一首象與義皆無相關。以八十一首名強附於四畫之下，以七百二十九贊又強附於八十一首之下。然以中之初一作冬至第一日，積起至養之上九，而一歲節氣三百六十四日半一周，又加踦、贏二贊以足日之餘分而起閏。又自冬至一日繫之以牽牛星之第一度，日一日纏星一度，至三百六十四日半，而斗星二十五度半，亦周。又以踦、贏二贊，繫斗星餘度，而一歲周天之日與星湊合恰好。《太玄》之要法，全在於此。而老泉又甚議其增二贊之非，且曰：「始於中之一，訖於養之九，闕焉而未見者，四分日之三爾，以一百八分而為日，以一分而加之一首之外，盡八十一首而四分日之三可以見矣。」又曰：「《玄》四日以為首，而以四百八十七分求合乎二十八宿之度，加分而數定，去踦贏而道勝，吾無憾焉爾。」

吳澄

《吳文正集》卷一《太玄敘錄》：揚子雲擬《易》以作《太玄》，《易》自一而二，二而四，四而八，八而十六，十六而三十二，三十二而六十四。《太玄》則自一而三，三而九，九而二十七，二十七而八十一。《易》之數乃天地

造化之自然，一豪知力無所與於其間也。異世而同符，惟邵子《皇極經世》一書而已，至若焦延壽《易林》、魏伯陽《參同契》之屬，雖流而入於伎術，尚不能外乎《易》之為數。子雲《太玄》，名為擬《易》而實則非《易》矣。其起數之法，既非天地之正，又強求合於曆之日，每首九贊，二贊當一晝夜，合八十一首之贊，凡七百二十九，僅足以當三百六十四日有半，外增一踦贊以當半日，又立一贏贊以當四分日之一。吁！亦勞且拙矣。子雲此書，未能見重於當時，後世雖有好者，亦未可謂大行也。宋大儒司馬公愛之甚，嘗有《集注》，晚作《潛虛》以擬之，以邵子範圍天地之學，卓絕古今之識，而亦稱其書，要之惟朱子所論可以為萬世之折衷。本經八十一首，分天玄、地玄、人玄三篇，蓋擬《易》之上下經，經後十一篇，則擬夫子之十翼，而為《太玄》之傳。晉范望始依《周易》象傳、象傳附經例，升首辭於經贊之前，散測辭於各贊之下，《首》、《測》兩篇之總序，無從而附，則合為一，以置經端。其牽綴割裂，無復成文，殆有甚于《易》經者。《易》經有晁氏、呂氏定從古本，而朱子因之，故今於此書，亦俾復舊，而第其目如右。兼以讀經者病其揲法不明，驟觀未易通曉，復為之別白其辭，以著於後。雖非願為後世之揚子雲，亦欲使後之學者知前人之作不可以己意妄有易置。按《法言》序篇，監本共為一篇，繼十三篇之末，今本亦如《書》之小序，各冠篇首，並為考正，於子雲之書，蓋不無小補云。

卷二十《太玄準易圖序》：夫《玄》之于《易》，猶地之於天也。天主太極而總元氣，元氣轉而為三統，在《玄》則謂之三玄。三玄轉而為九州，九州轉而為二十七部，二十七部轉而為八十一首。首有九贊，贊分晝夜，而剛柔之用見矣。故《玄》之贊七百二十九而有奇，以應三百六旬有六日之度，蓋本出乎元氣而作者也。太極生兩儀，兩儀生四象，四象生八卦，八卦因而重之，為六十四，故《易》有乾、坎、艮、震、巽、離、坤、兌八卦，以司八節，又以坎、離、震、兌四正之卦二十四爻，以司二十四氣，以復、臨、泰、大壯、夬、乾、過、遯、否、觀、剝、坤十有二卦，以司七十二候節也。氣也候也，既各有統矣，然周天之度，未見其所司也。於是又去四正之卦分，取六十卦衍而伸之，為三百六十爻，各司其日，則周天三百六十度，而寒暑進退之道，陰陽之運備矣，蓋本乎太極而作者也。由是觀之，則天地各有生成之數，而相為表裏之用。故天數西行上承而左轉者，在地之元氣也，地數東行下順而右運者，在天之太極也。太極運三辰五星於上，元氣轉三統五行於下，此所謂成變化而行鬼神者

也。所謂《玄》之于《易》，猶地之於天者，如斯而已，準而作之，不亦宜乎？若夫分天度，列次舍，序氣候，明卦爻，冠首贊，位列八重，先以夜贊布諸外，然後畫贊首位爻象候卦氣宮分度數次諸內，復會於辰極，而《玄》、《易》顯仁藏用之道，循乎數者可見矣。是故始於上元甲子天正朔旦，日躔牛宿之初，後四千六百一十七年，復會於太初之上元者，《玄》之贊也。自上元甲寅青龍之首，氣起未濟之九四，後三萬一千九百二十年，復會於太極之上元者，《易》之爻也。原始要終，究其所窮，則體用雖殊，其歸一而已矣。

《永樂大典》卷四九二三《論太玄》：《太玄》之作，楊氏自以為擬《易》，《易》以奇偶之畫象陰陽，《玄》一、二、三之畫象天、地、人。《易》之畫自下而上，六畫成卦者，數以二起而倍其法，故二而四，四而八，八而十六，十六而三十二，三十二而六十四。《太玄》之畫自上而下，四畫成首者，數以三起，而三其法，故三而九，九而二十七，二十七而八十一，起數之元，蓋取律法，故與《史記》律書生鐘之數合。至若以八十一首配六十四卦，而其次序則依卦氣，卦氣者，漢世伎術家所傳，僅有十二辟卦，不出本月，義猶可通，其餘五十二卦紛亂無紀，當時京房輩皆信用之。子雲號通儒，然且染溺時習，而不覺其非，今不復論，亦不足論也。

袁桷

《清容居士集》卷四十二：問：「《易》有辭象變占，《太玄》以方、州、部、家擬辭象變占，其《太玄》方、州、部、家九首之說傳諸世者，請喻其所長？」答：「《太玄》以蓋天之法為之，方、州、部、家在上，此地承天之說也。起于牛宿，隨天而左行也。方、州、部、家者，以玄而生三方，方為三州，州為三部，部為三家。其所謂八十一者，則棄其方、州、部而言之也。先儒多以辭象變占擬《玄》之方、州、部、家，僕獨以為非《易》成六十四卦之後，一卦之內必有辭焉，有象焉，有變焉，有占焉，是四者缺一不可也。揚氏之《玄》，既棄其方、州、部，而獨取家而為八十一，復取八十一而為七百二十九以贊，是方、州、部者緣三以起於家，若無預者焉。先儒嘗言《太玄》與《卦氣圖》偶合，邵子亦言《易》之卦始於乾，而終於未濟，《玄》之首始於中而終於養，中者法於中孚，養者法於頤，此始終之異。自邵子、溫公、荊公尊《玄》之後，如三蘇譏《玄》之說，遂棄不道。然其中十有七卦，分而為二，義殊不可曉。所謂《卦氣圖》，公辟侯大夫卿之定卦，亦不能通，執事其詳思之。」

王惲

《秋澗集》卷六十六《二十四大儒贊》序：堯、舜之道，得孔子而後明，六經之旨，俟諸子而後發，逮秦火燔蕩，先王之跡，一向熄滅，而天理之在人心者，何嘗有一息之間斷哉？漢興，諸儒挺出，如董生、劉向、孔安國、毛萇、楊雄，號稱鴻碩，斯皆摘奎之光，發輝孔壁，探聖之幾，取訂口傳，致興學立官，文風彬彬，可謂盛矣。然六經之旨，有師授而無傳著，東漢已來，師說並行，馬、鄭、賈、何、服虔、王肅之流，網羅眾說，正誤刊繁，流藻箋注，復使聖道粲然，如大明當空，蔑不耿昭，以之斷國論，建民極，有不可斯須離者。至唐踵七代之衰，理雜文弊，道統益微，及韓愈氏出，以道濟自任，堤障末流，廓清義路，蓋皇皇如也。故大儒位置，終之以昌黎伯者，良以此歟？

《楊雄贊》：有漢鴻儒，述作之賢。體《易》之妙，衍夫《太玄》。映聖之心，繼成《法言》。大醇小疵，其然豈然。惟寂惟寞，天祿之閣。出處兩間，其何以作。

柳貫

《待制集》卷一《小至日獨坐誦太玄首序有感而賦》：泰始十八策，積終用踦贏。日星相緯經，律曆乃施行。群餘容養受，盛氣自中萌。君子乘其運，進退無營營。微陽力雖少，得與重陰爭。我時掩關坐，休復觀此生。巔靈尚思反，闕傳以全明。《文》《捉》安用哉，自然元道成。

吳師道

《禮部集》卷十《讀太玄經》：聖人之作《易》也，果有心乎哉？法象著形，龍馬獻圖，假手於羲皇，一而二，二而四，四而八，又三重而六十四，猶木之有幹，幹之有枝，秩然而成，整然而序，縱橫上下，錯綜參伍，無往弗合，殆若極天下之至巧者。而史遷謂伏羲至淳厚，畫八卦，蓋自然而然，巧者固無庸其間，雖以文王、周公、孔子為之爻、象、彖、《繫》，不過因理以明數，即卦而示道，而其為道也變動屢遷，不為典要，三百八十四爻，不三百八十四用而止，故天地鬼神之秘，萬事萬物之理，包攝而無外，貫通而無遺，觸之而值，象之而合，筮之而靈，天下之人神之，而莫知其故，信夫天之為之，而非聖人心思智慮之所為也，千載而下，豈有加哉？揚雄作《太玄》，以一生三，三生九，極於八十一，其策揲以三，虛三用三十三，此其法大與《易》異者也。《易》有《彖》，《玄》有《首》，《易》有《爻》，《玄》有贊，《易》有《象》，《玄》

有《測》，《易》有《文言》，《玄》有《文》，《易》有《繫辭》，玄有《攡》、《瑩》、《掜》、《圖》、《告》，《易》有《說卦》、《序卦》、《雜卦》，《玄》有《數》有《衝》有《錯》，此又同其義例而異名者也。且《玄》以準《易》，實將模放擬議，自比于聖人，漢儒以譏其非聖人而作經，後之為之辭者曰：《玄》所以贊《易》，其大異于《易》者如是，不識何以為贊也？蓋雄深沉好思，嘗覃思渾天，三摹而四分之，本有見於曆爾，因曆作玄，而巧求其合，其思幽苦，故其詞艱深。《易》以天，《玄》以人，《易》以無心，《玄》以有心，孰謂《玄》足準《易》哉？故其紀日不及月，無救望晦朔，以冬至為天元，三月地元，七月人元，而夏至反在地元之中，陰陽之為氣也，二歲之為物也，方以三數乘之，則皆不可得。四分而加一，率四歲而加一日，則千載之後，大冬為大夏。且筮用三經，夕筮用三緯，日中、夜中用二經一緯，吉凶不在其逢，而在其時，日中、夜中夕筮無大休咎，而旦筮者不大休則大咎。數者昔人嘗論之，是皆不得乎自然，而強出於心思智慮之為，毋怪乎支離舛謬之至此也。或曰：折蓍毀瓦，可知吉凶。《易》道無往弗存，況《玄》十餘萬言，「高者出蒼天，深者入黃泉」，其言奧頤，悉寓至理，詎無謂耶？曰：折蓍毀瓦，將以求卦也。卦者無心之具，故假之無心之物求之，而後吉凶之理得。今《玄》也出於有心之為，殆猶設不平之權衡，而稱物之輕重，烏可信已？昔者雄自謂後世復有揚子雲，則知好玄君子立法為其當為而已，《玄》之書，今猶昧昧也，吾誠惜其人而非天，將自附於《易》而逾遠，卒勞而無所用。之後之才智出雄下，而好為穿鑿附會以求《易》者，可不戒哉！

王申子

《大易輯說》卷二：問：「揚子雲《太玄》準《易》如何？」曰：「《太玄》取數以一加二為三，為三方，三三而九，為九州，三九而二十七，為二十七部，九九而八十一，為八十一家，純乎取洛書數而用奇。其所謂準《易》者，《玄》之家準《易》之卦，《玄》之首準《易》之彖，故八十一家有八十一首。《玄》之贊準《易》之爻，故有七百二十九贊。《玄》之贊有測，準《易》爻之小象。《玄》之《文》，準《易》之《文言》。《玄》之《攡》、《瑩》、《掜》、《圖》、《告》，準《易》之上《繫》、下《繫》。《玄》之《數》，以論九贊所象，準《易》之《說卦》。《玄》有《衝》，以序八十一首陰陽之相對，準《易》之《序卦》。《玄》有《錯》，以錯雜八十一首而說之，準《易》之《雜卦》，自《首》以下為十一篇，然以愚觀之，名曰準《易》而大不同者。《易》之象所以斷，是卦之全體。

而《玄》之首四重方、州、部、家，而贊則不以四重為贊。《易》之爻所以乘六虛之時，用宜與不宜，當與不當。《玄》則初一、次二、次三、次四、次五、次六、次七、次八、次九而無位，且無剛柔上下遠近之分，則何以辨其時用宜不宜、當不當邪？《易》《文言》惟乾、坤有之，睟，《玄》之乾也，而《玄》之《文》不加之睟而加之中，中者《玄》之中孚也，其意專主交成，卦氣以中孚為陽，貞建子之月，起於中孚，故獨加以《文》而詳說之也。是以司馬君實《潛虛》擬《太玄》專以氣候說《易》。」

問：「《易》、《太玄》、《潛虛》取數。」曰：「《易》兼取《河圖》《洛書》之數，故奇耦停當，體用兼備，其數無欠亦無餘。《太玄》純取《洛書》之數，一六、二七、三八、四九、五五而無十，自一至九，亦無十，故欠而增踦、嬴二贊。《潛虛》純取《河圖》之數，而用十為五，十五行故餘而退。元、齊、餘三者，元始也，齊中也，餘終也，退此三者而無變。愚故曰《太玄》、《潛虛》各得《易》之一偏者此也。」

問：「《易》、《太玄》、《潛虛》揲蓍。」曰：「《易》之揲蓍也以天地真元之數，一、二、三、四、五，小衍之為十五，大衍之為五十，故四營之以求老少陰陽之策。其五十之中，又虛其一者，天地之數皆生於一，一，太極也，是所虛之一，在七七四十九策之外。是數也，皆倚天地圓奇方耦而用之，故能成變化而行鬼神。《太玄》之數，則起於三而終於九，九者三其三也，故《玄》之著用六，六者兩其三也，六而六之，故《玄》用三十六策而揲，以數起於三，故又虛其三而用三十三，而揲是所虛之三，乃在六六三十六之內，與《易》異矣。以三搜之，至三而止，得七為一，得八為二，得九為三，是再合餘而以三搜之也。故有旦筮、晝筮、夜筮之不同，奇奇而欠故也。《潛虛》之數起於十，十者兩其五也，故《潛虛》之著用五，五而五之，合用二十五策而揲，乃三倍而用七十五策，以其起於五，故虛五而用七十策，是於五行數內各虛其一也。揲之以十，謂可以得名，而未可以得變，故再揲以七，耦耦而餘故也。」

問：「《易》、《太玄》、《潛虛》反對。」曰：「《易》之先天八卦，後天重為六十四卦以反對，反《易》觀之，止三十六卦，三十六乃自一至八之積也。《太玄》以一加二成三，為三方，三三而九，為九州，三九而二十七，為二十七部，九九而八十一，為八十一家，其不易者九，中、增、爭、毅、迎、度、唫、晉、勤。其反《易》者七十二，合而觀之，止四十五家。四十五，乃自一至九之積

也。《潛虛》以十，十而十之，其行當一百，乃退而用五十五行，是專用《河圖》五行之數，故《潛虛》數有正有屈，五十五，亦自一至十之積也。」

問：「《太玄》、《潛虛》直日之說。」曰：「愚嘗謂《太玄》準《易》，《潛虛》擬《玄》，得《易》之餘，而不見《易》道之大，謂此類也，何也？《易》以乾坤二篇之策三百有六十，當周天之度，以歸餘象閏，正其贏縮，以見易道之變化，即天道之流行，初不以是擬其度而推測之也。後之說者，有以一卦直六日七分，而坎、離、震、兌四正卦各守其方。至《太玄》則直以一首管九贊，每一首直四日半，以二贊管八策當一日，以二萬六千二百四十四策當三百六十四日半，又設踦、贏二贊，踦贊當一日四之二，贏贊當一日四之一，以當周天三百六十五度四分度之一，而無贏縮。至《潛虛》擬《玄》，則遂以冬至之氣起於元，轉而周天三百六十四變，一變主一日，乃授於餘而終之，以一行當七日，元齊當半，餘當餘分，以合周天之度，是四聖人之《易》，止為曆數之書耳。」

九、明

宋濂

《文憲集》卷二十七《揚子法言》：凡十三篇，篇各有序，通錄在卷後。景佑初，宋咸引之，以冠篇首，或謂始於唐仲友，非也。自秦焚書之後，孔子之學不絕如線，雄獨起而昌之，故韓愈以其與孟、荀並稱。而司馬光好揚雄學，且謂孟子好《詩》《書》，荀子好禮，揚子好《易》，孟文直而顯，荀文富而麗，揚文簡而奧，惟簡而奧，故難知，其與雄者至矣。是《法言》者為擬《論語》而作，《論語》出於群弟子之所記，豈孔子自為哉？雄擬之僭矣。至其甚者，又撰《太玄》以擬《易》，所謂《首》、《衝》、《錯》、《測》、《攡》、《瑩》、《數》、《文》、《捣》、《圖》、《告》之類，皆足以使人怪駭，由其自得者少，故言辭愈似而愈不似也。嗚呼！雄不足責也，光以一代偉人，乃膠固雄學，復述《潛虛》以擬《玄》，抑又何說哉？余因為之長歎。雄之事，經考亭朱子論定者，則未遑及也。

葉子奇

《太玄本旨·序》：楊子作《太玄》以擬《易》，《易》之用二，而《玄》之用三。用二故二其二以為四，二其四以為八，二其八以為十六，二其十六以為三十二，二其三十二以為六十四也。用三故三其三以為九，三其九以為二十

七，三其二十七以為八十一也。《易》凡六重之，故其爻六，《玄》凡四重之，故其位四。《易》畫則自下而上，自前而後，以乾一、兌二、離三、震四、巽五、坎六、艮七、坤八八卦，一貞八悔而互重之，故其究為六十四卦。《玄》畫則自上而下，自內而外，以一方一州、一方二州、一方三州、二方一州、二方二州、二方三州、三方一州、三方二州、三方三州九首，三部三家而互重之，故其究為八十一首。此《易》、《玄》取用不同之效也。《易》立天、地、人之道曰陰陽、剛柔、仁義，故其畫不過於一奇一偶之兩端。《玄》立天、地、人之道曰始、中、終、思、福、禍、下、中、上，故其畫遂有——（一方一州一部一家）、——（二方二州二部二家）、——（三方三州三部三家）之三體。蓋《易》以兩之，《玄》以參之也。《易》自復至乾為陽，自姤至坤為陰，此二至陰始陽生之機也。《玄》自中至法為陽，自應至養為陰，此亦二至陰始陽生之候也。復之初九、姤之初六，當二至晝夜子午之半。中之次六、應之次六，亦當二至晝夜子午之半，此則《易》之與《玄》應天之運也。《易》則一正一反對待而為序，《玄》則跌陰跌陽交錯而分家。《易》則爻多而卦少，由其畫止偶，《玄》則位少而首多，由其畫至三。至於溯流而窮源，自象而推理，則《易》有太極，《玄》則有玄也，是則用雖不同，而所同者體，數雖不同，而所同者理也，此則《易》之與《玄》可以類推而通者也。雖然，《易》之儀象卦數，佈置錯綜，與天地造化無不合，由其理出於自然，此所以為聖人之學。《玄》之方、州、部、家，分綴附會，求律曆節候而強其合，由其智出於臆見，此所以為賢人之術。《易》之立象命名，莫不有義，如乾之六陽，健莫如也，故以名乾。坤之六陰，順莫如也，故以名坤。天地交而為泰，天地隔而為否，一陽來而為復，一陰生而為姤，五陽決一陰而為夬，五陰剝一陽而為剝，以至六十四卦莫不皆然。我不知《玄》之為中、為周、為礥、為閑以至八十一首，其於四畫之位果何所見以取象命名乎？此求而未通者一也。夫卦與首既不同，爻與位亦有異，徒擬中於中孚，擬周為復，擬礥、閑為屯，吾不知何中之虛、何陽之復、何剛柔始交而難生，初無其義，此求而未通者二也。夫《易》爻以立卦，辭以明爻，故爻有六而辭亦六，今《玄》畫有四，而贊辭反九，是上無所明，下無所屬，首自首而贊自贊，本末二致，此求而未通者三也。《易》畫自下而上，故爻辭亦自下而上，《玄》畫自上而下，而贊辭乃自下而上，上下背馳，此求而未通者四也。《易》名陽爻以九，陰爻以六，今《玄》雖列九贊，但以次言之，初無指名，此求而未通者五也。《易》之爻位吉凶，推之以才德時象

之變，錯之以中正剛柔之位，故可吉可凶，其法變動而不拘，今《玄》例以陽家一、三、五、七、九為晝，措辭吉，二、四、六、八為夜，措辭凶，陰家二、四、六、八為晝，措辭吉，一、三、五、七、九為夜，措辭凶，自始至終，一定不移，其法膠固而無變，此求而未通者六也。聖人之于《易》，雖未嘗不致其扶陽抑陰之義，然陰陽者造化之本，不可相無，聖人于其不可相無者，則以健順仁義之屬明之，雖其消息之際有淑慝之分，固未始以陽全吉而陰全凶也。今《玄》例以晝吉夜凶，陰禍陽福，恐亦未足以盡聖人之微旨，此求而未通者七也。聖人仰觀俯察，見天地之間不過陰陽兩端而已，因畫一奇以象陽，畫一耦以象陰，奇耦之上，復加一陰一陽，馴而至於六十四卦三百八十四爻，其於歲數雖不求其盡合，而自無不合。今《玄》首畫既不同，別立九贊，以兩贊當一日，凡七百二十九贊當一歲三百六十四日半，外立踦、贏二贊以當氣盈朔虛，雖於歲數盡合，蓋亦模仿於曆以附會焉，初未見其必然，恐彌綸天地之經，殆不如此，此求而未通者八也。故朱子曰：「《太玄》亦是拙底工夫」，豈不以此乎？雖然，不究六經之旨，無以見諸子之缺，不觀諸子之缺，無以見六經之全。如《玄》也，劉歆見謂「覆瓿」，則已甚之毀，桓譚比之聖人，則過情之譽。要之，雄蓋學聖人之作而未至者也，求之兩漢，又豈多得哉！蓋亦自成其一家之學也。今觀宋、陸舊注，尚多舛失，輒不揆而為之解，雖膚見諛聞，不足以窮《玄》之蘊奧，然于文義之近，亦或庶幾焉。然而雄也擬《易》于《玄》，有以傳其學。愚也索《玄》之旨，未免缺其疑，雖其固陋，不能有以知《玄》，然亦不可謂後世無楊子雲也。今疏其所疑於卷首，尚俟來哲以折衷云。

楊砥

清谷應泰《明史紀事本末》卷十四：洪武二十九年春三月壬申，詔文廟從祀罷揚雄，進董仲舒，從行人司副楊砥言也。卷五十一：洪武二十九年，行人司副楊砥請黜揚雄，進董仲舒，高皇帝納其言行之。然荀況、揚雄實相伯仲，而況以性為惡，以禮為偽，以子思、孟子為亂天下，宜並況黜之，其尚可議者則隋之王通、宋之胡瑗也。通為僭經，而瑗亦少論著，程子曰：「王通，隱德君子也」，其粹處殆非荀、楊所及。

周瑛

《翠渠摘稿》卷三《揚子雲書院記》：揚子雲，鄭夾漈《通志》謂蜀成都人，班固《漢書》謂郫人。按：子雲《自序》謂其先出周伯僑氏，食采于晉

河汾，號楊侯，晉六卿爭權逼之，乃去晉逃楚，家於巫山，既而遡江處巴，繼又遡江處岷山之陽，曰郫。則子雲固郫人，而成都縣中有洗墨池，意其讀書僑寓之所也。子雲仕漢，當成、哀、平間，官不過為郎，其學師承，未有所考。或謂參摹四方渾天之事，得諸嚴君平，未知是否。其所著書有《太玄》、《法言》、《訓纂》、《州箴》、《解嘲》及有《反騷》、《廣騷》、《畔牢愁》、《甘泉》、《河東》、《校獵》、《長楊》等賦，子雲沒後，《法言》盛行於漢，其《太玄》，至宋司馬公始為之注，外此未有好之者。皇明繼宋而興，以儒術治天下，其教學者，以《易》、《書》、《詩》、《春秋》、《禮》、樂為宗，以《語》、《孟》、《庸》、《學》為要，以濂、洛、關、閩諸論說為羽翼，若《太玄經》等，皆不列於學官，故揚氏之學益微。子雲于西土，豪傑之士也，漢武帝好辭賦，司馬相如輩，挾其所業以進，大見寵幸，子雲初雖有所慕羡，終覺其非是，乃退而自守，寂寞清靜，留心《太玄》，以成一家學，可謂高出等夷矣。惜其擇義不精，失身所事，《綱目》以為貶，君子雖重加愛護，而終不能掩其失也。予每見韓昌黎氏以孟軻、楊雄、荀卿並稱，間又曰孟氏醇乎醇，荀與楊大醇而小疵，則楊氏之學當在孟氏下，與荀氏並駕。至於司馬相如輩，則非所論也。子雲沒千餘載，郫人張伯明氏為作書院於郫，書院前為堂，堂左右為夾室，夾室之南為廡，廡南為門，堂之北為樓，樓制高亢弘敞，每開軒四望，則岷嶓諸山，左右環繞，而汶江前水交流其中。而子雲所著《益州箴》，歷歷可考。既又多購書庋置樓上，將使其族與其鄉子弟講習讀誦，遡子雲舊緒，仄諸醇而益大之，其用心良厚矣。張氏在郫為族最蕃，先自河南徙郫，至伯明委身蜀王府，為承奉正，王以其忠誠呼曰宋景，故又別稱宋景平。日樂為義，事雖費鉅萬，無靳惜意，如宋潛溪謫死於蜀，乃以其所營壽，藏處潛溪。秦李冰鑿離迹，引江水內注，其經於郫，雖資灌溉，未免病涉，乃伐石為梁，極其壯麗，行者稱便。至是復作子雲書院，其表章先賢之心，勸率後學之意，至矣。予在蜀時，嘗識伯明，及奔母喪東歸，伯明遣人來索記，因述予所見，並為之書。

周琦

《東溪日談錄》卷十二《揚子書》：天地間無物無理，亦無物無，數其理與數，何嘗外乎陰陽？若羲、文、周、孔以及周、張、程、朱，皆能發理之秘，而數亦無不該。後世揚子雲之《太玄》、邵堯夫之《皇極經世》、蔡季通之《律呂新書》、蔡仲默之《洪範皇極》，皆祖伏羲之先天、文王之後天，以發乎數之

秘，亦理無不該，而天下之事物兆焉。《太玄》則一而三，三而九，九而二十七，二十七而八十一。《洪範皇極》則一而三，三而九，九復九而八十一。《太玄》、《洪範》各以九極其法，加三倍也。《易》則自一而二，二而四，四而八，八復八而六十四，其法則為加一倍焉。《太玄》、《洪範》皆擬《易》而作，觀此可見天地間無物無數，無數無理，隨起而隨合也。

孫承恩

《文簡集》卷四十一《揚子雲像贊》：揚子好學，研精覃思，《法言》僻澀，《太玄》深奇，著述良勤，擬聖則繆。《美新》何為，名節斯疚。

楊慎

《丹鉛餘錄》卷十七：阮子《正部》云：《淮南》浮偽而多恢，《太玄》幽虛而少效，《法言》雜錯而無主，《新書》繁文而鮮用，亦確論也。

張岳

《小山類稿》卷十一《太玄集注序》：揚子《太玄》，自司馬氏注出，而諸家之說盡廢，然《玄》好者故少，今之學者豈惟不好，縱有好精力，亦無暇及，故歲久而訛脫愈甚。余始得是書，愛其文字奇古，又愛司馬氏以其所自得之義理說《玄》明暢詳盡，因並讀之。患無善本可以讎校，丙戌冬，使過廣信郡，守張侯景周方圖刻《玄》，乃出余本與張本參校之，得其訛謬可正者數處，而闕其疑。敘曰：子雲之為是書，將以擬《易》也。夫《易》於天地萬物之理賾矣，豈待別有一書與之並行而能有所發明哉？自先天之學不傳，吾夫子贊《易》，僅存其辭於《大傳》中，而世之為丁、何、焦、京學者，方蔽於傳注，拘於術數，莫有能察其所由然者也。子雲博極群籍，又好深湛之思，其於天地之運，陰陽二氣之往來，蓋見其機緘之不容已者。於是考之於律，則十二管相生之氣應，參之於曆，則四時分至之候驗，測之以乾象，則日月五緯之度合，獨反而求之於《易》，不得其說，乃以為四聖亦有未備，必待已而後明也。於是奮而為《玄》，其數肇於一，參於三，成於九，而極於八十一一者，陽之數也。積陽之極，輕清而運於上者為天，故八十一首以象周天之體。太陰五緯，俱麗乎天者也。遲留伏逆，參差不齊，惟日一日一度，無有餘欠。日法既定，則太陰五緯所纏之度，皆可考，故為七百二十九贊以象日行一歲周天之度。氣始於冬至，辰始於子，律始於黃鐘，宿度始於牽牛，而疏布其節候分秒於八十一首七百二十九贊之中，終始迭運而不窮，與先天氣運之序，真有相合者。而

不知《易》已有之，以為待已而後明，則是於《易》學之未深矣。或謂子雲善於模仿，是書仿《太初曆》及京房卦氣。夫《太初》，漢人本曆，自當用之。房之書，惟互換卦序分卦直日，及四正六爻各主一氣，為牽合無取，若其十二辟卦次第，雖羲、文未之易也，特房用之異爾。子雲《玄》首顓言陰陽消息，而深致意於盛衰勝負之際，至其贊辭所斷吉凶，又直以義理人事得失為言，不雜於占驗小數，此其意正與房反。自劉向父子號為精達陰陽，視子雲不知何如，而豈京氏之所敢擬哉？故余嘗謂：子雲是書，雖不得先天之數與象，而得其意，其他得失，先儒之論已備，學者擇焉可也。或曰：象數亦有二乎？曰：有理則有氣，有象則有數，盈天地間皆象也，因象起數，皆可顯造化之體，惟其所起有偏全，故其顯於是者，時有不神爾。譬之萬物，皆得造化之氣以生，而有正者、偏者、通者、塞者，謂偏且塞者造化之氣不在，是不可也。《易》之與《玄》，以是求之斯得之矣。

歸有光

《震川集·別集》卷三：問：「揚子雲《太玄》？」揚子雲《太玄》，惟弟子侯芭能知之，雖劉子駿、班孟堅，蓋莫能測也。然桓譚以為勝《老子》，張衡以擬五經，至范望之徒，皆以揚子雲為聖人，抑豈無見而云然耶？則吳楚僭王之譏，吾未知其果然否也？至司馬溫公，又謂「《玄》之書要以贊《易》，非別為書以與《易》抗衡也」。然則今之學者皆知讀《易》而不能信《玄》，則其所謂學《易》者，亦毋乃無所得耶？夫侯芭者，諸士子之鄉人也，故以《太玄》與諸士子論之。

王世貞

《讀書後》卷二《書揚雄傳後》：自孟子歿，而有荀卿氏，荀卿歿，三百餘年而有揚雄氏，中間若董仲舒之正，毛、伏以下之專於其經術，若有補焉，而未有立言，以維持道統者。揚雄氏始準《周易》而為《太玄》，準魯《論》而為《法言》，《法言》之所結撰，要在於尊周孔，辨術經治，一時已稱述之至。昌黎氏而尊，涑水氏而信，涑水氏之於孟子不能信，而獨信揚雄氏。揚雄氏之出處，其先亦未有訾之者，獨不能不有微恨於《劇秦美新》，而紫陽氏之著《通鑒綱目》，直書之曰「莽大夫揚雄死」，蓋舉市國之褚淵、歷姓之馮道所不加者而加之，於是雄之名遂涩人之齒頰，而其身毋所容於聖門之藩籬矣。及考其傳而推之，則事不必盡然，而情亦有大可原者。當雄之遊京師而給事黃門也，成

帝之世，與王莽、劉歆並，哀帝之初，復與董賢並，莽、賢皆至三公，負貴勢，所薦引立擢，而雄三世不徙官。及莽篡漢，劉歆輩皆用符命頌功德，而雄復不侯，以耆老久次轉大夫，則其不附王莽可知。然所以濡滯而不去者，以去則莽必恨之，恨之則必追而戮之，即不恨，必且召，而有龔勝之事。雄見夫莽雖奸，然自唐虞以後所創有，而未嘗稱干戈以剪劉氏之社稷，而身又不當扞圉之任，如是而死，孔門之所不載，而微、箕之懿戚，尚且受封于周，而謂之仁，是以浮沈待盡，以存五世一線之息耳。至於《劇秦美新》，故不見本傳，即有之，亦投閣之後，不得已，冀以瓦全。且所劇者秦耳，而不及漢。所美之新，美于秦耳，不美於漢也。不然，涑水氏能斥馮道，訕介甫，而獨雄是恕乎哉？紫陽氏之深意，吾固已知之，即文中子之賢，尚議其僭，攻其瑕，而宋之統，遂接孟子矣，何況區區一雄哉！

李贄

《疑耀》卷三：《太玄》、《潛虛》：《易》之為書，廣大精微，天地古今，萬物萬事，無一不備，無一不徹。揚雄之《太玄》，司馬光之《潛虛》，皆《易》之所已詳者也。夫《玄》與《虛》得無贅乎？噫！乳出酪，酪出酥，酥出醍醐，若雄、光輩之所作，是又從醍醐中覓酥，從酥中覓乳也。

章潢

《圖書編》卷八《揚雄太玄方州部家八十一首圖》：《玄圖》曰：「一玄都覆三方，方同九州，枝載庶部，分正群家。」此《圖》之後評曰：「《太玄》以八十一首繫之於方、部、州、家四畫之下，於象與義，初無所取，特不過以四畫分之，有八十一樣，藉以釋八十一首之名。又有七百二十九贊，散之於八十一首之下。每首九贊，皆是初一、次二、次三、次四、次五、次六、次七、次八、上九，首首一樣，更無分別。而七百二十九贊，亦與八十一首象與義皆無相關，以八十一首名，強附於四畫之下，以七百二十九贊又強附於八十一首之下。然以中之初一作冬至，第二日積起至養之上九，而一歲節氣三百六十四日半一周，又加踦、嬴二贊，以足日之餘分而起閏。又自冬至一日，繫之以牽牛之星第一度，日一日躔星一度，至三百六十四日半，而斗星二十五度半，亦周。又以踦、嬴二贊，繫斗星餘度，而一歲周天之日與星湊合恰好。《太玄》之要法，全在於此。其實自為曆法一書，亦自可傳，何必規規於《易》也？

熊過

　　《明文海》卷一百十二：熊過《揚雄》：《藝文志》載《劇秦美新論》，稱門下中郎大夫臣揚雄上云爾。按：《桓君山傳》稱譚數從揚雄辨疑異今，所著《新論》具在也，然云雄作《甘泉賦》一首始成，夢腸出，收而內之，明日遂卒，與史文不同。《漢書》永始四年正月，成帝幸甘泉宮，雄從幸，還，奏賦風之。李善《甘泉賦》注連引而增其文曰乃卒，然則《漢書》所載甘泉已後，訛舛實多，善豈非有證於論耶？子雲識古文奇字，而思深湛，《法言》、《太玄》淵奧奇澀，故其體裁辭氣，區別烏有，所謂同功異曲者乎？谷子雲最稱筆劄，兩子雲同時，谷稱後谷子雲者永也，豈大家續書採擷未精，誤谷為揚乎？初，雄被薦，待詔承明之庭，庭在未央宮，《霍光傳》：太后駕幸未央宮承明殿，罪狀昌邑王，則其必嚴重矣。按：《翼奉傳》連言前殿、曲台、漸台、溫室、承明，則承明當近前殿稍南。《解嘲》云：「登金馬，上玉堂」，按：《後漢‧輿服志》：蓋黃門東有所鑄苑馬勢，故曰金馬。雄時待詔承明，故得由金馬入宦者，黃門之直，上達玉堂。《翼奉傳》曰：奉待詔宦者，署雄之給事黃門，亦謂此也。晉灼以黃屋非人臣所居，因曰盧於門，失猶未遠。張晏以為直于石渠閣，不亦遠乎？石渠者，本南引滄水下流轉北為渠，閣在石渠之外，祗役趨命，勢相遼遠，若其校書，則石渠有蕭何圖籍在焉，假使石渠有直盧之便，乃舍之而校書於天祿閣，則於情理亦有可疑。天祿、石渠二閣，雖並在滄地水北，于滄地水益北，又別為明光、桂宮，中間不言天祿，又在明光、桂宮之北矣。人情地勢，不亦迂遠乎？然則雄不寓黃門，則不應直于石渠閣，又烏得遠直天祿而有投閣之事也？漢自惠帝，始居未央，非若高帝以前居長樂，故今就未央言之也，其從閣自殞，豈有生理？既云位侍郎，給事黃門，又何為官之拓落？不觀非聖之書，何為復作符命？前後自相詆誤。永始四年，王商秉政，初不與丁傅同時，課其生平，雄卒丙辰，未嘗得事哀帝，下至丁丑二十二年，莽乃篡漢，為莽大夫、校書、投閣者，果何人耶？雖然，誤與誣未可必也。嵇康傳高士，雄本與董仲舒同科，康恥事二姓者，而肯以莽大夫為高士乎？劉知幾曰：「《太玄》深奧，難以探賾，既絕窺踰，故致譏謗。」子雲獨悲《太玄》之不遇耳，假說托依，謗以厚誣，雄《法言》比莽于阿衡者皆是也。悲夫！楊廷秀有言：班固經術不如揚雄，則誣以阿莽。嗟夫！固豈必誣雄？固書所敍與典籍不合者，衡條上之，惜哉！衡所條者，不可見也。雄書衡尊以為經，其必不使雄受誣明也。惜哉！衡所條者不悉也。或曰：劉向何以校書天祿也？曰：不同也。

漢元帝北闕，上書奏事謁見之所，公車司馬在焉，漢以光祿大夫為中朝，而天祿在北趨，北闕為近，方為護左都水使者。光祿大夫，正中朝官，故可就天祿校書。雄本待詔承明，止應于蒼龍東閣出入，無緣卻轉而北。予嘗疑《漢書》之地，有二待詔金馬者，校石渠、列中朝者，乃校天祿，如此則子雲無殞身天祿之理，不有明驗乎？

唐伯元

《明儒學案》卷四十二：唐伯元云：「兩漢近三代，若董仲舒、揚雄、劉向、鄭玄、徐幹，皆其傑然者。」又云：「經，聖經也，惟聖解聖，惟經解經，羲之畫，文之彖，周公爻辭，孔子十翼是也。惟賢知聖，惟賢知經，子思之《大學》《中庸》、《孟子》之七篇、程伯淳之《語錄》，凡所引是也。解字者得少而失亦少，解意者得不償失，今之章句、大全是也。擬經者勞且僭，而無益于發明，《太玄》玄經是也。」

焦竑

《焦氏筆乘》卷二《揚子雲始末辯》：子雲古以比孟、荀，自宋人始訾議之，介甫、子固皆有辯。然其《劇秦美新》之作，未有以解也。近泰和胡正甫辯證甚悉，吠聲者當無所置喙矣。正甫之言曰：往予閱揚雄仕莽、投閣、《劇秦美新》，而《綱目》書「莽大夫」，怪雄以彼其才而媚莽，心竊鄙之。後見程叔子取其「美厥靈根」之語，愕曰：「雄乃有是語乎？」又韓退之、邵堯夫、司馬君實諸君子咸稱引其說，往往怵予心。已乃取《法言》讀之，其紬六經，翊孔、顏，義甚深。又嘗高餓顯，下祿隱，雖不躓屈原，而屢斥公孫弘之容，且曰：「如詘道信身，雖天下不可為也。」予則歎曰：「世之論雄，其然豈其然乎？」終無以決於心。最後讀《雄傳》，稱雄有大度，自守泊如，仕成帝、哀、平間，未言仕莽，獨其贊謂雄仕莽，作符命，投閣，年七十一，天鳳五年卒。予考雄至京見成帝，年四十餘矣，自成帝建始改元，至天鳳五年，計五十有二歲，以五十二合四十餘，已近百年，則與所謂年七十一者又相抵牾矣。又考雄至京，大司馬王音奇其文，而音薨永始初年，則雄來必在永始之前無疑。然則謂雄為延於莽年者，妄也。其云媚莽，妄可知矣。蓋予懷此久矣，今年春，按部郫縣，而雄郫人也，讀其邑志，得于鄉人簡公紹芳，辯證尤悉。簡引桓譚《新語》曰：「雄作《甘泉賦》一首，夢腸出，收而內之，明日遂卒。」而祠甘泉在永始四年，雄卒永始四年，去莽簒尚遠，而《劇秦美新》或出於谷子雲。以予校之，莽自平帝元始間始號安漢公，今《法言》稱漢公，且云漢興二百一十

載，爰自高帝至平帝末，蓋其數矣，而謂雄卒永始，亦未必然。計雄之終，或在平帝末，則其年正七十餘矣。因雄歷成、哀、平，故稱三世不徙官，若復仕莽，詎止三世哉？繇是知雄決無仕莽、投閣、美新之事。而簡公謂班孟堅早世，曹大家輩傳失其實，豈不然哉！當平帝末，莽已有都四海代漢室之形矣，而雄猶稱漢道，如日中天，力不能回莽，而假《法言》以諷切之，雄之意至矣。雄其媚莽者乎？諒乎叔子之言曰：「閣百尺，未必能投。」曰：「然則史不足信乎？」曰：「太史公記子貢、宰我，一以為遊說，一以為叛亂，是亦足信乎？而孔子主癰疽，百里奚自鬻身，在當時之言，比比也，何獨雄哉？」予悲守道君子蒙誣逮千載，故因簡公之言而畢其說。

郭子章

清雍正七年重修《四川通志》卷四十四《漢揚雄墓記》：予入郫，進諸生，問「揚子雲亭」，對曰：揚子故有亭，已改為書院，祀揚子其中，已復改為學宮，移揚子祀，鄉賢無復亭矣。問「揚子裔」，對曰：郫無復揚子者。予曰：揚子五世俱獨傳一子，宜不蕃。今海內亦鮮揚姓者，微獨郫也。問「揚子墓」。對曰：墓在邑西二十里，蕪穢不治，里中兒樵牧其上，行道嗟憐。予曰：是即非侯芭所名「玄塚」者，疑衣冠葬也，不宜盡銷滅。乃檄有司封之土，周遭樹以柏，下令禁樵牧。成都守耿子健暨郫令李某，題其墓石，予題之曰：「漢揚法玄先生之墓」，子健手書之，付郫令勒之石。郫人而後，乃今知死士蕈貴矣。夫「法」何也？《法言》也。夫「玄」何也？《太玄》也。揚子著書繁富，如《反騷》、《廣騷》、《畔牢愁》、《甘泉》、《羽獵》等篇，至老而悔之，獨《法》與《玄》其大者。蔡中郎題太丘曰「文範」，顏延之題元亮曰「靖節」，皆其大也。嗟乎！世之訾揚子者，訾其不死漢而臣莽。予師胡廬山先生為揚子辯未仕莽，累千言，顧亦未有確據。《美新》、《安漢》二篇，即揚子百喙無以自解。予謂《美新》不劇漢而劇秦，《法言》不曰「繼漢而曰安漢」，揚子之心，蓋亦有大不得已焉者。且古今國亡而死者，度不死無為也，其不死者，忍其死將有為也。殷亡矣，箕《範》未衍，箕子何以死？子糾亡矣，春秋未一匡，四稱八觀，諸書未就，管仲何以死？司馬遷辱矣，《史記》未竟，遷何以死？故曰：「死有重於泰山。」又惡知《法言》、《太玄》二書，不就於漢亡之後邪？又惡知揚子之不死不為是邪？予因題揚子墓而繫之「法玄」，明不死意也。嗟乎！李令伯噬漢為偽朝，予過彭山塚岳，岳若封譙周，勸後主降魏，而千年一丘，坐據充國之堂，又何於揚子過之深邪？而不一剪其松區也。

范淶

雍正七年重修《四川通志》卷四十二《新修揚子雲草玄堂記》：蜀自蠶叢立國，神明之冑，輒有鴻裁。今所傳《詩》四章，質雅道真，實寶惟德，厥訓遠矣。故代有發藻闡奇，如王子淵、司馬長卿以下，疇非藝林赤幟哉？要之，曾文龍虎，各以詞勝，於道真無與焉。維時揚子雲氏，深沉聖學，體撰契神，其《大人》、《長楊》諸賦，尚土苴一斑勿論，論其大者，為《法言》，又為《太玄經》，三摹九據，悉根于性命天道，泄羲、文、周、孔所未泄，即中原稷下群儒，瞠乎其後，猥云雕蟲能之乎？說者猶疵其擬《易》，殆淺之乎口耳窺也。甚至以仕莽相蒙、投閣美新，訛傳口實，舉天下之大不韙，身自為之，雖紫陽文公尚未暇呼譽其枉，矧瑣瑣者耶？不敏稽古證今，知子雲必不仕莽者，為說有五。古者擬人必於其倫，揚子比孟、荀，所從來久矣，孟子何如人？並駕推尊，則揚可知也。史稱郫縣大司空何君公，新繁大中大夫張公濡，中郎侯直孟，皆以不附莽見殺，此三君者，子雲之臭味也，先後同時，州縣同地，而時論以名流領袖，但推子雲仕莽之事，三君且不屑，謂子雲屑之乎？此以理而知之。《法言》品藻漢興以來將相名臣，獨不及莽，時莽已專漢政，伊周自哆，乃簡褭一卒，愛于千金，是何落落也？恝丁傅、董賢用事，托志於《解嘲》，知玄知默，惟寂惟滅，又屢斥公孫弘之容，而曰如詘道信身，雖天下不可為。夫既以咳唾為華袞，詎肯以出處為溝壑，且素羞比於嬖寵，又豈失身於篡朝？此以其言而知之。子雲始為郎，給事黃門，與莽、賢等相頡頏，夫夫者後皆為三公，權傾人主，所薦莫不拔擢，而子雲歷成、哀、平三世不徙官，姜桂之性，愈老愈烈，即反面事其所不屑，莽安肯信之？況莽篡逆時，諸文學以符命獲封爵者甚眾，即位之後，欲絕其原，以神前事，而豐子尋、歆子棻復有所獻，莽遂誅尋、棻，投諸四裔。子雲固同官於莽，而素不附莽者也，若先時乘其大逆而傾身以殉，則可驟貴，加封爵之榮，若後時復《美新》觸其厭諱，則莽必借之泄怒，以示天下，而有棻、尋之戮。兩者子雲無一焉，此以其行而知之。嘗讀子雲《本傳》，稱雄有大度，自守泊如，疊疊數千言，未言仕莽。讀《贊》謂其受莽官，作符命，投閣，年七十一，天鳳五年卒。考子雲赴京見成帝，年已四十餘矣，自成帝建始改元歲己丑，至莽篡位建國元年己巳，相去四十一年，建國至天鳳五年戊寅，又十年，則子雲近百歲，與七十一之數，何其抵牾也？即始建國元年遂仕莽，歲亦八十餘，子雲無耄耋壽，安能起白骨而肉之、仕之乎？再考桓譚《新語》：雄作《甘泉賦》一首，夢腸出，收而內之，明日遂卒。祠

甘泉在成帝永始四年戊申，去莽篡位遠，即未必卒於永始，斷亦不出於平帝末年，蓋其歲正與七十餘者合也。乃云媚莽受爵，不大謬乎？此以歷年圖而知之，前代名家為揚子忠臣者甚夥，其在蜀疑以桑梓，故姑不引，若陸公紀之《述玄》也，溯王邑、嚴尤、桓譚、張平子諸人所崇尚而繼之，曰：「雄受氣純和，韜真含道，建立《玄》經，雖周公繫大《易》，孔子修《春秋》，不能是過。考之古今，宜曰聖人。」司馬君實之《法言注》也，力辯揚子安恬，非求媚而思富貴，讚美伊周，諷莽北面。曾子固《答王深甫之論雄書》也，比於箕子之明夷，又擬於孔子之堅白，惜其於雄之事有所不通，且求其意而未明，辯事莽之非，殆抱遺憾，然尤有所互證者。「大醇小疵」，則稱於韓退之，《玄經》首則「美厥靈根」，雖程叔子，深有取焉。邵堯夫、王介甫，亦每尊信其說，而叔子又謂「閣百尺，未必能投」，介甫直以投閣為妄，皆可為斷案。近世胡正甫、焦弱侯、劉元丙，具有《始末辯》、《美新辯》，且曰：揚雄、谷永，並字子雲，《劇秦美新》，乃永文，非雄文。猶史載子我仕陳恒，孔子恥之，指為宰予，而不知闞止亦字子我也。敘贊之辭，傳失其實，蓋孟堅早世曹大家輩，別有所聞而附益之，不然孟堅述雄書，極歎子雲文誼至深，論不詭於聖人，若使遭遇時君，更閱賢智為所稱善，則必度越諸子矣，述事若此，《敘》贊若彼，不幾自矛盾乎？此又以漢、唐、宋諸儒之論，核而知之。然則子雲之謗，何以致此？世之憸壬立心慘毒者何限，盛名之下，借附滋多。夫人欲速其功者借伊尹，主孽幸為捷徑者借孔子，五威將軍班符命四十有八類，當時名高者所為，安知不忌子雲之軋己也，而借之以自文，且依稀懿爍，炳炳麟麟，襲其毫吻，噫險矣哉！不敏官豫章，嘗欲與友人著《古今平反錄》一書，首白子雲，而力未逮。歲丙申，承乏參蜀藩，詢子雲故里，在署武擔山南，復閱舊志，宋慶曆間何涉記墨池，有「準易堂」，繪子雲像，池心築台其上，有「解嘲亭」，宴會之所，有「吐鳳軒」，今皆失其處。獨街旁碑石一片，鑴「墨池」二大字，乃耿中丞子健曩守郡時立者，字出米元章筆，點畫風致，而墨池遺跡，混于賈區，蕪穢潢汙，寄足無地。因檄成都，施令所學，按籍求之。會左伯程公叔明已先下其議，施令遂商之華陽張令，旋共聞之郡守，協心力以應左伯。又請之蜀國主，樂捐池北店十一架，地縱十一丈有奇，橫二丈有奇，池左地縱丈同，橫得二之一。居民業近池畔願售者，給其值，亦得地十丈有奇。時觀察使沈公大參、董公學憲、王公巡憲、劉公少參、黃公闈司、徐公淡公、游擊劉公，各以薪鍰助。復有右伯劉公、觀察兼軍驛吳公，以公事旋助，亦如之。而一切經畫，悉受成

于左伯，督理于施令，構材必擇巨麗者，石理瓦甓必擇堅致者，卜吉興事，抱坎面離，北為「草玄堂」六楹，軒軒敞豁，黝堊絢采稱是。堂前為平臺，台前即墨池，浚辟逾於舊址，甃石以方之。池前為西蜀子雲亭，堂後開隙地，植陰木，納涼堂，左右為庖，涵兩翼，兩翼之南為碑亭二，又南各繞池為欄砌，綿互相望，可蒔雜卉奇葩，列文石，映清波，以憩以游，談學娛賓，無適而非適。錦城勝跡，蔑有右之者。堂東為儀門，外為大門，繚垣蓋覆，完密一周。總計亭、堂、池，地廣一百二十六尺，袤倍之，二門，地袤六十餘尺，廣半之，垣圍，共八十六丈四尺。工剏于丁酉仲夏，竣于戊戌孟冬。所費縞以五百計。諸司道前後二郡守、二邑令，所助得二百餘縞，外皆左伯約己積贏以濟之。上不煩官帑，下為貧民食其力，落成，諸公以遷擢，行者六七人，獨左伯學憲偕不敏，暨茲歲繼至右伯周公、觀察使王公、前郡守轉今巡憲陳公，共登堂，融泄移日，徘徊弔古，聚散興思，各溢於題詠之外。酒酣耳熱，左伯復舉爵揖不敏：「余每聞子憤揚氏覆盆，今有其地矣。表章先哲，范茲來許，監司者事也，請屬詞。」不敏愧無文，而夙昔私蓄，欲借手以雪。又憶慶曆《墨池記》，亭堂諸制，皆當時樞密程公敦尚名義，取材辨方，乃致底績。歷今六百年，復鼎新于程左伯，聲應氣求，遠相符合，數豈偶然哉！爰述子雲本實，並剏構歲月，著於篇。且使天下後世有抱道好修者，知浮議不能掩其光，雖千載而下，猶有知己，何損之有？而污蔑高良，自謂得計者，知愈久愈干公論，何益之有？茲役也，其于世教人心，庶萬一有補焉。

鍾惺

陳本禮《太玄闡秘·外編》載鐘惺《讀揚雄傳》：作文章以求名於後世，是極危不可必之事，讀桓譚「凡人賤近貴遠，親見楊子雲祿位容貌不能動人，故輕其書」數語，為千古著作人寒心。雄《解嘲》篇云：「深者入黃泉，高者出蒼天，大者含元氣，細者入無倫」四句，極力寫出《太玄》之妙，知後人決不能看到此。故代言之，此作者苦心也。然文章之傳，傳於精神，精神者誠也，雄之傳蓋精神為之，於何處得其精神？「寂寞清淨」是也。

黃道周

《榕壇問業》卷十二：許爾翼問：「蔡氏《皇極內篇》與《太玄》、《潛虛》，孰為優劣？」某云：「《太玄》如《左氏》，《潛虛》如《公羊》，《皇極》如《穀梁》。《左氏》博深，豈復《公》、《穀》可及。然以揆於《春秋》，亦猶云甥之

于外祖矣。」爾翼云：「王通續經，與揚雄擬《易》，均之僭妄，其罪孰為軒輊？」某云：「河汾夫子，當無王之時，有德無位，作為元經，以紹絕統，始于金墉之年，卒于陳亡之歲，上稽天道，下應德符，何過之有？迴圈中論，言簡而精，意博而達，桓生之歎《法言》，君實之服堯夫，仲尼而降，何可多匹乎？」

鄧伯羔

《藝彀》卷上《揚楊二姓》：揚雄其先出自周伯僑，以支庶初食采于晉之揚，因氏焉。《漢書》有楊敞、楊惲、楊僕、楊王孫諸人，俱不為著所出，於雄獨云然，可見雄揚從手，與他楊從木異矣。東漢太尉震，震子秉，秉子賜，賜子彪，彪子修，系亦不詳于史，第修《答臨淄侯箋》曰：「吾家子雲，老不曉事」，似應從手旁之揚也。今世揚姓不復見，唯楊多望耳。湯義《仍送趙舍人守永昌追憶楊用修太史》詩：「家家能說子雲《玄》」，胡孟弢《別楊懋功北上詩》：「最愛楊雲偏寂寞」，《偕霅社諸子飲楊祠部宅》詩：「探奇聊得《太玄經》」，《飲楊祠部岫雲亭》詩：「《玄》草圖書四壁開」，李於鱗《寄贈漢陽楊明府》詩：「滿朝誰不薦雄文」，《送楊山人》詩：「白頭不厭《太玄經》」，王元美《答汝南周令嘗師事楊用修》詩：「弟子能師蜀國《玄》」，《故少司馬楊師邀遊城南》詩：「寂寞誰當問守《玄》」，凡此皆揚、楊雜用，不復識別，足為學古之累。

鄭瑗

《井觀瑣言》卷二：楊子雲擬《論語》作《法言》，未須論其意義深淺，但考其辭語，亦足見其故為險難痕跡，不可掩矣。《論語》無意為文，而自粲然成文，故不厭語助字之多，如「女得人焉耳乎」，六字為一句，而助字處其半，「夫子之求之也，其諸異乎人之求之與」，十五字為二句，而助字處其九。而《法言》乖離諸子圖徽、蠹迪檢押、彌中彪外、雉噫等語，至不可屬讀。《論語》云「請問其目」，而《法言》但云「請條」。《論語》「或問子產」，「問子西」，「問管仲」，三「問」字繁而不殺，自是文理當如此。而《法言》中，或問霍光、王翦、竇嬰、灌夫、聶政、荊軻，但曰霍、曰翦、曰竇灌、曰政也、軻也，豈復成文理哉？此類不可勝數，識者觀之，不獨《太玄》可覆瓿矣。其言曰「聖人之經，不可使易知」，其意以為聖經亦只是欲使人難知耳，殊不知聖經明白易簡，初豈有意為艱深之辭哉？其不易解者，特古今文體有不同耳，雄說陋矣。

鄭樸

《揚子雲集序》：嗚呼！自莽大夫之言信，而子雲罪案不可解矣。邇者解以泰和胡正甫，闡以秣陵焦弱侯，投閣之悲，《美新》之詬，一經涮被，便成名儒，此余彙集意也。客有獻疑者曰：請徵之班固與顏之推。固《典引》云：「揚雄《美新》，典而無實」。之推《文章》篇云：「《劇秦美新》，妄投於閣。」二子去雄未遠，寧俟宋乎？余曰：固也，夫正甫之證子雲也，以其仕與歿之年季且相左，他可知耳。而更例以宰我、子貢，則論人于史者之衡也。其有浮焉千里，一士有如比肩，《春秋》傳信，法亦傳疑，居子雲於疑，而存秦漢以來一有行之文人，抗節之儒者，客過信邪？過疑耶？子雲嘗恥雕蟲矣，故去而為《法》、《玄》，為《訓纂》，學士大夫軼所稱雕蟲而上之凡幾，唾其疑與信半之事，而覥然遜其不必置疑之文，夷考其行，或將忍劇漢歟？又奚但劇也？故子雲之可傳，不必以《美新》投閣掩也，而短其詆焉者乎？此余彙集意也。若其擬《論》擬《易》之非僭也，擬者不僭，僭者不擬，猶列眉然，不具論，論其世如此。萬曆乙未九月朔。

戴錦

《全蜀藝文志》卷十五：《揚雄》：雄謂「藏心於淵」，噫！心藏矣而身獨不藏乎？食新祿而投閣，心果不在於身乎？莽之篡，其來也漸矣，曾不以《太玄》卜之，而擇夫閟乎不可見者藏之，誓不使莽涎垂鼎，而汙我之槧乎？然祿薄而官也，累歲不遷，殆以貧故，至禍已迫而不能去乎？論其世，文高而行樸，視孟氏焉，醇大而疵小也。議者槩以投閣蔽之，亦過矣。苟處其地，何如而藏焉曰豫。雲嶺矗玉筆，錦江迥練文。山川發靈氣，蜀郡生子雲。寂寞性所忍，雄談坐不聞。墨池染奇字，可但書八分。《法言》準《論語》，《太玄》索羲文。始也食漢祿，駸駸近妖氛。天械脫已晚，投閣非其君。愧乏太乙杖，吹噓縱殲焚。執是論出處，幽蘭斷奇芬。臨風重太息，俗轍何紛紛。

朱少文

陳本禮《太玄闡秘·外編》載朱少文《史論》：予讀《綱目》至書「莽大夫揚雄死」，未嘗不為褚淵、沈約、馮道輩幸也。豈以雄為賢耶？故特誅之耶？然既為「莽大夫」矣，賢亦可知矣。而加於此，不知于彼，何耶？但雄既心乎莽矣，又不能如淵、約、道輩取卿相而博封侯，何耶？考雄之遊京師而給事黃門也，與王莽、劉歆比肩于成帝之世，哀帝之初，莽居三公，所引者立至卿相，

而雄復落落一官，三世不徙，何耶？及莽篡漢，劉歆輩皆以符命頌功德而侯，雄既有《劇秦美新》之文，而僅以耆老久次轉為大夫，何耶？然《劇秦美新》之文，究本傳亦未之見，何也？然則雄亦徒有「莽大夫」之稱，而其實並未享莽一日之服，淵、約、道輩身享賣國之福，而死後復免賢者筆削之誅，雄其千古第一不幸者哉。

顧冶

《明文海》卷一百五十七：顧冶《再答仲達論二李》：孔公號至聖，乃其《易繫》、《魯論》，了無聱牙處。揚子雲少作《解嘲》、《校獵》諸篇，自是妙語，老不曉事，始悔雕蟲末技，壯夫不為，規《易》以《太玄》，規《論》以《法言》，斤斤孔公咳唾，若編韋再絕而壇杏再花也者。《太玄》，僕不解為何等書，自其時人已覆瓿視之。《法言》持論，豈不最善？恐效矉裡婦，祇益醜西家無為也。

十、清

傅山

《霜紅龕集》卷三十六：楊子雲《太玄經》，邵康節以為是，吾不得而知之也。朱文公以為非，吾不得而知之也。然而康節以數言數，文公以理衡數也。

朱鶴齡

《愚庵小集》卷十一《揚雄論》：西京儒者，自董江都、劉中壘下，必推揚子雲。子雲著述，桓君山稱為「度越諸子」，《抱朴子》方之仲尼，韓退之與孟、荀並列，司馬君實至作《潛虛》以擬《太玄》，獨蘇子瞻譏其好為艱深以文淺易，自朱子《綱目》特筆書「莽大夫揚雄死」，而子雲之論遂定。余嘗考其生平，凡三變焉。當成帝時，賦《甘泉》，陳《羽獵》，則詞章之士也。及哀、平間，甘落拓，草《太玄》，則經術之儒也。迨乎靦顏事莽，浮湛天祿，則又與甄豐、王舜為徒者也。學者或耽其文辭，而護其逆節，則為之說曰：子雲年數與莽不相及，投閣恐谷永事，永亦字子雲也。或又據李善《甘泉賦注》引《漢書》云：王音薦雄待詔，歲餘為郎中，給事黃門，卒。桓譚《新論》云：「雄作《甘泉賦》始成，夢腸出，收而內之，明日遂卒。」譚親炙於雄，所紀必實，或又引孫明復云：《太玄》明陰陽，推曆度，蓋疾莽而作也，《美新》不劇漢而劇秦，《法言》不曰：「繼漢而曰安漢」，其微指可見。以愚核之，皆瞽說也。

《七略》引《子雲家牒》云:「雄以甘露元年生,天鳳五年卒,葬安陵阪上,侯芭負土作墳,號『玄冢』。」按:天鳳五年,為王莽篡漢之九年,自宣帝甘露元年戊辰,至莽天鳳五年戊寅,止七十一載,與《漢書》本傳正合,何得云不相及?谷永為大司農,歲餘卒,未見莽革命,何得以投閣加之乎?雄在哀帝時,官黃門侍郎,其《劇秦美新》稱「諸吏中散大夫臣雄稽首再拜上」,《漢書》亦云:久次轉為大夫,何得謂以黃門侍郎終乎?《西京雜記》云:「雄著《太玄經》,夢吐鳳凰集《玄》之上,俄頃而滅。此與納腸之說,皆好事者為之,豈足據乎?紫色蛙聲,俶擾天紀,始建天鳳之間,此何等時也,而捆然立於其朝?今日頌阿衡,明日上符命,謂之疾莽風莽,其誰信乎?疾之風之,曷若優遊玄亭,返其初服,遠而去之之為愈乎!然則雄何以刺謬若此?余曰:雄偽儒也,所云「清靜寂寞」,皆求以成名,而非真有得於內者也。雄為郎中,本大司馬王音所薦,其沾丐五侯之門,蓋有日矣。給事黃門侍郎,漢制:掌侍從,左右關通中外,玉堂金馬,官非冗散,何「清靜寂寞」之云乎?雄雖三世不徙官,然哀、平短祚,不過十年,其時同谷永、劉歆輩接跡金華,占風紫禁,安知其不以清靜為榮梯,以寂寞為譽餌者?一旦國鼎潛移,符瑞大作,而雄遂翱翔顯秩,與四輔五威相頡頏,以為清靜寂寞,其效固如此矣。不然,雄之好學深思,夫豈不明於理亂之數,君臣之分,與出處進退之宜者?何以始則居賢、莽之間,嚜不一語,既則從舜、秀之後,恬不知羞,吾故曰雄偽儒也,巧於沽名,而非真有得於內者也。

　　吾嘗論西漢之文、景以黃、老致治,其後乃以周公、孔子亡,非黃、老治而周、孔亂也,則真與偽之別也。王莽以周公偽者也,起明堂,復井田,藏金縢,作《大誥》,無事不托周公,當世亦以周公信之,而其實乃漢之大賊。揚雄以孔子偽者也,稱典謨,述雅頌,《太玄》擬《易》,《法言》擬《論語》,無事不效孔子。後世猶以孔子疑之,而其實乃賊莽之佐命元臣而已矣。使其沒于居攝以前,人豈得推見其偽,而比其書于吳楚僭稱王,且加之以亂臣賊子之誅哉?是以君子寧寶寸璣蒼璧,而不愛尋尺之碔砆,寧收才人負俗之累,而無取緣飾古義,皦皦為名高者,誠懼之也,誠恥之也。(錢礎日曰:只將考亭《綱目》作斷案,便可盡情翻剝,令子雲無處躲閃。周公、孔子一段,尤為妙論解頤。)

黃宗羲

《易學象數論》卷四《太玄》:揚子雲《太玄》以兩贊當一日,七百二十

九贊以當一歲三百六十四日半,於歲法三百六十有五日四分日之一,尚不及四分日之三也,立踦、贏二贊以補之,例以兩贊一日,則過四分日之一矣。故蘇明允謂四分而加一,是四歲而加一日,千載之後恐大冬之為大夏也。欲以一百八分為日率,四分之,每分得二十七,三之為八十一,每首加一,盡八十一首,而四分日之三者,無過不及之患矣。然余以為元之所以準日者,贊也,加一分於首,贊之不及如故,是失所以立贊之意。既以踦、贏名贊,不與他贊為伍,則亦不援兩贊一日之例,即以四分之三當之,無不可矣。第踦以虛而言,贏以盈而言,猶之所謂氣盈朔虛也。合氣贏朔虛十日有奇,則踦、贏當得二十餘贊。今以二贊僅寄其名,餘皆渾於七百二十九贊之中,此則不可謂之合於曆也。明允言聖人以六日七分言《易》,而卦爻未嘗及之,雄以三百六十五日四之一言《玄》,而首贊擬之,失其所以為書之意。余以為《易》未嘗有六日七分之說,加之起於後世,子雲準曆以作《玄》,苟不相似,則又何以為書?是故子雲之短不在局曆以失《玄》,在不能牽《玄》以入曆也。曆以一定之法,御其至變,而後可以傳之久遠,苟不得其至變,即不可謂之定法也。《玄》之中首起牛一度,今未二千年,冬至在箕四度,星之屬水者已屬木矣,其從違亦異,此《玄》失之較然者也。明允加一分以合四分之一,不知四分之一者亦有消長,則又不如踦贏之以不齊齊之也。

周亮工

《書影》卷一:蘇長公譏揚雄好為艱深之辭,以文淺易之見,極中其膏肓。而重入者至謂其以《太玄》擬《易》,以《法言》擬《論語》,有僭經之罪,亦不足以服其心。夫聖人之言,偶成一體,垂之後世,何妨為誦法者所效仿?《左傳》本之《尚書》,四言本之三百,後人之文,因前人規模者何限?若夫辭有繁簡,制有多歧,則踵事而漸增者耳。即如尊經翼聖,莫如朱紫陽,而《綱目》一書,全擬《春秋》,且以托始威烈,為直接麟經之嫡統者,又何以解乎?故曰不足以服其心也。若以規模摹襲,略無生韻,開後世擬托之濫觴為子雲,嘲笑則可耳,罪之僭經,知平反藝苑者,當必為之末減矣。彼《易林》亦屬擬《易》,而文辭奧異,為後世所推重,亦未聞其以僭經罪也。蘇明允作《春秋論》,謂孔子以天子之權予魯,未嘗自作,而遷、固之史,有是非而無賞罰,史臣之體宜爾。至末則曰,後之效孔子作《春秋》者,吾惑焉。謂其賞人功,赦人罪,去人族,絕人國而貶人爵,皆天子之權,而非他經可比也,況進退天子之爵號乎?以此言之,則紫陽僭經之罪,似浮於子雲。此語未是。

卷二：揚子雲恬澹寡營，不競時名，以賣文自贍，不虛美，人多惡之。及卒，其怨家取《法言》，援筆益之曰：「周以來，未有漢公之懿也，勤勞則過於阿衡」云云，繕寫行世，至今靡有白其心跡者。見《潛居錄》。此說與其疑也寧信。《美新》可知矣，馮元成以《美新》為劉棻作。

卷三：蜀秦宓《與王商書》：「如揚子雲潛心著述，有補於世，泥蟠不滓，行參聖師，於今海內，談詠厥辭，邦有斯人，以耀四遠，怪子替茲，不立祠堂。」使《美新》果出子雲，則宓亦當云：「雖有《美新》之累矣，何以稱行參聖師耶？」焦澹園為子雲辯證甚明，似可引此為助。

卷四：揚雄《五經鉤沉》曰：「聖人之生，必資於陰陽。陰陽之理，即聖人所盡。但盡陰陽之理，則元照之本自見。」此謂不求於自知，而理盡自然知者。按此，則揚雄又有《五經鉤沉》。

卷九：《西京雜記》載：卓文君為相如作誄，梁劉孝威詩：「君平子雲聞不嗣，江漢英靈信已衰。」余按《史記·司馬相如傳》：天子訪相如遺書，其妻對曰：「長卿固未嘗有書也。」相如似是無子，故妻為之對耳。以此證之，相如、君平、子雲皆弗嗣矣。子雲姓揚，後世無有揚姓之人，亦是一證。楊用修云：「宋楊補之，子雲之後」，字從手不從木，與劉孝威詩異矣。

又曰：揚子雲投閣之事，宋孫明復曰：「《太玄》一書，乃明天人始終之理，君臣上下之分，蓋疾莽而作也。」王介甫諸家以年數考之，謂子雲與莽不相及，及上符命、投閣，恐係谷子雲事。鑿鑿有據。是何世人忍於污蔑賢者如此！李本寧在川西，以此段刻之墨池上。乃與同時意見不合，後竟入彈章。不但賢者被誣，即代辨誣之人亦被禍矣。冤哉！

顧炎武

《日知錄》卷十三《鄉原》：老氏之學所以異乎孔子者，和其光，同其塵，此所謂似是而非也。《卜君》、《漁父》二篇盡之矣，非不知其言之可從也，而義有所不當為也。子雲而知此義也，《反離騷》其可不作矣。尋其大指，生斯世也，為斯世也，善斯可矣。此其所以為莽大夫與？【梁氏曰】揚雄作《太玄》準《易》，作《法言》準《論語》，未免妄矣。依仿體例，摹合詞意，與王莽之學《大誥》《金縢》何異？東坡譏其以艱深文淺陋，亦不喜之。然有不可解者，蜀秦宓《與王商書》，謂子雲行參聖師，比之孔子。吳陸績《釋玄》謂《玄經》與聖人同趣，雖周公、孔子不能過。《抱樸子》以雄方仲尼，司馬溫公以為大儒，孟、荀殆不足擬。曾子固以雄合箕子之明夷。其餘譽之者甚眾，而且力為

湔洗。或謂《法言》安漢公之言，乃怨家所益。或謂《太玄》疾莽而作。或辨其無《美新》之事。馮元成以《美新》為劉棻作。汪琬《跋雄傳》引楊莊簡公《子雲祠堂記》，言雄不仕莽。而王介甫諸人說上符命、投閣皆谷子雲事，不知何以得此於後人？宋紹興中，陳公輔疏論王安石曰：「王莽之篡，揚雄不能死，又仕之，更為《劇秦美新》之文。安石乃云：雄之仕，合於孔子無可無不可之義。」言出王安石，無足論已。孝廉翁承高嘗云：漢分十三州刺史，莽並朔方入涼州，為十二。雄作《州箴》十二，獨缺朔方，亦可證其為莽大夫也。

卷十九《文人摹仿之病》：如揚雄擬《易》而作《太玄》，王莽依《周書》而作《大誥》，皆心勞而日拙者矣。《世說》王隱論揚雄《太玄》雖妙非益也，古人謂之屋下架屋。

王夫之

《周易外傳》卷五：乃其尤信者，則莫劇于《玄》焉。其所仰觀，《四分曆》粗率之天文也，其所俯察，王莽所置方、州、部、家之地理也。進退以為鬼神，而不知神短而鬼長。寒暑以為生死，而不知冬生而夏殺。方有定而定神于其方，體有限而限易以其體，則亦王莽學周公之故智，新美雄而雄美新，固其宜矣。要而言之，之數者皆索神于方而疑數於體。其于《易》也，猶爝火之于日月，何也？神無方而《易》無體，《易》與神合，而非因物以測神。神司變而物蔽物，《易》彌綸天地，而彼襲天地之緒餘。則得失之相去，豈特尋丈哉！

汪琬

《堯峰文鈔》卷三十九《跋漢書揚雄傳》：吾吳楊莊簡公，嘗參政於四川，作《郫縣揚子雲祠堂記》，歷引郫人簡氏、吉人胡氏之說，辨子雲未嘗仕莽，而胡氏說尤詳。大略謂《傳》言雄作符命投閣，年七十一，天鳳五年卒。考雄至西京年四十餘，自成帝建始改元，至天鳳五年，計五十年，以五十合四十餘，不將百年乎？則《傳》言七十一者恐誤。據桓譚《新語》：「雄作《甘泉賦》夢腸出，收而納之，明日遂卒。」成帝祠甘泉在永始四年，謂雄卒是時，恐亦未然。就《法言》考之，莽之號「安漢公」也，在平帝元始間，《法言》稱漢公，且云漢興二百一十載，自高帝至平帝，正值其數，則雄年七十一卒當在平帝末。雄仕歷成、哀、平，故稱「三世不徙官」，若復仕莽，又詎止三世哉？由是知雄決無為莽大夫及投閣、《美新》之事。其說可謂辨而核矣。但班孟堅去子雲時已遠，其傳訛固宜，桓譚親見子雲，何以差謬乃爾？殆不可解也。莊簡又引

《法言》曰：「君子在治若鳳，在亂若鳳」，何以故？曰：「治則見，亂則隱。」子雲之言如此，其無仕莽事可見云云。莊簡公諱成，嘉靖丙辰進士，累官太子少保、南京兵部尚書，有《文集》四卷，不行於世，予故表此記出之，以書《揚雄傳》後，俟再考云。

朱彝尊

《曝書亭集》卷五十九《楊雄論》：以言取人，偽之所從出也。昔者太公誅任矞華仕于齊，子產誅鄧析于鄭，孔子誅少正卯于魯，聖賢所以彰刑罰大權者，豈好為已甚哉？無他，深惡其言之不實，而偽學之足以欺世也。揚雄之書，誦法孔子，自周秦以降，折衷聖人，而純于道德者，莫有過焉者也，抑知其盡出於偽哉？王莽將篡漢，恭儉以下士，雄之澹泊自守，若無榮利動其中，其初蓋欲悅莽之心，及久未見用，躁不能禁，乃為《劇秦美新》之文以獻媚，前之所為，唐尊之柴車瓦器也，後之所為，哀章劉秀之符命也。其獨不得柄用者，莽嘗與雄同為郎，莽之偽，雄知之，雄之偽，莽亦習知之也。莽作《金縢》、《大誥》，以自擬于周公，雄作《太玄》、《法言》，以自比《周易》、《論語》，相率而為偽焉爾矣。投閣之事，已為當世所笑，後之君子，顧或有取於雄者，徒以其言之不詭于聖人也。夫安居而誦習周孔，鄉曲之士能之，迨事變猝至，臨難而不失其正者，希矣。世之儒者，幸生太平無事之日，飽食暖衣，無纖毫之憂患，匡坐而談性命之學。及其既沒，門人弟子矜其迂闊腐爛之說，歸然配食于孔氏之庭，非是則俎豆不與焉。噫！吾能必其言之不出於偽也邪？

胡渭

《易圖明辯》卷二：《太玄》演五行之數，不曰五與十相守，而曰五與五相守，隱其十而不言何也？蓋子雲覃思渾天，參摹而四分之，極於九九八十一首，每首九贊，以五行之數，分隸九贊之下，勢不得復用十矣。故其說曰：「鴻本五行，九位施重」，此十之所以隱而不言也。與今九九演算法，遇十則變為一，十常隱而不見，即是此理。

焦袁熹

《太玄解·前序》：《吳志》陸凱好《太玄》，論演其意，以筮輒驗，是知《太玄》非無用之書。子雲所謂「後世有好而知之者」，非妄語也。凱所論著今不傳，未知果能盡子雲之蘊否？王涯注《太玄》，常取以卜，自言所中多於《易》筮，是《太玄》果非無用之書也。

徐文靖

　　《管城碩記》卷十八：潘陽節曰：「揚雄為莽大夫，心勞而日拙。注曰：『雄自漢成帝之世，以奏賦為郎，給事黃門，歷成、哀、平三世不遷官，王莽篡位，轉為大夫，稱莽功德比伊周，作《劇秦美新》之文。』按：班固謂莽篡位，談說之士用符命稱功德，獲封爵者甚眾，雄復不侯，以耆老久次轉為大夫，則知轉為大夫者，以久次得，非以《劇秦美新》而得也。」王荊公曰：「子雲之《劇秦美新》，蓋後人誣筆。」洪容齋曰：「雄親蹈王莽之變，退托其身于列大夫中，不與高位者同其死，世儒或以《劇秦美新》貶之，是不然，此雄不得已而作也。夫述誦新莽之德，止能善於暴秦，其深意固可知矣。」又按：《後漢書·桓譚傳》曰：「譚意非毀，俗儒由是多見排抵，當莽居攝篡弒之際，天下之士莫不競褒稱德美，作符命以求容媚。譚獨自守，默然無言。又譚于世祖時上疏曰：今諸巧慧小才伎數之人，增益圖書，矯稱讖記，以欺惑貪邪，詿誤人主。」章懷注：「圖書，即讖緯符命之類。」又雄本《傳》曰：「劉歆子棻，嘗從雄作奇字，棻復獻符命，莽投之四裔，雄恐不能自免，乃從閣上自投下。莽聞之曰：『雄素不與事，何故在此？』」假令雄《劇秦美新》，則譚亦必非毀之，而乃見其《太玄》曰：「是書也，可與大《易》準。」假令雄偽作符命，則莽亦必並投之，而乃曰「雄素不與事」，則夫偽作符命、《劇秦美新》者，豈非皆後人之誣筆哉？班固《揚雄傳》贊曰：「以為經莫大于《易》，故作《太玄》，傳莫大於《論語》，作《法言》。」按雄本《傳》曰：「觀《易》者，見其卦而名之，觀《玄》者，數其畫而定之。《玄》首四重者，非卦也，數也。」則《太玄》非擬《易》可知也。孫明復曰：「揚子雲《太玄》非準《易》，乃明天人始終之理，君臣上下之分，蓋疾莽而作也。」此言得之矣。又雄本《傳》曰：「雄見諸子各以其知舛馳，大抵詆訾聖人」。及太史公記六國，歷楚漢，記麟止，不與聖人同，是非頗謬于經，故人時有問雄者，常用法應之，撰以為十三卷，象《論語》，號曰《法言》。此蓋因《論語》「法語之言，能無從乎？」因想像《論語》之訓，而取其「法言」二字以名其所撰之書。何晏《集解》曰：「孔曰：『人有過，以正道告之』是也」，豈自以《法言》比《論語》哉？後世以揚雄擬經，求合罪其僭越，實由於班固之誤說也。

牛運震

　　《讀史糾謬》卷二：《楊雄傳》純用雄《自序》，然不似傳體。《解嘲》、《解難》可連敘，似以類從也。《法言》文多不載其目，亦可不著也。子雲文士，

《傳》中止載其文耳，未著其行也。初，雄年四十餘云云，乃載其出處事蹟本末，顧附之讚語中，而非本傳正文，雖變體，究失其正，不可以為典矣。

王鳴盛

《十七史商榷》卷二十六《蜀無他揚》：《揚雄傳》：周伯僑以支庶食采于晉之揚，因氏焉。周衰，揚氏遷蜀岷山之陽曰郫，揚季官太守，至雄五世傳一子，故雄亡它揚於蜀。方氏以智曰：「楊升庵謂晉有羊舌氏，叔向子伯石食邑于楊，曰楊食我，晉既滅，羊舌氏分其田為三縣，曰平陽，曰揚氏，則羊也，陽也，揚也，同出一姓，揚子雲自以為蜀無它揚，字不從木，班氏據之。然楊修曰『吾家子雲』，則知揚、楊同出子雲，特好奇耳。竊謂姓亦何奇之有？古今渺莽，姓譜皆附會，其說不一。雄自言姓揚甚明，楊修少年聰穎，考究未深，且古人凡事假借詼諧，故曰『吾家子雲』。今乃欲改雄之姓，可乎？趙凡夫亦以子雲為木旁楊，正坐此病。」方說甚確，升庵蜀人，欲援子雲為宗，唐《楊珣碑》以國忠之父，而亦引子雲之祖，皆非也。劉攽《後漢書刊誤》于《楊震傳》亦嘗辨之。吳仁傑《刊誤補遺》謂揚雄與楊震同是木旁之楊，此說武斷之至。

《太玄法言字數》：揚雄作《解嘲》，自述作《太玄》五千文，支葉扶疏，獨說十餘萬言。案：今《太玄經》具存，晉范望叔明所注，共十卷，後附陸績《述玄》、王涯《說玄》，宋右迪功郎充兩浙東路提舉茶鹽司幹辦公事張寔所校勘也。按其正文大約與五千文之數合，至說十餘萬言，則當為《法言》，非指太玄。然今《法言》亦具存，凡十三篇，分為十卷，晉李軌、唐柳宗元、宋宋咸、吳秘、司馬光注，按其正文大約不及萬言，而此云十餘萬言，則不可解。

戴震

《戴東原集》卷十《方言疏證序》：案：《輶軒使者絕代語釋別國方言》十三卷，漢楊雄撰，晉郭璞注。漢、魏、晉已來，凡引是書但稱《方言》者，省文也。雄採集之意，詳見於《答劉歆書》。考雄為郎在成帝元延二年，時雄年四十三，《漢書》傳贊所謂「初，雄年四十餘自蜀來至，遊京師」是也。劉歆遺雄書求《方言》，則當王莽天鳳三、四年間，未幾而雄卒，《答書》內所謂「二十七歲於今」，《傳》贊所謂「年七十一，天鳳五年卒」是也。《答書》有云：「語言或交錯相反，方復論思，詳悉集之，如可寬假延期，必不敢有愛。」然則《方言》終屬雄未成之作。歆求之而不與，故不得入《錄》。班固次《雄傳》及《藝文志》不知有此，至應劭集解《漢書》始見徵引，稱楊雄《方言》，其

《風俗通義》序，又取《答書》中語，具詳本末，而云《方言》凡九千字，今計正文實萬一千九百餘字，豈劭所見與郭璞所注，傳本微有異同歟？歆《遺雄書》曰：「屬聞子雲獨採集先代絕言，異國殊語，以為十五卷」，雄《答書》稱「殊言十五卷」，郭璞《序》亦云「三五之篇」，而《隋·經籍志》：「《方言》十三卷」，《舊唐書》作「《別國方言》十三卷」，其並十五為十三，在璞注後、隋已前矣。許慎《說文解字》、張揖《廣雅》多本《方言》而自成著作，不加所引用書名（《四庫》館校《方言》序有云「魏孫炎注《爾雅》莫貈螳蜋蚻字引《方言》」。案：叔然於《釋詁》「耇、老，壽也」下引《方言》云：「燕代北鄙謂耇為梨」，《釋言》「覢，姡也」下引《方言》云：「楚鄭或謂狡獪為姡」，《釋器》「金鏃翦羽謂之鏉」下引《方言》云「關西曰箭，江淮謂之鏉」，《釋蟲》「蛣蜻蜻」下引《方言》云「有文者謂之蝥」，《釋鳥》「鳭鳩鴶鵴」下引《方言》云「鳭鳩自關而東謂之戴勝」，「舒雁鵝」下引《方言》云「江東呼為鵝也」，引書名可考者，於郭注前共得六事。）《魏書·江式傳》上表曰：「臣六世祖瓊，往晉之初，與從父兄應元，俱受學於衛覬，古篆之法，《倉》、《雅》、《方言》、《說文》之誼，當時並收善譽，數世傳習斯業，所以不墜。」杜預注《左傳》「授師子焉」曰：「楊雄《方言》『子者戟也』」，孔穎達疏云：「楊雄以《爾雅》釋古今之語，作書擬之，採異方之語，謂之《方言》」，蓋是書漢末晉初乃盛行。故應劭舉以為言，而杜預以釋經，江瓊世傳其學，以至於式。他如吳薛綜述二京解，晉張載、劉逵注《三都賦》，晉灼注《漢書》，張湛注《列子》，宋裴松之注《三國志》，其子駰注《史記》，及隋曹憲、唐陸德明、孔穎達、長孫訥言、李善、徐堅、楊倞之倫，《方言》及注幾備見援摭。其後獨洪邁疑之，謂「雄所為文盡見於《自序》，及《漢志》初無所謂《方言》，則並《傳》贊內《自序》二字結上所錄《法言》自序者未之審，又未考雄之文，如《諫不受單于朝書》、《趙充國頌》、《元后誄》等篇，溢於《雄傳》及《藝文志》外者甚多，而輕置訾議，豈應劭、杜預、晉灼及隋唐諸儒咸莫之考實邪？常璩《華陽國志》于林閭翁孺、楊莊並云見楊子《方言》，李善注《文選》引張伯松曰：「是懸諸日月不刊之書也」，亦直稱「楊雄《方言》曰」，可證歆、雄遺答書附入《方言》卷末已久。宋、元以來，六書故訓不講，故鮮能知其精覈，加以譌舛相承，幾不可通。今從《永樂大典》內得善本，因廣搜群籍之引用《方言》及注者，交互參訂，改正譌字二百八十一，補脫字二十七，刪衍字十七，逐條詳證之，庶幾漢人故訓之學猶存於是，俾治經讀史博涉古文詞者，得以考焉。

《方言疏證》卷十三：《方言》各本附《劉歆書》及《雄答書》，云「雄為郎一歲，作《繡補》、《靈節》、《龍骨》之銘詩三章，及天下上計孝廉，雄問異語，紀十五卷。積二十七年，漢成帝時，劉子駿與雄書，從取《方言》曰」，此五十二字不知何人所記，宋本已有之。其曰「漢成帝時」四字，最為謬妄。據《漢書・揚雄傳》贊云：「初，雄年四十餘，自蜀來至，遊京師」，又云：「年七十一，天鳳五年卒」。使歆與書在成帝之末年甲寅，下距天鳳五年，凡二十五年，由甲寅上溯二十七年，乃元帝竟寧元年戊子，雄年甫二十，豈年四十餘，自蜀來至遊京師者邪？洪邁不察「漢成帝時」四字係後人序入此二書者之妄，辨之曰：「今世所傳揚子雲《輶軒使者絕代語釋別國方言》，凡十三卷，郭璞序而解之，其末又有『漢成帝時，劉子駿《與雄書》從取《方言》，及雄答書。既云成帝時子駿與雄書，而其中乃云孝成皇帝，反復牴牾。是輕執後人增入者妄以疑古，疏謬甚矣。今仍列二書，為逐條引證，刪去緣起五十二字，以免滋惑。(《四庫全書》本，「洪邁」以下文字稍不同：洪邁不察此五十二字乃後人於標題之下敘述二書之緣起，誤以王莽時為成帝時非原書之所有，故所作《容齋隨筆》稱今世所傳揚子雲《輶軒使者絕代語釋別國方言》凡十三卷，郭璞序而解之，其末又有漢成帝時劉子駿《與雄書》從取《方言》，及雄《答書》，既云成帝時子駿《與雄書》，而其中乃云孝成皇帝，反復抵牾云云，殊為未考，今削此五十二字，以免滋疑惑於後焉。)

又云：《漢書・成帝紀》：「永始二年春正月己丑，大司馬車騎將軍王音薨。三年十月庚辰，皇太后詔有司，復甘泉泰畤、汾陰后土。四年春正月，行幸甘泉，郊泰畤。三月，行幸河東，祠后土。元延二年春正月，行幸甘泉，郊泰畤。三月行幸河東，祠后土。冬，行幸長楊宮，從胡客大校獵。」《揚雄傳》：「孝成帝時，客有薦雄文似相如者，上方郊祠甘泉泰畤、汾陰后土，以求繼嗣，召雄待詔承明之庭。正月，從上甘泉，還，奏《甘泉賦》以風。其三月，將祭后土，上乃帥群臣，橫大河，湊汾陰。既祭，行遊介山，回安邑，顧龍門，覽鹽池，登歷觀，陟西嶽，以望八荒，跡殷周之虛，眇然以思唐虞之風。雄以為臨川羨魚不如歸而結網，還，上《河東賦》以勸。其十二月，羽獵，雄從，聊因《校獵賦》以風。明年，上將大誇胡人以多禽獸，秋，命右扶風發民入南山，西自褒斜，東至弘農，南驅漢中，張羅罔罝罘，捕熊羆豪豬虎豹狖玃狐兔麋鹿，載以檻車，輸長楊射熊館。以罔為周阹，縱禽獸其中，令胡人手搏之，自取其獲，上親臨觀焉。是時，農民不得收斂。雄從至射熊館，

還，上《長楊賦》以風。」「贊曰：初，雄年四十餘，自蜀來至，遊京師，大司馬車騎將軍王音奇其文雅，召以為門下史，薦雄待詔。歲餘，奏《羽獵賦》，除為郎，給事黃門，與王莽、劉歆並。哀帝之初，又與董賢同官。當成、哀、平間，莽同、賢皆為三公，權傾人主，所薦莫不拔擢，而雄三世不徙官。年七十一，天鳳五年卒。」考王音薨于成帝永始二年正月，設雄至京師，即在前一年乙巳，下至王莽天鳳五年戊寅，凡三十四年，時雄年三十八，不得云年四十餘始自蜀來至。復甘泉泰畤、汾陰后土，在永始三年十月，四年始有行幸甘泉、河東事，則王音薨已三年。《傳》序《甘泉賦》、《河東賦》、《羽獵賦》為一年所作，斷屬元延二年庚戌，王音薨且五年，不得云「音薦雄待詔，歲餘，奏《羽獵賦》」。今此書言楊莊而絕不及音，音薦雄，殆出於傳聞失實。故《漢書》中紀與傳已相矛盾。大抵《紀》據策書，年月日必詳，而《傳》所據不一，或作者追憶失之。行幸長楊宮，從胡客大校獵，《紀》為元延二年冬，《傳》因雄有《長楊》、《羽獵》二賦，遂以長楊、大校獵繫之。羽獵後別云明年，若以明年為元延三年，則《紀》於三年無其事，若以明年為元延二年，則《紀》於元年無行幸甘泉河東及羽獵事，此亦《傳》誤也。《郊祀志》：平帝時，王莽奏稱永始元年三月以未有皇孫，復甘泉河東祠。」與《紀》之系於永始三年十月庚辰不合，此莽追憶，以故年月參差也。李善注《文選》引《七略》云：「《甘泉賦》，永始三年正月待詔臣雄上。《羽獵賦》，永始三年十二月上。《長楊賦》，綏和元年上。」善辯之曰：「《漢書》：永始四年正月，行幸甘泉。三年無幸甘泉之文，疑《七略》誤也。綏和在校獵後四歲，無容元延二年校獵，綏和元年賦。又疑《七略》誤也。」《七略》之誤，蓋如莽奏之一時追憶，致年月參差，而《甘泉》諸賦，則斷宜作於元延二年，時雄年四十三。楊莊誦其文於成帝，即在此元年二年間。所謂年四十餘自蜀來至遊京師者，語應有據依，非空撰出。班固未見雄《方言》及歆雄遺答《書》，故列雄論著，絕不及此。《傳》內遺楊莊而以為王音，然於前云「孝成帝時，客有薦雄文似相如者，上方郊祀甘泉泰畤、汾陰后土，以求繼嗣，召雄待詔承明之庭」，事在王音薨後，與雄答《書》合，不能指名楊莊，泛目曰客，亦不言王音，原自謹嚴。贊內舉音薦雄待詔，不過附存異聞。使雄由王音薦，則「年四十餘」，當改之曰「年三十餘」，其去元延二年為久滯京師矣。此書又言楊莊，較之《傳》贊內言王音者為可信。然則劉歆《遺雄書》求《方言》應在天鳳三、四年之間矣。

紀昀

《四庫全書總目提要》:《揚子雲集》六卷,漢揚雄撰。雄《集》,《漢·藝文志》,《隋·經籍志》,《唐·藝文志》皆著錄五卷,其本久佚,宋譚愈始取《漢書》及《古文苑》所載四十餘篇,仍輯為五卷,已非舊本。明萬曆中,遂州鄭樸又取所撰《太玄》、《法言》、《方言》三書及類書所引《蜀王本紀》、《琴清英》諸條,與諸文賦合編之,釐為六卷,而以逸篇之目附卷末,即此本也。雄所撰諸《箴》,《古文苑》及《中興書目》,皆二十四篇,惟晁公武《讀書志》稱二十八篇,多司空、尚書、博士、太常四篇,是集復益乙太官令、太史令,為三十篇,考《後漢書·班固傳》注引雄《尚書箴》,《太平御覽》引雄太官令、太史令二《箴》,則樸之所增,未為無據。然考《漢書·胡廣傳》,稱雄作十二《州箴》、二十五《官箴》,其九箴亡,則漢世止二十八篇。劉勰《文心雕龍》稱卿尹州牧二十五篇,則又亡其三,不應其後復出。且《古文苑》載司空等四《箴》,明注崔子玉瑗之名,則《藝文類聚》諸書或屬誤引,未可遽定為雄作也。是書之首,又冠以《雄始末辨》一篇,乃焦竑《筆乘》之文,謂《漢書》載雄仕莽、作符命、投閣,年七十一,天鳳五年卒。考雄至京見成帝,年四十餘,自成帝建始改元至天鳳五年,計五十有二歲,以五十二合四十餘,已近百年,則與年七十一者又相抵牾。又考雄至京,大司馬王音奇其文,而音薨於永始初年,則雄來必在永始之前,謂雄為延於莽年者妄也云云。近人多祖其說,為雄訟枉。案《文選》任昉所作《王文憲公集序》「《家牒》」字下,李善注引劉歆《七略》曰:「考子雲《家牒》,以甘露元年生」,《漢書·成帝紀》載行幸甘泉,行幸長楊宮,並在元延元年己酉,上距宣帝甘露元年戊辰,正四十二年,與四十餘歲之數合。其後元延凡五年、綏和凡二年、哀帝建平凡四年、元壽凡二年、平帝元始凡五年、孺子嬰凡三年、王莽始建國凡五年,積至莽天鳳五年,正得七十一年,與七十一卒之數亦合。其為仕莽十年,毫無疑義。竑不考祠甘泉、獵長楊之歲,而以成帝即位之建始元年起算,悖謬殊甚。惟王音卒歲實與《雄傳》不合,然音字為根字之誤,宋祁固已言之,其文載今本《漢書注》中,竑豈未之見歟?

錢大昕

司馬光《太玄集注》明抄本錢大昕跋:溫公《集注太玄》,見於《宋·藝文志》,而世罕傳本。至許崧老之《玄解》,則《宋志》無之,唯《直齋》所錄與此本正同。崧老本續溫公而作,而卷第相承,蓋用韓康伯注《易》之例。

《太玄曆》，不著撰人，許氏云「出溫公手錄」，則溫公以前已有之。其以六十卦配節氣，不及坎、離、震、兌者，京氏六日七分法，四正為方伯，不在直日之例也。此本字畫古樸，又多避宋諱缺筆，相傳為南宋人所鈔。明中葉唐子畏及吾家孔周先後藏庋〔註87〕，一時名士，多有題識，好事者誇為枕中之秘。去冬雲濤舍人始購得之，招予審定，歎其絕佳。越明春，借讀畢，因題。

《廿二史劄記》卷八：贊曰：「雄之《自序》云爾。」予謂自「雄之《自序》云爾」以下至篇終，皆《傳》文，非贊也。《司馬遷傳》亦稱「遷之《自序》云爾」，然後別述遷事以終其篇，與此正同。遷有贊而雄無贊者，篇中載桓譚及諸儒之言，褒貶已見，不必別為贊也。此「贊曰」二字，後人妄增，非班史本文。

《三史拾遺》卷三：會晉六卿爭權，韓、魏、趙興，而范、中行、智伯弊，當是時偪揚侯。案：張衡、晉灼、顏師古諸人皆譏子雲《自序》譜諜為疏謬，以予考之，揚氏之先出自有周伯僑，初非出於羊舌。且羊舌食采之楊從木，此文從手，其云揚侯者，非五等之侯，如邢侯、張侯之類耳，六卿爭權之時，安知不別有揚侯畏逼而奔楚者乎？

「明年上將大誇胡人以多禽獸」，案：此傳皆取子雲《自序》，與《本紀》敘事多相應，如上文云「正月，從上甘泉」，即《紀》所書「元延二年正月，行幸甘泉、郊泰畤」也，云「其三月，將祭后土，上乃帥群臣橫大河，湊汾陰」，即《紀》所書「三月，行幸河東、祠後土」也，云「其十二月，羽獵」，即《紀》所書「冬，行幸長楊宮，從胡客大校獵」也。此年「秋，復幸長楊射熊館」，則《本紀》無之，蓋行幸近郊射獵，但書最初一次，餘不盡書耳。但二年校獵無從胡客事，至次年乃有之，並兩事為一，則《紀》失之也。吾友戴東原以《本紀》元延三年無長楊校獵事，斷為《傳》誤，不知《羽獵》、《長楊》二賦元非一時所作，《羽獵》在元延二年之冬，《長楊》則三年之秋，子雲《自序》必不誤也。

「初，雄年四十餘，自蜀來至，遊京師，大司馬車騎將軍王音奇其文雅，召以為門下史。」案：雄以天鳳五年卒，年七十一，則成帝永始四年，年始四

〔註87〕此本另有徐禎卿跋語：「弘治乙卯臘月，苕溪邢參觀於象橋唐伯虎家。此本舊藏唐子畏家，後以贈錢君同愛，更無副本，唯賴此傳誦耳，錢君幸珍藏之。」可以參考。

十有一，而王音之薨，乃在永始二年正月，使果為音所薦，則遊京師之年，尚未盈四十也。

錢繹

《方言箋疏》卷十三：雄為郎之歲，戴震引《古文苑》章樵注云：「雄年四十餘，自蜀來遊京師，歲餘，奏《羽獵賦》，除為郎，年七十一，卒於天鳳五年，計為郎之歲當在成帝元延年間。」按：章氏第就《傳》文言之耳，不知此《傳》前後多所牴牾，不足取信也。如《傳》言年四十餘遊京師，天鳳五年卒，年七十七，則逆推之，當成帝永始四年，子雲年四十一，王音既召為門下吏，又薦雄待詔，當亦稍稽歲月。而《紀》載王音之薨乃在永始二年正月，則子雲之遊京師斷在永始之前明矣。永始之前，年已四十餘，復以年七十一推之，則其卒當在孺子嬰居攝之年，何得謂之天鳳五年始卒乎？又云：三世不徙官，則子雲之仕漢，歷成、哀、平是也，後復有為莽大夫及投閣事，則合孺子嬰為五世矣，皆其不可信者也。

陳本禮

《太玄闡秘·自序》：史稱揚子雲好學博覽，覃深精思，家無儋儲，晏如也。漢成帝時，奏賦為郎，迄事哀、平，值大盜移國，漢室丘虛，雄以一執戟郎，既不克剚刃賊腹以抒忠憤，又不獲脫身歸隱高揖松喬，於是托草《玄》以諷刺。推皇極之曆運，述陰陽之消長，俾知大寶不可以妄干，天誅之所必殛。爰特艱深其辭，隱晦其義，以避忌諱，使人不知其為刺莽也。諸儒不識，咸以僭經非之，即同時博洽如劉歆，尚有覆瓿之誚，宜雄笑而不應也。自侯芭受業以來，譽《玄》者固多，而毀之者亦復不少，總緣未悉知人論世之旨，泥於卦爻術數之說，以致義愈晦而旨愈隱矣。惟宋高似孫曰：「子雲之竟其疾莽而作者乎？哀、平失道，莽輒亂常，子雲推天人終始順逆之理，正君臣上下進退之分，以為違天咈人賊臣戒」，其說切中作者意甚矣。解人之難遇也，夫以《玄》之精深博大，古質簡奧，而世人往往苦其難讀，即間有一二高明之士，亦一覽而置之，何《玄》之遠人若是哉！曩讀司馬文正公《集注》略識大概，未窺其蘊，今春獲讀范望《解贊》及葉子奇《本旨》，嫌其冗贅，不能有所發明。爰不揣固陋，徵諸史冊，準乎《洪範》，參之大《易》，考正其難讀之字，折衷於諸家之說，庶二千年來未白之幽衷，一旦豁然天壤，諒亦士君子所樂觀而心許也。至其理與《易》合，詞與《詩》合，其議論書法又皆與《春秋》合，後儒

未能闡發其秘，置於諸子之列，良可慨歎。雖然，子雲之文章卓越兩漢，載在史冊，固無論已，然子獨於其出處大略不能不為之辨焉。史稱雄恬於勢利，好古樂道，與董、王同列，莽、賢為三公，權傾人主，所薦莫不拔擢，而雄三世不徙官，則其平素不奔競於權勢之門可知矣。更讀其「丹轂赤族」之文與夫「炎炎者滅，隆隆者絕」等語，皆諷刺當時，豈腆顏忍恥作符命之人哉？揆其所以不早引退者，當莽篡弒之始，降封孺子嬰為定安公，邑萬戶，地方百里時，天下雖稱親焉，知異日不能如少康之一成一旅，滅浞誅澆，而祀夏配天耶？是孺子一日未死，漢統一日未絕，莽固不得稱建國元年也。雄以三世舊臣，且精於術數，知莽不久必敗，漢當復興，故聊且依隱玩世將拭目以觀天下之變，一俟大逆授首於漸台耳。事之逆料不可知，然觀其校書天祿，於國破君亡之日，猶手抱漢代遺書而校錄之，足見其心之不忘漢室矣。當被收時，莽並代白其枉，曰：雄素不與事，讀此則不但符命事無雄，而雄之不居其位、不謀其政亦明矣。後儒紛紛責其畏死不去，嗟乎！士君子當國家革命危難之秋，其進退存亡，固有難於表白者。昔孔子稱殷有三仁，而微、箕不死，未嘗不在仁人之目。晏子不死齊莊之艱，夷吾不恥堂阜之囚，古大臣臨危授命，其志各有在，豈若匹夫匹婦之為諒，自經於溝瀆者耶？況《玄》文語皆刺莽，後儒不能知人論世，輒欲苛責其不死，使一腔忠憤付諸覆盆。《綱目》「莽大夫」之書，亦士君子之不幸也夫。

《例言》：子雲作《玄》，義在刺莽，非機《易》也。其托諸《玄》何？天也。天道彰善癉惡，其機緘之發，八卦甲子，神謀鬼藏，日星耀魄，水火爭靈，好還之報，感召甚速。當莽擅權造逆之始，子雲手無寸鐵，心有神鋒，故覃深精思，草為《太玄》，欲以辟邪佞，警權奸，而寒篡賊之膽也。是時莽焰正熾，故特艱深其辭，由譎其義，以避禍也。

《太玄》以陰陽為關鍵，以五行為消息，以日星為運度，以晝夜為吉凶，其數始於三而終於九，極九九之數，而成八十一首，贊辭亦每首九贊，共成七百二十九贊，推而衍之，則有三方、九州、二十七部、八十一家之分，以盡世運人事之變。托象以明理，觀物以知化，大而君臣父子，細而草木蟲魚，明則察乎天地，幽則極乎鬼神，此《太玄》所以能彰往察來，與大《易》同旨，漢儒謂其義合五經，良有以也。

《太玄》以九成數者，蓋始於河洛。案《洪範》：「五行：一曰水，二曰火，三曰木，四曰金，五曰土。」《太玄》起例，每首亦各案五行生克，值世任事。

一、六為水，二、七為火，三、八為木，四、九為金，中五為土。五行用事者王，所生者相，故王廢，勝王者囚，王所勝死，此皆天地一定之理，出乎先天者也。

贊辭以初一、次二、次三為思，次四、次五、次六為福，次七、次八、上九為禍。案《洪範》：「五事：其一曰思，思曰睿，睿作聖。五福：一曰壽，二曰富，三曰康寧，四曰攸好德，五曰考終命。六極：一曰凶短折，二曰疾，三曰憂，四曰貧，五曰惡，六曰弱。」《太玄》八十一首、七百二十九贊，皆以思、福、禍三項平列而該之，蓋天下人事莫不由於思起而禍福隨之。《書》曰：「惠迪吉，從逆凶」，《孟子》曰：「禍福無不自己求之者，天作孽，猶可違，自作孽，不可活」，此皆《太玄》托諷之微文也。猶恐未盡其變，故又創為旦筮、夕筮、日中夜中等占，蓋欲以當暮鼓晨鐘，震醒權奸之癡夢耳。

子雲仕漢，歷成、哀、平三世不徙官，與莽、賢同立。及莽篡立，始以耆老久次轉為大夫，其仕莽也固毋庸為子雲諱。後儒為雄訟冤，每以年歲不符，或以未及仕莽紛紛代辯。案：雄《家牒》：公生於成帝甘露元年，七十一卒，蓋是莽天鳳六年己卯，非五年戊寅也，史冊並誤，故特為創立年考，俾公年歲及公一生出處大略，稍有可考。

《玄》文本有《玄圖》、《玄告》等篇，其《圖》不傳，至宋邵子，始有《準易圖》，王薦有《日星節候圖》，元儒胡一桂有《方州部家圖》，明儒葉子奇有《一玄都覆三方圖》，皆不過紀其三方次序耳，無甚精義。今予既採集諸家，特另製《方圓一氣圖》，俾圓者合天，方者應地，其中五行生克之理，陰陽變化之道，胥於是乎在。且於先後天流行對待之數，知往者順，知來者逆，可與大《易》並行不悖矣。

先儒論說《太玄》，自漢以來，代有其書，人各異詞，其譽之者則以為勝《老子》，方仲尼，毀之者則曰「僭聖經」，「屋下架屋」，「覆醬瓿」，更有謂「以艱深文淺易」者，是皆未得其平。夫雄之草《玄》，蓋欲以代斧鉞之誅，俾篡賊凜君臣之大義，畏天命之好還，稍以弭其梟獍之逆謀，亟以斂其滔天之險惡也。一腔孤憤，生無人明其志，死無人白其衷，致使沈淪不明於世，此亦士林汲古者之過也。

《太玄》古本，相傳有宋氏衷、陸氏績、范氏望、王氏涯、宋氏惟幹、吳氏秘、司馬溫公《集注》本，近世惟范氏《解贊》、溫公《集注》行世，然字有不同，句或各異，今據各本訂其衍文、別字，另集《考異》一編於左。

　　博引各家注釋，皆採其有關於義理者，並冠以某氏，不敢掠美。其間有冗蔓者，略為刪截，若與本文毫無發明者，概不濫及。

　　《太玄》稱經，猶之《離騷》，皆後人所加。《離騷》，漢武曾命淮南王安作《傳》，迄今《傳》辭亡而名猶存。《太玄》亦經也，惜無有為作傳者。然奇文奧旨，非傳不明，前賢於首辭，雖間有一二發明，皆不中肯綮，余既創為纂述，於每首下另撰小傳，不但子雲心跡眉張目舉，並益見八十一首之聯貫次第相生，語無泛設。昔淮南王為《離騷傳》曰：「《國風》好色而不淫，《小雅》怨誹而不亂，若《離騷》者可謂兼之矣」。余亦曰：《易》奇而法，《詩》正而葩，《春秋》謹嚴，《左氏》浮誇，若《太玄》者可謂兼之矣。海內巨眼，當不以餘言為謬也。

　　子雲於八十一首外，復設有《玄衝》、《玄錯》、《玄攡》、《玄瑩》、《玄數》、《玄文》、《玄棿》、《玄圖》、《玄告》等九篇之文，有與八十一首之辭相發明者，有創為《玄》法起例者，有直擬《易》之《文言》、《繫傳》者，然其中實多寓諷之辭，如創立「罔、直、蒙、酋、冥」等，直是感憤罵世，何嘗解《玄》？讀者毋為其所欺可也。

　　《闡秘》之文，非余阿其所好，蓋以表幽忠也。余於漢室孤臣，得三人焉，史游之《急就章》也，焦贛之《易林》也，子雲之《太玄》也。《急就》諷元帝，《易林》悲世亂，《太玄》刺權奸，詞雖不同，旨然其苦心忠於王室則一也。自漢迄今，歲幾二千，曾無一人為之抉其隱而摘其伏也，九原不作，則三子者將抱恨於終天矣。故余於《急就》則探其奇，於《易林》則正其訛，今又為《太玄》著其靈，俾三子之亮節幽衷，郎照中天，可以質諸鬼神而無疑，百世以俟聖人而不惑，非敢自信，惟以闡微表幽，幸海內同志諒焉。

　　此書自初春以至冬末，凡十閱月，雖疾病酷暑寒冰，未敢輟手，特恐老拙識鈍，不獲盡探其奇，爰自發憤，詮成此注，實多前人未發之旨，非敢好奇表異。竊以《太玄》文字簡奧，寄喻幽深，似古箴銘，若古繇諺，海內素心，定多欣賞，特憶此書注成疇昔之夜，夢得句云：「半江春月照梅花」，不知何謂也。

　　《跋》：昔陸績《述玄》謂「周公繇大《易》，孔子修《春秋》，不能是過」，其言似為誇誕，然細核其當時情事，朝無骨鯁，士皆奸黨，故子雲憤筆而草《太玄》，蓋欲以天道正人心，借陰陽為綱紀，引曆律為爰書也。後人則不悟其旨，輒譏其擬《易》僭經，遂使子雲一生苦曲幽忠，莫白於世。間嘗披季漢《秦宓傳》，稱其「泥蟠不滓，行參聖師」，其峻節高風，推重當時，則其不事莽也能

矣。且更讀陶靖節詩曰：「子雲性嗜酒，家貧無由得，時賴好事人，載醪祛所惑，觴來為之盡，是諮無不塞，有時不肯言，豈不在伐國，仁者用其心，何嘗失顯默。」則知子雲於改革後，殆絕口不言漢事矣。其校書天祿閣，亦明哲保身之意也。「莽大夫」、「晉處士」，皆朱子《綱目》特筆，然則靖節所取以為儔類者，其人非歟？靖節不為五斗米而賦《歸來》，子雲校書天祿，絕口不言漢事，跡不同，而其志則一也。自漢以來，論說紛紜，總未有發明其心曲者，不意於《詩傳》中得此數語，真不啻起九原而骨肉之矣。秦、陶二公皆當世大儒，且去漢近，自宓文獻有徵，較之悖私議以逞空談者，必有異矣。

鄭維駒

《太玄經易補注‧自序》：《玄》自漢迄宋，諸家解釋，具見司馬氏《集注》中，何補乎爾？為有象補也。司馬氏《說玄》云：「《易》有《說卦》，《玄》有《數》，數者論九贊所象」，《玄》自有象矣，云補何？《玄》贊中之象，有與《易》同，不與《玄數》同者，於何證之？于《玄》證之，于《易》證之。《玄》有五行，五行有類，贊中非木言木，非金言金，非其類而取其類者，比比而然，非《易》象而何也？《玄》以九贊準《易》六爻，而臧否相間，且每首相承，不與《易》準者何？《玄》以陰陽定臧否，不與《易》同，而所準之卦自下而上，其象恒相準也，諸家亦間及象矣。云補何？諸家於象不備見，故補之。補之者，見《玄》之本于《易》，讀《玄》者之本于讀《易》也。余己卯歲讀《玄》，謬為補注，今老矣，不能省記，因略加釐正，付之手民，世之深于《易》者，一正其謬。余之幸，亦讀《玄》者之幸也。若區區以一得自信，夫何敢？

《凡例》：《卦氣圖》為《玄》所本，司馬氏《說玄》，為讀《玄》者所不可廢，故登之卷首。《補注》取象於《說卦》，荀九家外，多本仲翔逸象。《玄數》中五行取類，多從八卦而生，然亦有不同者，如乾金也，又為玉，《玄》則水類為玉，巽木為牖為床，《玄》則金類為城，土類為床，如此類不一而足。《補注》中象與類同者，取類即是取象，其不同者，則視其文義所在兩取之，以會其通。《補注》大率從本卦自下而上取象，蓋卦分二爻為三重，首分三贊為三重，其以三準二，贊辭有明為指出者，如《差》首下三贊準《小過》下二爻，次三云：「將至於暉光」，以《艮》為暉光，將交於艮之主爻也。交首次六云：「大圈閎閎，小圈交之」，是明指泰弟四爻，以陰交之于陽之上也。如此類不一而足，雖不能盡例，然《玄》之出入《易》象中，固自可知。《補注》有於辟卦取象者，如迎準咸而取象於姤，廓準豐而取象於遁是也。有於卦位取象

者，如裝首之「微陰據下」，眾首之「信高懷齊」，皆取象於異是也。有互相取象者，如準泰、否各首是也。此因乎《易》之大義，非窮於象而然。《玄》中取象，有不必有是卦，而以五行所屬之卦取象者，如二、七為火，即於離取象之類。范注多言五行生克，其有未及者，亦用其意為闡發，然要以補象為主。司馬氏《集注》，范注多係摘取，今得范氏全注，間有異同，其訛脫不可句，讀者悉仍其舊。《集注》所引諸家，但稱姓者，具見序中，今自司馬以上，悉仍其例，司馬以後，有所採錄，則備稱姓名，便於觀覽。《玄》中贊測，以陰陽相間為臧否，王氏、司馬氏皆據之為注，今撮其大旨，於此其注義相同者，則不備錄。范注日行宿度系，用漢《太初》古法，計每首日稱行四度半有奇，今翻刻本舛誤甚多，且中有數首漏載者，茲遵司馬本古度訂正之，其漏載者補之。

段玉裁

　　《經韻樓集》卷五《書漢書楊雄傳後》：《漢書·楊雄傳》贊曰：「雄之《自序》云爾」，自是總上一篇之辭，師古恐人疑為結《法言》序目之辭，故注之曰：「《法言》目之前，皆是雄本《自序》之文也。」《傳》首序世系，師古注曰：「雄之《自序》譜諜蓋為疏謬」，是師古以《傳》皆錄雄《自序》甚明顯。鄭仲師注《周禮》遂人職曰：「楊子雲有田一廛」，仲師卒於建初八年，於時《漢書》初成，仲師未必見，實用《自序》語。《漢書》記雄之年壽、卒、葬，皆於贊中補載而不繫諸《傳》，與他傳體例不同，則傳文為錄雄《自序》不增改一字無疑。唐初《自序》已無單行之本，師古特就贊首一語顯之。宋洪邁《容齋隨筆》謂雄所為文盡見於《自序》及《漢志》，初無所謂《方言》，其謂《方言》非子雲書，非也。其直稱班《傳》為《自序》，則是也。劉貢父《漢書注》云：「楊氏兩族，赤泉氏從木，子雲《自敘》其受氏從手，而楊修書稱『修家子雲』，又似震族。」貢父所見雄《自序》必是唐以後偽作。雄果自序其受氏從手，不從木，《漢書音義》及師古注必載其說，何唐以前並無此論，至宋而後有之？且班氏用《序》為《傳》，何以不載？但曰「其先食采于楊，因氏焉。楊在河汾之間。」考《左氏傳》，霍、楊、韓、魏，皆姬姓國，而滅于晉，羊舌肸食采于楊，故亦稱楊肸，其子食我，亦稱楊石。《漢書·地理志》：河東郡楊縣，應仲遠謂即楊侯國，說《左傳》、《漢書》家未有謂其字從手者。修與雄姓果不同字，斷不曰「修家子雲」，以啟臨淄侯之嗤笑，修語正可為辨偽之一證矣。偽《自序》者，殆傅合班《傳》「無它楊於蜀」一語，師古注固云「蜀諸姓楊者皆非雄族」，不言諸楊姓者皆從木，與雄從手異也。《廣韻》從手「揚」

字之下不言姓，從木「楊」字注云：「姓，出宏農、天水二望，本自周宣王子尚父，幽王邑諸楊，號曰楊侯，後並于晉，因為氏。」近時字書又以此語繫之從手「揚」字之下，目為楊雄《自序》，是又非貢父所見偽《自序》矣。今貢父所見偽《自序》不知存否，而據班贊知班《傳》之外別無《自序》，其謂雄姓從手者，偽說也。

王念孫

《讀書雜志》卷十三《楊雄傳》：段氏若膺曰：「贊曰：『雄之自序云爾』，乃總上一篇之辭，故師古注曰：『自《法言》目之前，皆是雄本《自序》之文也。』《漢書》記雄之年壽、卒、葬，皆於贊中補載，而不繫諸傳，與他篇體例不同，則傳文為錄雄《自序》不增改一字無疑。唐初《自序》已無單行之本，師古特就贊首一語明之。劉貢父《漢書注》云：『楊氏兩族，赤泉氏從木，子雲《自敘》其受氏從手，而楊修書稱「修家子雲」，又似震族。』貢父所見雄《自序》，必是唐以後偽作。雄果自序其受氏從手，不從木，《漢書音義》及師古注必載其說，何唐以前並無此論，至宋而後有之？且班氏用《序》為《傳》，但曰『其先食采于楊，因氏焉，楊在河汾之間。』考《左氏傳》，霍、楊、韓、魏，皆姬姓國，而滅于晉，羊舌肸食采于楊，故亦稱楊肸，其子食我，亦稱楊石。《漢書·地理志》河東郡楊縣，應仲遠謂即楊侯國。說《左傳》、《漢書》家，未有謂其字從手者，則雄何得變其受氏之始而從手也？修與雄姓果不同字，斷不曰『修家子雲』，以啟臨淄侯之嗤笑，修語正可為辨偽之一證矣。作偽《自序》者，因班傳『無它楊於蜀』一語，不知師古注但云『蜀諸姓楊者皆非雄族』，不云諸姓楊者皆從木，與雄從手異也。《廣韻》『揚』字注不言姓，『楊』字注則云：『姓，出宏農、天水二望，本自周宣王子尚父，幽王邑諸楊，號曰楊侯，後並于晉，因為氏。』然則姓則有楊而無揚甚明。今貢父所見偽《自序》不知存否，而據班贊知班《傳》之外別無《自序》，其謂雄姓從手者，偽說也。」念孫案：若膺之論致確，景祐本、汪本、毛本，楊、揚二字雜出於一篇之中，而明監本則皆改為揚，其分見於各志各傳者（《五行》、《地理》、《藝文》三志，《趙充國》、《谷永》、《遊俠》、《匈奴》、《元後》五傳及《敘傳》，又《劉向》、《馮唐》、《司馬相如》、《司馬遷》、《東方朔》五傳贊，《趙尹韓張兩王傳》贊、《王貢兩龔鮑傳》序），景祐本、汪本、毛本從木者尚多，而監本則否，余考《漢郎中鄭固碑》云：「君之孟子，有楊烏之才」，烏即雄之子也，而其字從木，則雄姓之不從手益明矣。

唐仲冕

司馬光《太玄集注》明抄本唐仲冕跋：右《太玄注》並《解》，宋鈔凡十冊，因籍一大紳家得之，以觸廟諱字特多〔註88〕，不進內府。考明時藏吾家六如家，余當弄之。後仕於州縣，不解藏書，而菱圃主政，精考訂，且曾見此書，時時念之，因舉以相贈。亦以其舊藏吳中，今仍置之皋橋吳越間，抑亦吾家六如所心許也。買櫝還珠，吾無悔焉。主政其善寶之。

李兆洛

《太玄闡秘·序》：楊子雲作《太玄》以準《易》，後世覃心于《易》者，無不兼治《太玄》，極深研幾，文不虛立，稱之者無間言，宋衷、陸績、范望、司馬公諸家之注，亦十得八九矣。邗上素村陳先生，復推尋子雲所歷時變，原其忠義憤鬱之微旨，窮思殫慮，輯成一書，題曰《闡秘》。先生之言曰：「吾於漢室孤臣得三人焉，史游之《急就》也，焦贛之《易林》也，子雲之《太玄》也。《急就》諷元帝，《易林》悲世亂，《太玄》刺權奸，詞雖不同旨，然其苦心忠於王室一也。故於《急就》則探其奇，于《易林》則正其訛，于《太玄》則著其靈。」先生之于書，真可謂好學深思心知其義者矣。今夫聖人之為言也，必規時審務，權天下之變，以籌一身之所處，別治亂之統，紀禍福之朕兆，立一時觀萬世，覘之棼如，推之廓如，未有悠悠然不當於身世之故，而泛立閎議，概舉叢說，以自托於垂教後世者也。玉門演《易》，孔子實之以文王與紂之事，周公繫爻於箕子之貞，岐山之享，明白指示，以發其凡，孔子作《春秋》誅亂賊，一本大《易》，扶陽抑陰之義，著其旨于《文言》，曰「非一朝一夕之故」，皆是物也。子雲是書發憤而作，蓋亦托於蒙難難貞之旨焉，而豈徒推日星、察時序、明曆紀、列善敗，為占筮之資而已哉？然則《闡秘》之成，實仰窺前聖著書之心法，不第為子雲一人言之也。至於辨黨惡之誣，綜始終之行，以不及其祿，不難之義，明子雲可以無死，則又執聖人之權，持群論之平，可以為子雲定讞者也。

沈欽韓

《漢書疏證》卷三十三「奏《甘泉賦》」：《御覽》五百八十七：桓子《新論》曰：「予少時見楊子雲麗文高論，不量年少，猥欲逮及。業作小賦，用思太劇，而立感動發病。子雲亦言：成帝至甘泉，詔使作賦，為之卒，暴倦，臥

〔註88〕指玄字，為清代避諱字。

夢其五臟出地，以手收之，覺，大少氣，病一歲餘。」李善注曰：《甘泉賦》引《新論》云：「雄作《甘泉賦》，始成，夢腸出，收而內之，明日遂卒。」此文有脫誤。（《御覽》他卷所引亦與《文選》注同，吳曾《能改齋漫錄》亦疑之，然未見不誤者也）又引《七略》曰：「《甘泉賦》，永始三年正月待詔臣雄上」，《漢書》三年無幸甘泉之文，疑《七略》誤也。愚按：《成帝紀》永始四年正月、元延二年正月、四年正月，俱有行幸甘泉事，據此《傳》下云「其三月將祭后土」，「其十二月羽獵」，不別年頭，則為一年以內之事。奏《甘泉賦》當在元延二年，與《紀》文方合（明嘉靖間，吳人楊成嘉，官四川，作《郫縣楊子雲祠堂記》，辨子雲未嘗仕莽，亦引《新論》「楊子雲：作《甘泉賦》，夢腸出，明日遂卒」，偶據誤本，遂謂雄不仕莽朝，可乎？）

「聊因校獵賦以風」：《文選》注：《七略》曰：「《羽獵賦》，永始三年十二月上。」按：帝《紀》當在元延二年。

「上《長楊賦》」：戴震《方言疏證》曰：「行幸長楊宮，從胡客大校獵，《紀》為元延二年冬，《傳》因雄有《長楊》、《羽獵》二賦，遂以長楊大校獵繫之羽獵後，別云明年。若以明年為元延三年，則《紀》於三年無其事者，若以明年為元延二年，則《紀》於元年無行幸甘泉河東及羽獵事，《傳》誤也。《文選》注亦以班固為誤，又引《七略》曰：「《長楊賦》，綏和元年上。」綏和在校獵後四歲，無容元延二年校獵，綏和二年賦，又疑《七略》誤也。」愚按：《羽獵》、《長楊》二賦均是二年冬事，而《傳》敘次一在當年，一在明年，蓋以上賦之先後為次也。《羽獵賦》序但言苑囿之廣，泰奢以風，先聞有校獵之詔，逆作賦在行幸長楊之前，及雄從幸長楊，親睹博獸，歸奏此賦，在明年爾。蓋雄於每篇自敘作賦之由，故須別起，班但承其文耳，非有誤也。又疑《七略》篇當時文，不當有失，或雄《自序》只據奏御之日，秘書典校則憑寫進之年，故參差先後也。

「潭思渾天」：《御覽》天部二：桓譚《新論》曰：「楊子雲因眾儒之說天，以為蓋常在旋，日月星辰隨而東西，乃圖畫形體行度，參以四時歷數昏明晝夜，欲為世人立紀律，以垂法後嗣。」王蕃《渾天說》曰：「舊說天地之體，狀如鳥卵，天包地外，猶殼裹黃也，周回如彈丸，故曰渾天。」言其形體渾渾如也。周天三百六十五度五百八十九分度之百四十五，東西南北，輾轉周規，半覆地上，半在地下，故二十八舍半見半隱，以儀準之，其見常一百八十三度有奇，是以知其半覆地上，半在地下也。黃、赤二道見於交錯一間，相去二十七度，以兩儀準之，俱三百六十五度強。赤道見者常百八十二度半強，又南北考之，

天見者亦一百八十二度半強，是知天之體圓如彈丸，北極出地三十六度，是知南極入地亦三十六度，而兩相去百八十二度半強也。（按：如桓譚之論，則子雲又嘗為蓋天之術。）

「九九大運，與天終始」：司馬光《說玄》：《易》卦氣起中孚，除震、離、兌、坎四正卦二十四爻主二十四氣外，其餘六十卦，每卦六日七分，凡得三百六十五日四分日之一。中孚初九，冬至之初也。頤上九，大雪之末也，周而復始。《玄》八十一首，每首九贊，凡七百二十九，每二贊合為一日，一贊為晝，一贊為夜，凡三百六十四日半，益以踦、嬴二贊，成三百六十五日四分日之一。中初一，冬至之初，踦、嬴二贊，大雪之末，亦周而復始。（《御覽》三百八十五：劉向《別傳》曰：「楊信，字子烏，雄弟，二子幼而聰慧，雄算《玄經》不會，子烏令作九數而得之。」《御覽》五百五十五：桓子《新論》曰：「楊子雲為郎，居長安，素貧，比歲亡其兩男，哀痛之，皆特歸葬於蜀。」以此困之。按：《法言》云：「苗而不秀者，其我家之童烏乎？九齡而與我玄文。」按：烏為第二子，其一不可考也。）

「侯芭為起墳」：《論衡・案書》篇：楊子雲作《太玄》，侯鋪隨而宣之。鋪、芭文異，彼誤也。《文選》注五十九：《七略》曰：「侯芭負土作墳，號曰『玄冢』」，《長安志》：《楊雄家牒》曰：「詔陪葬安陵阪上。」

「與《泰初曆》相應」：《太玄曆》曰：漢曆以八十一為日法，一歲三百六十五日，以日法乘之，得二萬九千五百六十五分，益以四分日之一二十分少，合二萬九千五百八十五分少，以二十四氣除之，每氣得一千二百三十二分，餘一十七分少，以三十二乘分，八乘少，通分內子為五百五十二，又除之，得二十三秒，每氣一千二百三十二分二十三秒，以三十二為秒母，每首得三百六十四分十六秒，每贊得四十分十六秒。求氣所入贊法，置冬至一氣分秒，以首分秒去之，不滿首者，以贊分秒去之，餘若十分秒，算外命之，得小寒所入首贊分秒。求次氣，置前氣所餘分秒，益以一氣分秒，如前法求之。

「揲之以三策」：司馬光《說玄》：《易》大衍之數五十，其用四十有九，《玄》天地之策各十有八，合為三十六策，地則虛三，用三十三策。《易》揲之以四，《玄》揲之以三（《太玄》揲法：掛一而中分其餘，以三揲之，並余於艻，一艻之後，而數其餘，七為一，八為二，九為三。）

「號曰《法言》」：《論衡・佚文》篇：楊子雲作《法言》，蜀富人齎錢千萬願載於書，子雲不聽。

「初，雄年四十余，來遊京師」：戴震《方言疏證》曰：考王音薨于成帝永始二年丙午正月，設雄至京師，即在前一年乙巳，下至王莽天鳳五年戊寅，凡三十四年，時雄年三十八，不得云四十餘，始自蜀來。復甘泉泰畤、汾陰后土在永始三年十月，四年始有行幸甘泉河東事，則王音薨已三年。《傳》序《甘泉賦》、《河東賦》、《羽獵賦》為一年所作，斷屬元延二年庚戌，王音薨且五年，不得云「歲餘奏《羽獵賦》」，雄《答劉歆書》言楊莊而絕不及音，則音薦雄，殆出於傳聞，失實。

「作《訓纂》」：《藝文志》載《訓纂》而不及《方言》，應劭序《風俗通》始言之（《西京雜記》：「楊子雲常懷鉛提槧，從諸計吏，訪殊方絕域四方之語，以為褚補輶軒所載，亦弘意也。」）常璩《志》不言四賦，而云「典莫正於《爾雅》，作《方言》」，應劭云：「凡九千字，其發明猶未若《爾雅》之閎麗也。」亦以比《爾雅》，則班序脫之耳。（盧文弨曰：「劉歆求《方言》入錄，子雲不與，故《藝文志》無之。」）

「爱清靜，作符命」：此指《劇秦美新》之文，班不為之諱，而注不能舉。

「雄笑而不應」：《答劉歆書》云：「張伯松言恐雄為《太玄經》，由鼠坻之與牛場也，如其用，則實五稼，飽邦民，否則為牴糞，棄之於道矣。而雄般之。」（章樵注：「般，樂也。」）《論衡·齊世》篇：「楊子雲作《太玄》、《法言》，張伯松不肯一觀，與之並肩，故賤其言也。」

「雄非聖人而作經」：司馬光《太玄集注》：「陳漸曰：『按：子雲《法言》、《解嘲》等止云《太玄》，然則非子雲自稱，當時侯芭之徒尊之為經耳。』」按：《太玄》、《法言》步步規隨《易》、《論語》，模擬剽竊，顯然自追聖作，諸儒之論是也。僭不在於有「經」字也，至《法言》末篇乃云「周公以來，未有漢公之懿也，勤勞則過於阿衡」，其言殆為穢藪。

宋翔鳳

《老子章義》：「玄之又玄，眾妙之門」，注曰：「漢儒揚雄述《太玄》，首中準中孚，次周準復。中孚，坤十月之弟六候也。《歸藏》雖曰首坤，不必如《周易》必以乾之卦畫居前。《太玄》中之二、八言玄黃，五、六言日月坎離之戰，玄黃之合，《周易》坤之象於中見之，故卦氣起中孚，即首坤之義，其義則備于《太玄》。凡孟喜、京房、揚雄之學，皆《歸藏》之學，雄所謂《玄》，本於《老子》，非雄自創也。

孫澍

《太玄集注‧序》：揚子盛稱其《太玄》，有宋司馬溫公為之《集注》，予少聞其書而未之見也。比壯，假余學《易》，讀諸家注疏，條分而縷晰之，可謂備矣。然求所以著是象，繫是辭者，則貿昧無解焉。竊計揚子以《法言》擬《論語》，《太玄》擬《周易》，必深達於天人之故，故愈欲觀《太玄》。最後始得其書，閱之漫漶渺冥，苦無端緒，繼又讀許瀚傳《太玄曆》，乃得有以窺揚之用心。昔者聖人之系《易》也，以為興於中古，當殷之末世，周之盛德，文王與紂之事，故曰「作者其有憂患乎？」揚子遭漢公篡國，擬周官，行夏時，賊臣劉歆又傅會經傳，聾瞽智愚賢不肖之耳目，其害浮秦坑焚。揚子知名當時，欲顯論列其事，則無補于劉宗，欲退耕岷陽，則將重得罪於新室，故穢跡委蛇，清靜寂寞，高閣著書，遠托羲、文，近稟漢家正朔，以寓故君亡國風雨飄搖室家之感，推此之志也，與彭咸爭烈矣。其方、州、部、家，三位疏陳，九九八十一首，否泰倚伏，君子小人消長之機無首無之，其刺師辟，究王訥，亦無首無之。其旨峻，其詞危，峻者使太，危者使玄，豈好為艱難哉？以避禍耳。後數百年，元豐司馬君實酷好學之，作《說玄》，謂本於太極兩儀三才四時而歸於道德仁義，雖子雲之淵衷尚未盡悉，然亦足以識其大矣。眉山蘇子瞻乃謂雄「以艱深文固陋」，究其所言，初與小兒之說無異。有宋士夫好立門戶，標榜異同，互相攻伐，微獨雒蜀之黨騰於群從，即熙寧初政，子瞻幾微，亦未能平於君實，此殆如夫子有為而言，不足引為典要。或者以為譏介甫經說而發，意或然也，否則子瞻豈不識文義，一言不智，有蹈於非夫哉？家兄瘦石（劉按：即後之孫澂）昔嘗考訂《玄首》文，並次《玄攡》、《瑩》、《掜》、《圖》、《告》、《數》、《錯》、《衝》八章，凡篇為作小注，散於首測贊詞之間，而後《玄》之文義大備。澍從瘦石講授，不揣固陋，即今所得前明唐子畏影宋抄本，增補溫公《集注》脫誤二百五十餘條，以明訓詁。讀古人書，得於詞有不通其意者矣，未有不得於詞而能通其意者也。又溫公亦岷產也，澍因並較《潛虛》附《太玄》末簡，以明是書所自至。世所傳劉斯組校本，篇首仿程子注《易》，縱橫錯列八卦，並演為朱子河洛圖說，穿鑿附會，蒙無取焉。客有過而誚曰：子誠郫人，知楊雄氏已耳，《玄》至今千餘年不顯，劉歆固譏其覆瓿，子不寧為是，得毋重其覆乎？自今以往，恐《玄》之覆終不發矣。然則為是役也，罪我者其為《太玄》，夫知我者，亦其為《太玄》夫。

孫澂

《讀太玄》：革命，大事也，禪代，大名也，湯、武躬聖哲之姿，順天應人，而猶有慚德于南巢獨夫與西山義士，又況新莽躬姬尹，心桀紂，假符命，文經術，誅夷忠良，賊虐沖主，此書契以降之罪人，揚子《太玄》所為發憤而作也。觀其《法言》自序，竊比孟子，戰國諸侯放恣，處士橫議，臣弒君，子弒父，仁義充塞，禽獸食人，軻也好辯，自謂不得已。今考《太玄》自序，亦自謂不得已也。夫不得已者，孟子救時明道之苦心，即堯、舜、禹、湯、文、武作君作師，孔子、元公、周、文、伏羲演《易》制禮，刪述之大指也。揚子《太玄》，跡其擬議，誠不免於僭，然其心則私淑諸人之嘆惜矜憫也。愚故撮其要旨，表而出之。《玄》數三摹九據，列為方、州、部、家，疏陳九九八十一首，絣而繫之七百二十九贊，舊史著其略，有宋元豐司馬溫公暢其緒，明天地陰陽之氣，肇自《太初》、《顓頊曆》，漢律源所自出，《太玄曆》因之。襄陵許瀚續注發其義，舍弟澍（劉按：即前孫澍）《序玄》闡其旨，東漢、魏、晉、唐、宋宋、陸、王、范諸家，俱謂數起於冬至一陽來復也，曰中央土，黃鐘之宮也。愚按：莽篡漢，自謂黃帝後，色尚黃，以黃帝二十五子分賜其姓十有二氏，虞帝之先受姓曰姚，又堯姒姓，《高帝本紀》赤帝子，應邵注曰：「漢赤帝子，堯後」，莽自明代漢，知虞舜故事也。堯之諮舜曰「執中」，中首曰「陽氣潛萌于黃宮，信無不在乎中」，志諷也。曰「頤水包貞，示臣則也」。曰「庫虛無因，大受性命，否」，以下賊上，以柔履剛，則明莽不能大受也。次六「月闕其搏」，月，臣道，戒莽盈也。次五「日正於天」，日，君德，思復辟也。曰：「黃不黃，覆秋常」，自絕於天也。明思漢官，頌中興也。他篇或譏時政，或援古謨，或推寒暑翕張，或刺鬼神情狀，高躋青穹，下及黃壤，塊磊龐雜，入想非非，凡此之論，弗能殫述。比而求幽，而索怒罵痛哭嬉笑，而讀宋玉《招魂》邪？屈平《天問》邪？抑即雄之《反離騷》、《畔牢愁》？揣隅而三之，《玄》解則思過半矣。故雖崇論閎議，奇字奧句，層見錯出，使人迷悶，而意趣顯然。班固謂「觀之者難知，學之者難成」，愚竊以為弗深考焉。至《衝》、《攟》、《圖》、《告》、《攤》、《數》、《錯》、《瑩》，陶冶大爐，旁薄群生，疚心痛慮，研幾極深，則自《太玄》本色。劉歆固譏其「覆瓿」，夫歆為莽國師，始作《金縢》，終為《大誥》，塗民耳目。揚子心縕漢火，譎語帝秦，陸溺新朝，綢繆王室，所為獨馳騁於有無之際，而庶乎若人睹之不悟也。若夫《玄》文，則尤章明喬著，特前幅縱橫變幻，波瀾掩遏，人自不覺察耳。其亂曰：「天辟於上，地辟

於下，人辟於中，窮神掘變，鬼神效靈，陰陽埏化，視天而天，視地而地，視神而神，視時而時，而惡入乎逆。」王莽作辟，鬼神效靈乎？陰陽埏化乎？視天而天乎？視地而地乎？視神而神乎？視時而時乎？抑天地鬼神其謂之逆乎？其不謂之逆乎？昔者《孟子》曰：「堯薦舜於天，而天受之，暴之於民，而民受之，使之主祭，而百神享之」。莽始也二陽履祚，終也凶德作威，一時天殄民畔，神怒妖祅，惡得將受之享之與？故不受之不享之邪？嗟嗟，禍患方興，顯戮公訕，貽戚掾劉，揚子明哲，何蹈爾爾，所謂不得已者勢也，由斯以譚，則鄙人言《太玄》發憤之所為而作也，信而有徵。顧有感者，莽之革命禪代，不惟無疵於堯、舜，夫何傷于湯、武？獨揚子以大賢自命，睹天崩地折，海水群飛，既不得與劉歆舊學，攀鱗附翼，夾乂興王，又不得與采薇餓夫，農虞矢唱，齊稱千古。暨朱子《綱目》書曰「莽大夫」，揚雄卒丕單惡聲，蒙後世世，吾是以為《玄》悲也。儒者讀書尚友，古人志存忠孝，窮先失義，達焉能立，亂臣賊子，何代無之？其惑人之術與緇人之具多矣。士不幸生其時，慎無托諸空言無補哉，況又隱語廋詞，自晦其說，如《太玄》者，亦可云不幸矣。

周壽昌

　　《漢書注校補》卷四十八「客有薦雄文似相如者」：《文選》注：李善曰：「雄《答劉歆書》曰：雄作《成都城四隅銘》，蜀人有楊莊者為郎，誦之於成帝，以為似相如，雄遂以此得見。」壽昌案：宋祁引劉良曰：客即楊莊也，雄文即《綿竹頌》也。

　　「上方郊祠甘泉泰畤、汾陰后土，以求繼嗣」，又，「正月，從上甘泉，還，奏《甘泉賦》以風」：壽昌案：《成帝本紀》：永始四年正月行幸甘泉，郊泰畤，三月行幸河東，祠後土。元延元年即書昭儀趙氏害後宮皇子，故雄於四年正月奏《甘泉賦》以風，賦中「屏玉女而卻宓妃」，皆風辭也。末云「子子孫孫長無極兮」，則因求繼嗣而致頌也。桓譚《新論》云：「雄《甘泉賦》一首始成，夢腸出，收而內之，明日遂卒。」案：《甘泉賦》作于成帝永始四年，雄卒于王莽之天鳳五年，不知譚何有此謬說？而李善注《文選》且引之也。

　　「明年，上將大誇胡人以多禽獸」：宋祁曰：「李善注：『明年，謂作《羽獵賦》之明年也』，即《漢書・成紀》云『元延二年冬，幸長楊宮從胡客大校獵』是也。《七略》云：『《羽獵賦》，永始三年十二月上』，然永始三年去校獵之歲，首尾四載，謂之明年，疑班固誤也。又，《七略》云：『《長楊賦》，綏和元年上』，綏和在校獵後四歲，無容元延二年校獵，綏和元年賦，又疑《七略》

誤。」錢大昕曰：「此傳皆取子雲《自序》，與《本紀》多相應，如上文云『正月，從上甘泉』，即《紀》所書『元延二年正月，行幸甘泉，郊泰畤』也。云『其三月，將祭後土，上乃帥群臣橫大河，湊汾陰』，即《紀》所云『三月，行幸河東，祠后土』也。云『其十二月，羽獵』，即《紀》所書『冬，行幸長楊宮，從胡客大校獵』也。此年秋復幸長楊射熊館，則《本紀》無之，蓋近郊射獵但書最初一次，餘不盡書耳。但二年校獵無從胡客事，至次年乃有之，並兩事為一，則《紀》失之也。」戴震謂「《本紀》元延三年無長楊校獵事，不知《羽獵》、《長楊》二賦元非一時所作，《羽獵》在元延二年之冬，《長楊》則在三年之秋，子雲《自序》必不誤也。」壽昌細案本《賦》稱「明年上將」云云，「將」者未然之辭也，下云「秋，命右扶風」，李善注云：「冬將校獵，故秋先命之也」，是當為元延二年之秋為羽獵以前事，若秋亦屬明年，說則上句不得有「將」字，且可云次年或踰年，不必云明年。明年云者，今年預計之稱也。《左》僖公五年：「三年將尋師焉」，又僖十六年：「明年，齊有亂，君將得諸侯，而不終」，「三年」、「明年」，皆預計之辭，兩「將」字亦明其未然也。戴氏謂《本紀》三年無長楊校獵事，信然，錢氏謂校獵無從胡客事，至次年乃有之，硬謂《本紀》之失，此則錢氏謬也。考《本紀》元延二年特書「冬行幸長楊宮，從胡客大校獵」，是明言長楊在前，校獵在後矣。三年書「三月，行幸雍，祠五畤」，下未書他事，若是秋有校獵事，史臣何惜不濡筆一書而吝此數字乎？夫君舉必書，史家至要，若謂下年事並書于上年作一事，斷無此體例。試覆案班書全卷曾有此一失否？錢氏不精繹子雲《自序》語，信常解而不信史紀，誤矣。觀子雲《自序》云「令胡人手搏之，自取其獲，上親觀焉」，明是秋不過令胡人獲取禽獸于射熊館一隅，天子尚未大獵也。至冬十月始行大獵，即《羽獵賦》所云「元冬季月」也。《羽獵賦》末云「是以旃裘之王，胡貉之長，移珍來享，抗手稱臣」，即《本紀》所書「大校獵而胡客從」也。安得云二年校獵無從胡客事乎？子雲是秋從至射熊館，則賦《長楊》，冬從觀大校獵，遂賦《羽獵》，皆元延二年事，無可疑也。特以胡客從之事未敘於羽獵中，故此備序之也。又檢《羽獵賦》自序：首云「孝成帝時羽獵」，是已稱成帝諡，非當時所作，可知大抵雄兩賦皆非一時作，後追上之，未定何年。考成帝一朝止有元延二年大校獵一事，前後並無再舉，安能永始三年即上《羽獵賦》？若綏和二年三月成帝晏駕，元年並無幸長楊之事，何得有明年之語也？李善疑《七略》之誤為是，不得謂班氏誤也。

「年七十一，天鳳五年卒」：據此書雄卒於莽之天鳳五年戊寅，年七十一，則雄生適當宣帝甘露元年戊辰，至成帝即位甫二十二歲，陽朔三年己亥，王音始拜大司馬、車騎將軍，雄年三十二，永始二年丙午音薨，雄年三十九，與書中所云四十余自蜀遊京師，為王音門下史語不合。壽昌案：古四字作三，傳寫時由三字誤加一畫，應正作三十餘始合（案：本書《五行志》：「吳王濞封有四郡」，顧炎武校正曰：「四郡當作三郡，古四字積畫以成，與三易混，猶《左傳》陳蔡不羹三國為四國也。」此漢以前三三誤書之證。）故自三誤作三，後人遂謂班史七十一歲卒為不可信，因將雄卒年缺之者。焦竑則謂雄至京見成帝年四十餘矣，自成帝建始改元，至莽天鳳五年，計五十二歲，以五十二合四十餘，已將近百年，與所謂七十一歲者牴牾。何焯則云：雄生在宣帝甘露元年，至成帝永始三年為四十歲，班書贊中言年四十余自蜀遊京師，王音薦為待詔，《甘泉賦》為四年所上，則又未將王音拜大司馬及薨年一考之也。

吳汝綸

《清史稿·吳汝綸傳》：汝綸為學，由訓詁以通文辭，無古今，無中外，唯是之求。自群經子史、周、秦故籍，以下逮近世方、姚諸文集，無不博求慎取，窮其原而竟其委。於經，則《易》、《書》、《詩》、《禮》、《左氏》、《穀梁》、四子書，旁及小學音韻，各有詮釋。於史，則《史記》、《漢書》、《三國志》、《新五代史》、《資治通鑒》、《國語》、《國策》皆有點校，尤邃於《史記》，盡發太史公立言微旨。於子，則《老》、《莊》、《荀》、《韓》、《管》、《墨》、《呂覽》、《淮南》、《法言》、《太玄》各有評騭，而最取其精者。

沈家本

《諸史瑣言》卷八《揚雄傳》：「孝成帝時，客有薦雄文似相如者，上方郊祠甘泉泰畤、汾陰后土，以求繼嗣，召雄待詔承明之庭。正月，從上甘泉，還，奏《甘泉賦》以風。」何義門曰：「按：《成帝紀》：『永始二年春正月，王音薨，三年冬十月，皇太后詔有司復甘泉泰畤、汾陰后土諸祠』，則雄雖嘗為音門下史，及薦之待詔，又別一人，故《自序》曰客，贊誤。」又曰：「據《文選》注，此客字指蜀人楊莊，但雄所《與劉歆書》，疑非真耳。」按：何說是。復甘泉泰畤、河東后土，《成帝紀》在永始三年冬十月，而《郊祀志》載：元始五年，王莽奏言，永始元年三月，以未有皇孫，復甘泉河東祠，與《紀》乖異。《紀》書行幸甘泉河東，始於永始四年正月，則莽所言誤也。《文選·甘泉賦》

注：「善曰：『《漢書》曰：「永始四年正月，行幸甘泉」，《七略》同。《甘泉賦》，永始三年正月待詔臣雄上。《漢書》三年無幸甘泉之文，疑《七略》誤也。」按：《自敘》：「正月，奏《甘泉賦》，其三月，將祭后土，上乃帥群臣橫大河，湊汾陰，既祭，還，上《河東賦》。其十二月，羽獵，雄從，故聊因《校獵賦》以風。」是《甘泉》、《河東》、《羽獵》三賦，乃一年所上，而不言何年。《成紀》：「永始四年春正月，行幸甘泉，郊泰畤。三月，行幸河東，祠后土。」而是年《紀》不言羽獵，惟元延二年正月，行幸甘泉，郊泰畤，三月行幸河東，祠后土，冬，行幸長楊，從胡客大校獵，三事在一年，與《自序》之文頗合。《七略》以《甘泉》為永始三年正月所上，則爾時甘泉汾陰未復，其誤顯然。

《傳》言「明年，上將大誇胡人以多禽獸」至「還，上《長楊賦》」，《文選》注：善曰：「明年，謂作《羽獵賦》之明年，即校獵之年也。班欲敘作賦之明年，《漢書·成紀》曰：『元延二年冬，幸長楊宮，縱胡客大校獵』是也。《七略》曰：『《羽獵賦》，永始三年十二月上』，然永始三年去校獵之前，首尾四載，謂之『明年』，疑班固誤也。又，《七略》曰：『《長楊賦》，綏和元年上』，綏和在校獵後四歲，無容元延二年校獵，綏和元年賦，又疑《七略》誤。」按：大校獵在元延二年，賦云「今年獵長楊」，則亦當為是年所作，《七略》以為綏和元年上者，誤。

贊曰：「初，雄年四十餘，自蜀來至，遊京師，大司馬車騎將軍王音奇其文雅，召以為門下史，薦雄待詔，歲餘奏羽獵賦，除為郎。」宋祁曰：「《通鑑考異》云：『雄《自序》云：「上方郊祠甘泉泰畤，召雄待詔承明之庭，奏《甘泉賦》，其十二月，奏《羽獵賦》」。事在元延元年，時王音卒已久，蓋王根也。』」按：雄奏《甘泉》、《羽獵》，乃元延二年事，《傳》言『歲餘，奏《羽獵賦》』，則其待詔當在元延元年。王音以永始二年正月薨，何義門有『薦雄待詔非王音』之說也，至《考異》以為王根。然根為票騎將軍，非車騎也，又不盡符。周壽昌以古四作亖，傳寫時誤加一畫，亖遂誤為三，其說可采。雄生於甘露元年，使其為王音門下史，在永始元年，則相距三十八年，而此云年四十餘，恐《自序》不至有此誤也。

「給事黃門，與王莽劉歆並」：按：《莽傳》：「大將軍鳳病且死，以莽托太后及帝，拜為黃門郎，永始元年（《紀》云五月），封新都侯，遷騎都尉，光祿大夫，侍中」，則永始元年五月後莽已不在黃門，而此云奏《羽獵賦》後始除為郎，給事黃門，則在永始四年十二月後，何以得與莽並乎？據音薦莽之文，

則雄之給事黃門在永始元年之前，據奏賦除郎之語，則又在永始四年之後，史文牴牾，此其甚者。

「年七十一，天鳳五年卒」：《通鑒輯覽》注曰：「上元焦竑曰：『《漢書‧揚雄傳》贊謂雄仕莽作符命、投閣，年七十一，天鳳五年卒。考雄至京見成帝年四十餘矣，自成帝建始改元，至莽天鳳五年，計五十有二歲，以五十二合四十餘，已將近百年，則與所謂年七十一者相牴牾矣。又考王莽自平帝元始間始號安漢公，而《法言》稱漢公，且云漢興二百一十載，自高帝至平帝末，蓋其數矣。然則雄之終，或在平帝末，正年七十餘也。世謂班固早卒，曹大家傳失其實，豈不然哉！』竑之論如此，而寧都魏禮亦引證各書，謂雄賣文自贍，又不虛美，人多惡之，及卒，其怨家取《法言》，多為竄益，至《劇秦美新》，則劉棻作也。紫陽《綱目》特書『莽大夫揚雄死』，是舉褚淵、馮道所未嘗加者而加之矣。據焦、魏二家之說，班史所載，幾不足信。今考《外戚傳》：『元後崩，莽詔雄作誄』，《雄傳》：雄投閣，京師為之語，其所載甚詳。」《文選》任昉《王文憲公集序》李善注引劉歆《七略》曰：「《子雲家牒》言以甘露元年生也」，甘露元年戊辰，至天鳳五年戊寅，正得七十一年。然則此文未嘗誤。惟上文「年四十餘」句，則有誤耳。雄之至京，不知的在何年，其所作《反騷》，自峨山投諸江流，在陽朔中，王音之代王鳳，在陽朔三年九月已前，雄固未至京師，有文可證，乃焦氏欲自建始改元數之，至有將近百年之惑，而又云在平帝末，正年七十餘，不且自相矛盾耶？（居攝元年至天鳳五年，止十三年。）孟堅之撰《漢書》，始永平中，歷二十餘年，至建初中始成此《傳》，末云「自雄之沒，至今四十餘年」，則此傳乃永平中所作（天鳳五年至永平中，約四十餘年），實孟堅所自撰，非曹大家所附益。焦謂班固早卒，曹大家傳失其實，豈其然哉？雄投閣事，在始建國二年，雄作《元后誄》，在始建國五年，史傳皆有明文。又《敘傳》稱其「父彪幼與從兄嗣共遊學，父黨揚子雲以下，莫不造門，年二十，遭王莽敗。」夫當莽敗之年，彪年僅二十，則天鳳五年，亦止十六齡耳。雄且造門與之友，已云早慧，若在天鳳以前，則彪年未十齡，豈遂能與父黨相晉接哉？彪之父稺與雄交，彪又與雄交，則孟堅所言雄年及雄卒之年，必不至舛誤，焦氏之言，未見其有一是也。魏氏之言未詳本於何書，其謂《劇秦美新》乃劉棻作，亦不知有何的據？班固《典引》曰：「揚雄《美新》，典而亡實」，是東漢之時初不以此為非揚作。近人海昌朱予培超之亦謂：以《法言》考之，莽于平帝元始元年稱安漢公，《法言》稱漢公，並未及新莽篡位事，

然則雄年七十一卒,當在孺子嬰居攝時,雄仕歷成、哀、平,故云三世不徙官,若復仕莽則孺子嬰為五世矣,可知雄未嘗仕莽。《元后誄》及《劇秦美新》,或亦劉歆、甄豐輩假託以取媚耳。其為雄湔雪如此,然自來媚人者自獻之不暇,豈肯假託於人,則魏謂棻作,朱謂歆、豐作,其說皆非。至朱執三世不徙官語為證,尤為疏舛。考本《傳》言三世,上文明云當成、哀、平間,初不計孺子嬰與莽也,下始云及莽篡位,以耆老久次轉為大夫,然則雄之為諸吏中散大夫,正莽世所徙之官,豈得云未嘗仕莽哉?《法言·孝至》篇云:「周公以來,未有漢公之懿也,勤勞則過於阿衡。」莽未即真,已貢諛若此,則龜鼎既移,其歌功頌德又何足怪?若王安石謂《美新》、投閣是谷子雲,非揚子雲,尤為不根之論。考《漢書·谷永傳》:王根為驃騎將軍,薦永為大司農,歲餘,永病數月,卒於家。《百官表》:元延四年,永為大司農,一年免計,其卒在綏和元年,是年十一月,莽始代為大司馬,及其篡也,谷子雲下世十餘年矣,又安有《美新》、投閣之事乎?

王先謙

《漢書補注》卷八十七上:揚、楊字同,王(念孫)說是也。《漢書》從手從木之字,類多通作,不能枚舉,而各本又復互異,楊、揚通作。如揚州,景祐本、汪本多作楊,明監本全書皆作楊,《左傳》之揚幹,汲古本《人表》作楊幹,本書之楊惲,見於《宣紀》者作楊惲,與各傳同,閩本作揚惲。《高紀》之楊熊,汲古本《樊噲夏侯嬰伍被傳》作揚熊。《李尋傳》之揚光輝,汲古本作楊光輝。足證此書二字通寫,元無一定。今汲古本雄《傳》作揚,諸志傳多作楊,證以雄《自序》世系,其本從木,不從手,又何疑乎?

袁昶

《跋老子本義》:楊雄本詞章家,非道家,了不得其作用,墨墨處世而已,似之而非也。

孫詒讓

《劄迻》卷二十:楊雄《答劉歆書》:「二十七歲於今矣」,盧文弨云:「案:雄年四十餘,遊京師,見《雄傳》贊,其上《甘泉賦》,當在成帝元延十年。《古文苑》注云:計雄此時年近七十,蓋在天鳳三、四年間。」按:此約戴震說也。戴謂劉歆遺書求《方言》,當在天鳳三、四之間,以情事推之,似不甚塙。竊疑此二十七歲當作一十七歲。考《漢書·百官公卿表》:「成帝陽朔三

年九月，御史大夫王音為大司馬車騎將軍」，本《傳》云：「初，雄年四十餘，自蜀來至遊京師，大司馬車騎將軍奇其文雅，召以為門下史，薦雄待詔，歲餘，奏《羽獵賦》，除為給事黃門。」雄自蜀至京師為王音門下史，當即在陽朔三年。時雄三十二歲（據《傳》云：「天鳳五年卒，年七十一」逆推之。《文選·王文憲集序》李注引《七略》亦云：「《子雲家牒》言以甘露元年生」也），《傳》云：「年四十餘」者，四十亦三十之誤也。其薦雄待詔，自是楊莊，本《傳》云：「客有薦雄文如相如」者，即指莊言之。贊偶疏略，遂以王音所薦，則誤也。其奏《甘泉》、《羽獵賦》，除郎，亦自在元延二年（戴據本《傳》及《成帝紀》考之如是），蓋子雲留京師已十二年矣。此書云「天下上計孝廉及內郡衛卒會者，雄常把三寸弱翰，齎油素四尺，以問其異語，歸即以鉛摘次之于槧」，蓋始至京師時，即事鉛槧，非自為郎歲始也。自陽朔三年後十七年，為哀帝建平元年，《劉歆傳》：「哀帝即位，大司馬王莽舉歆宗室，有材行，為侍中大夫，遷騎都尉、奉車光祿大夫，貴幸，復領五經，卒父前業，歆乃集六藝群書，種別為《七略》。」歆求《方言》，當在彼時，上距雄初至京師，正十有七歲也。宋本劉書首云：「漢成帝時，劉子駿與雄書，從取《方言》」，「成」當作「哀」。劉、楊兩書並有「孝成皇帝」之文，宋本之誤固無可疑，而戴、盧必欲傅合二十七年之文，謂在王莽時，則仍誤耳。據歆書云「願頗與其最目，使得入錄」，雄答書云「典流於昆嗣，言列於漢籍」，錄、籍，並指《七略》言之。若如戴說，則時王莽篡漢已久，何得頌言冀列漢籍，以觸忌諱乎？且是時歆方為太中大夫，與中郎同屬光祿勳，故得受詔宓郎中田儀事。又本《傳》：歆以建平元年改名秀，此書正在是年，蓋在未改名前數月，故尚題舊名。若天鳳三、四年，則改名久矣。（歆所校《山海經》題建平元年四月上，卷中已稱臣秀，儻此書作於莽世，安得更署歆名乎？）即此數端，亦足以明之。

章太炎

《諸子略說》：揚子雲迂腐，不如孟、荀甚遠。然論性謂善惡混，則有獨到處。於此亦須採佛法解之，若純依儒家，不能判也。佛法阿賴耶識，本無善惡，意根執著阿賴耶為我，乃生根本四煩惱：我見、我癡、我愛、我慢是也。我見與我癡相長，我愛與我慢相制，由我愛而生惻隱之心，由我慢而生好勝之心。孟子有見於我愛，故云性善，荀子有見於我慢，故云性惡，揚子有見於我愛、我慢交至為用，故云善惡混也。孟、荀、揚三家，由情見性，此乃佛法之四煩惱。佛家之所謂性，渾沌無形，則告子所見無善無不善者是矣。揚子生孟、

荀之後，其前尚有董仲舒。仲舒謂人性猶穀，穀中有米，米外有糠。是善惡之說，仲舒已見到，子雲始明言之耳。子雲之學，不如孟、荀，唯此一點，可稱後來居上。然則論自得之處，孟子最優，子思次之，而皆在天趣。荀子專主人事，不務超出人格，則但有人趣，若論政治，則荀子高於思、孟。子雲投閣，其自得者可知。韓昌黎謂「孟子醇乎醇，荀與揚子大醇而小疵」，其實，揚不如荀遠甚。孟疏於禮，我慢最重，亦未見其醇乎醇也。司馬溫公注《太玄》、《法言》，欲躋揚子於孟、荀之上。夫孟、荀著書，不事摹擬，揚則摹擬太甚，絕無卓然自立之處，若無「善惡混」一言，烏可與孟、荀同年而語哉！溫公所云，未免阿其所好。至於孔、顏一路，非惟漢儒不能及，即子思、孟子亦未能步趨，蓋逖乎遠矣。

又云：《論語》記顏子之語曰：「仰之彌高，鑽之彌深。瞻之在前，忽焉在後。」蓋顏子始猶以為如有物焉，卓然而立。經孔子之教，乃謂「如有所立卓爾。雖欲從之，末由也已。」此即本來無物，無修無得之意。然《老子》亦見到此，故云「上德不德，是以有德；下德不失德，是以無德」。德者得也。有所得非也，有所見亦非也。揚子雲則見不到此，故云顏苦孔子卓。

《齊物論釋》：道何所依據而有真偽，言何所依據而有是非？向無定軌，唯心所取。前世論道，不依一軌，夷、惠行殊，箕、比志異，猶皆謂之至德，固知道之無常也。子雲仕新，子魚輔魏，其視龔、管二賢，誠若有歉。然昔人皆賢之者，蓋以長德絜行，著於言動，君臣去就之間，特其小小疵點，猶愈冉有、季路之倫也。晚世以一端為大節，乃謂楊華佞諛，斯亦封執之甚，大方所不談矣。

《檢論》卷八《揚、顏、錢別錄》：逃空虛者，聞足音而悲，故箕子過殷虛則流雅聲，魏武帝睹關東荒梗而賦千里無雞鳴。易代小變，猶憯悽不忍視，況挈圻甸而傅之異族者乎？薦紳在朝無權藉，或有著位遭易姓，則逐流而徙，其間雖俯仰異趣，然睠懷故國，情不自挫，悲憤發於文辭者，故所在而有。至如重器授受，適在同胤，無益損於中夏豪髮，然卒不能持其怨慕，此亦情之至也。楊雄仕漢成、哀間，位不過黃門郎，郎官散秩千人，無印綬，非長吏也，侍郎比四百石，秩不逮大縣丞尉，漢穀至賤，此即與今之舉貢入館從事者何異？故去就新故，不為攜貳，及至王莽代漢為新帝，雄以耆老久次轉為大夫，嘗為《劇秦美新》以獻，外示符命，內實以亡秦相風切，是時莽置羲和，雄為《法言》，以羲和擬重黎，卒藉巫步，以明其譸偽，究觀莽變法反古，當世百

姓不堪命，然卒為光武明章導師所以蕩，亡秦之毒螫者，至後漢始效。雄識短，時有非議，然其本徒在漢、新革命，故曰「漢興二百一十載而中天」，明其命胙方半，將中興復舊物，且亟稱兩龔之絜，而自比於「蜀莊沈冥」，愀夫其辭之志微憔頿也。雄以天鳳五年卒，有相人桓譚者字君山，與雄友善，仕新為掌樂大夫，光武時為議郎，至六安郡丞，是時新室舊臣爭訑娸故主，務極醜惡，而譚為《新論》上之。世祖猶稱莽曰「王翁」，初，高祖令故楚臣名項籍，時有鄭君者獨不奉詔，由是盡拜名籍者為大夫而逐鄭君，如譚可以亞矣。自雄沒其後二百餘歲，有武功蘇則仕漢為金城大守，魏代漢，則發服悲哭，猶仕魏，封都亭侯。魏文帝嘗從容言曰：「吾應天受禪，聞有哭者，何也？」則張鬚髯欲對，侍中傅巽目之乃止。數子行事或殊異，要之同在禹域，則各矜其主，無傷也。若元時閔本、黃尋、鄭玉、趙弘毅之倫，以文學食祿，或絕意仕進，不受徵幣。及明師舉徽州，至入京誅胡元，天下昭蘇，而方牽帥婦稚，素組自殞，此則所謂悖德遁天，以訓則逆者邪。